魔都上海的

魔力

与

魔性

熊月之 著

上海辞书出版社

引言

魔都得名

及其

内涵延续与变易

　　"魔都"是上海的外号、绰号或昵称。几年前，从事上海城市形象研究的有关课题组曾发放千余份问卷，在上海本地人士、外省市人士和外籍人士三类群体中开展民意调查。其中有一题涉及上海的外号、绰号或昵称，结果"魔都"得票最高。[1]2017年，上海城市形象宣传片《魔都·魔都》上线，伴以魔都之歌，更使得魔都之名广为传播。

　　"魔都"原是近代日本游客对上海城市的谑称，经日本作家村松梢风用作书名《魔都》于1924年出版，[2]此后遂成为大众领域的术语，并在20世纪20—40年代已有较为广泛的使用。[3]但是在计划经济时代，这一外号归于沉寂，无人提起。改革开放以来，随着上海社会经济奇迹般发展，上海城市管理神话般表现，也随着学术界对于上海历史的深入研究，以及影视界的推波助澜，[4]"魔都"一词又空前活跃起来，并成为上海的网红名称。[5]

　　魔，有魔幻、神秘、奇异之意。村松在书中没有对"魔都"的内涵做出专门界定，他使用"魔都"一词主要强调上海存在许多异乎寻常、不可思议的地方。正如留日学者刘建辉所说，在村松那里，上海之所以被称作"魔都"，是由于这座城市具有世界上其他城市所没有的"魔性"，即异乎寻常的特性，而产生这种魔性的根源则在于因租界设立而形成的"两个不同性质的空间"。这"两个不同性质的空间"，共存于上海，相互渗透，相互冲突，使上海成为一座举世无双、异质兼容的都市，并由此产生了种种奇特的现象。[6]《魔都》一书翻译者徐静波亦指出，村松笔下的上海，是"明亮"与"黑暗"混为一体的城市，"当年的上海，虽然总体社会环境动荡不安，然而因处于西方列强势力的卵翼之下，局部出现了畸形的发展和繁荣，差不多拥有远东最繁华的商业和娱乐业，这就是梢风笔下魔都的所谓'明亮'的一面。而另一方面，整个中国尚处于战乱状态，公共租界、法租界与华界各自为政，法律与行政都局限在自己的管辖区，因而上海也往往成了藏污纳垢的混沌之地，且由于战乱和部分农村破产，周边区域的贫民纷纷涌入上海，因而也就有了众多犄角旮旯的存在"。[7]

当下人们以"魔都"指称上海，依然在于突出这座城市的特殊性。这种特殊性，是在以上海与中国、东亚乃至世界其他众多大城市相比较以后而突显出来的，也是在历史的延续性与变易性中呈现的。

翻阅当下人们述及上海"魔都"的文章与书籍，[8]可以发现"魔都"涵盖的内容极其丰富，涉及城市建筑、城市管理、经济奇迹、科技成就、生活方式、价值观念、审美情趣等方面，具体事象如摩天大楼、服饰时尚、重视契约、崇尚独立、尊重女性、国际化程度较高、咖啡馆特多等。有篇题为《魔都印象》的文章，从高、俏、幻三个方面称赞上海城市之美，可以视为当下使用"魔都"一词内涵的代表。文章称："上海美到哪种程度？一时难以言表，久而久之，'魔'就成了人们挂在嘴边的赞美之词，于是有了魔都的开始。"[9]还有一篇阐释"魔都"的文章写道："或许，真的没有'魔都'这个称谓更适合上海这座城市了。无论是民国风情的老上海，还是现代化都市的新上海，错综迷离始终是它最真实的存在。事实上，魔都相对于'帝都'北京、'妖都'广州而言，特指上海。"[10]

当下"魔都"是对近代"魔都"的沿用。当下"魔都"与近代"魔都"有相通之处，都是强调上海特殊之处，或曰异乎寻常之处，但近代"魔都"大体是中性词汇，是善恶一体、美丑兼具、无以名状的混沌之物，是不可名而强以名之的独创名词，而当代"魔都"则主要是赞叹性、褒扬性词汇。近代"魔都"属他称性词汇，是外号、绰号；当代"魔都"则既是他称性词汇，也是自认性昵称。陆建非准确地辨析了近代"魔都"到当下"魔都"内涵的延续与变易：

年轻人追捧"魔都"一称，殊不知"魔都"其实就是

"摩登都市"（modern city）的简称，那"摩"变这"魔"，谐音生发新意，恰巧反映出上海这座城市如同万花筒一般的善变、梦幻、猎奇、冒险等特质，确实为历史基因使然。这些源远流长的气质与秉性，正是这一城市在中国历史演化中和现实发展中不断"领先、率先、争先"而催生并遗存的。[11]

上海城市的特殊之处，或曰异乎寻常之处，无论在近代还是当代，都是上海城市精神、城市品格的表现。所谓"城市品格"，是指通过城市物质文化、行为文化、观念文化和历史文化等方面体现出来的共同精神状态，是城市的灵魂，是一个城市有别于其他城市的精神特质。关于上海城市品格，笔者此前写过一本《上海城市品格读本》，鉴于其书是面向中学生的知识性读本，同时受篇幅限制，很多关于城市品格生成、演变的历史过程，以及相关知识无法细述，一些学理性论述也难以充分展开，因此书出之后总觉得意犹未尽。在这个意义上，本书便是那本书的补充与深化。

翻检近代上海历史，能够突显魔都特点的地方，或曰异乎寻常之处，主要有以下一些方面：自然禀赋，卓越无比；五口通商，一口独盛；一市三治，举世无双；华洋混处，中外利益共同体；战时中立，安全绿岛；特大城市，强力集聚；五方杂处，双重认同；对立两极，共处一隅。这些特点，有的带有原生性、长久性，如自然禀赋；有些则属次生性、偶发性，如中外利益共同体与战时中立。它们相互联系，相互影响，共同造就了上海城市一些特有的精神或品格，包括开放性、自主性、包容性、法治性、科学性、创新性。1949年5月上海解放以后，上海的经济结构、社会结构、国内联系与国际联系都发生了重大变化，作为巨大的生命集合体，上海城市精神或品格随着时代的演进而嬗变，依然有许多异乎寻常之处。计划经济时代，上海在工业中心与科创重镇建设方面，在支援全国方面，都有巨大贡献；在对外联系方面也在努力延续近代形成的传统。改革开放以后，在实施国家发展战略、浦东开发开放、五个中心建设，在实施土地批租、开拓证券市场方面，在都市文化建设方面、城市管理方面，上海都走在全国前列，或成为全国表率。上海城市的开放性、包容性、法治性、科学性、创新性等特点，都注入了新的内涵，魔都上海的意象也有了新的阐释。

魔都上海的上述这些特点，可以分为三个层次：一是魔象，即城市物质文化，包括街道、建筑、广场、绿地、公园、雕塑、亭台楼阁、桥梁、隧道、港口、舟车等；二是魔力，即行为文化，包括生活方式、生产方式、交往方式，细分起来包括生产能力、创新能力、集聚能力、融合能力、与外部世界的联系能力等；三是魔性，即观念文化或曰精神文化，包括价值观念、伦理道德、审美情趣，也包括不断积淀的历史文化、城市口碑等。

本书将围绕魔都上海的这些特殊之处，分析这些特殊之处的种种表现、形成原因及其背后的文化因素，解读魔都上海的魔象、魔力与魔性。

1. 陆建非：《碰撞与融合——跨文化笔谈》（下卷），上海文化出版社 2017 年版，第 22 页。
2. 村松梢风（1889—1961），日本作家，生于日本静冈县，1912年就读于东京庆应义塾，1923—1925年曾四次游历上海，1923年发表5万字左右的长文《不可思议的都市"上海"》，1924年在小西书店出版《魔都》一书，记录其在上海的生活体验。据称，在村松之前"来过上海的人往往将其称为魔都"，可见其时日本民间已有此类说法，但以"魔都"为书名则始于村松。1925年以后，村松又多次来过上海，与欧阳予倩等文化人有所交往，撰有长篇小说《上海》。参见徐静波《译者前记》，载村松梢风著，徐静波译《魔都》，上海人民出版社2018年版，第8—9页。
3. 关于"魔都"一词在民国时期的流行情况，徐青有仔细梳理。见徐青《近代日本人对上海的认识（1862—1945 年）》，上海人民出版社 2012 年版，第 135—136 页。
4. 日本漫画家小川悦司创作的漫画《中华小当家》，于1995—1999年在日本周刊《少年杂志》上连载，并被改编为同名电视动画片，于1997年发行播出。片中一个重要活动场地便是"魔都上海"，这里城市特大、高楼耸立、物产丰富、社会奇异、市面热闹、生活紧张。随着此片在中国播放，"魔都上海"的形象也广为传播。
5. 笔者在 2022 年 1 月底进行网络检索，以"魔都"为关键词的文章与书籍，中国知网数据库中有 307 条，超星数据库中有 14946 条，百度网站上显示则有约 1 亿条。"魔都"一词并非专指上海，但上海占绝大多数。
6. 参见甘慧杰对于《魔都上海》的介绍，引自熊月之、周武主编《海外上海学》，上海古籍出版社 2004 年版，第 317 页。
7. 徐静波《译者前记》，载（日）村松梢风著，徐静波译《魔都》，上海人民出版社 2018 年版，第 10 页。
8. 此类读物极多，兹就笔者目击略为列举，以见一斑。文章有：宁阳敏《上海浮世绘：魔都的因素》，《南风窗》2006 年第18期；应琛、秦诗雨《玩转夜魔都》，《新民周刊》2016 年第32期；孔冰欣《魔都的海派与洋派》，《新民周刊》2018 年第2期；周洁《魔都老外图谱》，《新民周刊》2018 年第2期；吴雪《魔都网红咖啡馆》，《新民周刊》2018 年第4期；应琛《魔都幸福感的N个细节》，《新民周刊》2018 年第5期；刁孝林《魔都印象》，《人民司法》2019 年第21期；《为"魔都"披上疫情"防护服"》，《上海法治报》2020 年3月10日；程玉玲《魔都春节，空城抗疫》，《检察风云》2020 年第7期；刘朝晖《防控与复工，魔都企业"各有妙招"》，《新民周刊》2020 年第7期；王和泉、朱凤佳、楼勤《美丽魔都大上海》，《音乐天地》2020 年第8期；金姬《魔都早饭里的社会学》，《新民周刊》2020 年第30期；苏微《魔都大学风云榜》，《求学》2020 年第42期；Anne

《追忆似水年华：魔都咖啡文化史》，《新民周刊》2021年第4期；刘朝晖《数字化迭代，魔都愈魔》，《新民周刊》2021年第5期；金叶子《"魔都"魅力炼成记：硬核人才铸就软实力》，《第一财经日报》2021年6月29日；袁泉、周琳《在魔都上海，一群新农民种出"新地标"》，《新华每日电讯》2021年9月8日；盒饭君等《魔都上海，理想之城》，《课堂内外》2021年第41期。书籍有：孙建伟《魔都侨影》，文汇出版社2018年出版；澎湃新闻、澎湃研究所编《魔都漫步》，上海人民出版社2019年出版；还有徐策的长篇小说《魔都》，文汇出版社2016年版。

9. 相关文字如下：

有人说，魔性体现在"高"。走进外滩抬头仰望，隔江相望陆家嘴的大楼，鳞次栉比，高耸入云。如果是大雾封江，云层会在大楼间穿梭，若隐若现，乍明乍暗，让人一下子会变得魔怔。上海中心632米，中国第一，世界第二，从顶部看其外形好似一个吉他拨片，随着高度的升高，每层扭曲近1度，这种设计能够降低风阻。与上海中心毗邻而立的还有东方明珠、环球金融中心和金茂大厦等，构成了久负盛名的"四件套"，为魔都增添了气魄，增添了色彩，增添了内涵，成为世界的独一无二。

有人说，魔性体现在"俏"。在外滩江边短短千余米的堤岸上，浓缩着万国建筑的精粹，浓缩着民族和城市的兴衰与荣辱。那一幢幢造型优美、风格迥异的建筑，沿着黄浦江岸蜿蜒伸展，宛若凝固的音符。大理石外立面勾勒出刚健的线条、雄浑的轮廓，砖柱弯顶堆砌出雍容的气势。与对岸陆家嘴建筑交相辉映，充满海派气息，体现出一种说不出的魔性。

有人说，魔性体现在"幻"。十里洋场的繁华余味与现代文明交织在一起，将上海的美演绎成柔媚与辉煌里的那份执拗。静静地徜徉在华灯夜色熟悉的街道里，仿佛置身于张爱玲笔下的故事中，每一秒都带着情绪。走过大街小巷的每一个角落，体会上海的风情。尤其是到了晚上，每次驻足总会给人带来不一样的感受，璀璨的霓虹灯闪烁着不真实的色泽，仿佛隐隐讲述着这座城的魔幻故事。优雅与摩登，现代与文明，有太多让人会突然爱上这座城市的瞬间。

而我想说，魔都的魔性在于大自然的赋予，得益于人类充分运用现代科技的创新发展。见刁孝林《魔都印象》，《人民司法》2019年第21期。

10. 《魔都，一座魔幻的城市》，《汽车博览》2014年第8期。

11. 陆建非：《碰撞与融合——跨文化笔谈》（下卷），上海文化出版社2017年版，第22页。

目
　录

一

自然禀赋与人文传统

襟江带海，亲近海洋

广州、厦门、福州、宁波与上海被辟为通商口岸以后，上海发展最快，在开放的五口中独占鳌头，原因有很多方面，容后细述。其中，独特的自然禀赋，即传统志书中所说的"襟江带海"，是至关重要的一点。

讨论上海的自然禀赋，谈一谈"上海"这个名称的文化内涵与外延，很有必要。

上海之得名，始于名叫"上海浦"的小河。"上海浦"之名，在北宋有关文献中已有记载。这条小河，位于吴淞江下游南岸，流经日后上海县城一带，后来被并入黄浦江。与"上海浦"对应的，另有一条下海浦，在今虹口一带，后几经变迁成了海门路，那里有座下海庙，至今香火仍旺。北宋熙宁七年（1074年）置上海镇。此后有上海务，是一负责管理贸易和税收的机构。同时，还有"上海太平仓""上海巡检司""上海驿"等机构名或地名。于是，"上海"成为这一带的区片名。元至元二十九年（1292年）在这里设县，"上海"也就成了县名。

上海，这个词的本义，就是"到海上去"。

海洋对于人类的关系，在不同历史时期很不相同，有时是利，有时是害，有时是利害相间或利害参半。人类航海技术的进步，征服海患能力的提升，就是不断化海患为海利的过程。

在中国，沿海、沿海地区、沿海城市，这些名词现在听起来很美妙，会使人联想到波光粼粼、沙滩平软、物产丰饶、繁荣发达等美丽图景。但是在16世纪以前，沿海则与卑湿人稀、倭寇侵扰、荒滩碱地、狂风恶浪等名词联系在一起，并不是人们喜欢或向往的地方。

在中国古人眼里，大海是个神秘的地方、遥远的地方，也是危险的地方、可怕的地方。《山海经》里说，炎帝的女儿女娃，游于东海，溺而不返，被大海吞噬了，后化为一种名叫精卫的海鸟。大海无情，连炎帝的爱女也给淹死了。孔夫子说，"道不行，乘桴浮于海"，意思说，假如我这套主张行不通了，我就坐木排到海上漂流去。其语近于发誓。在孔子眼中，大海是常人闻之色变、不愿光顾的地方。子路说，如果那样，我愿与老师同行。孔夫子一听此话，便说子路"好勇过我"。由此可见大海可怕，连孔夫子也视为畏途。白居易的名句："忽闻海上有仙山，山在虚无缥缈间。"大海神秘莫测，翻一翻唐代以前的古诗古文，古人形容大海，除了神秘、遥远、浩淼等词语，便是狂、怒、恶等字眼。

大海危险、可怕，沿海自然荒僻冷落。恶水、荒山、盐土，沿海地区在秦汉以前对中原人没有吸引力。断发纹身，错臂左衽，食蚌吃蛇，沿海居民的这些习俗，在中原人看来都是不通文化的表现。因此，秦汉以前，东南沿海地区并不是生产先进、文化昌盛的精粹膏腴之地。与此相表里，古代沿海一带的县镇地名，绝大多数是祈愿大海不要危害人民，属于人、海对立类型，诸如广东的镇海、澄海、靖海、平海、宁海、海安、海康、海昌；福建的镇海、安海、海澄；浙江的海宁、海昌、宁海、宁波、定海、镇海；江苏的镇洋、静海、海安；山东的宁海、威海、靖海；直隶的静海。这些地名，所含的镇、宁、平、定、澄、安、靖等，均为人、海对立的词汇组合，其中叫"镇海"的就有三处，广东、福建、浙江均有。如果加上与"镇海"意思完全一样的江苏"镇洋"，则有四处，也就是说从广东经福建、浙江到直隶，每省各有一个"镇海"。只有两个地名比较特殊，没有人、海对立的含义，一是浙江的临海，二是上海。从词义看，临海只是表明这个地方面临大海，而上海的意思，则是"到海上去"。

上海，表明的是利用大海、人海和谐的意思。

中国从晚唐特别是宋代以后，开始重视海上贸易，重视沿海地区的开发与建设，广州、泉州、宁波这些城市都在此后快速发展。"上海"这类人、海和谐的地名出现，在时间上正好与中国开始重视海上贸易同步，"上海"之得名是否与宋代对外比较开放、航海事业比较兴旺、对海洋开始有亲近感有关？亦未可知。

卓越的自然禀赋，是近代上海超常发展至关重要的物质基础。

上海地处太平洋西岸，亚洲大陆东沿，长江三角洲东端，中国南北海岸线中点，长江和钱塘江入海汇合处。

上海地区主要属于以太湖为中心的碟形洼地的东缘部分。周围二三十千米以内，地势平坦，从城市发展的环境意义上看，这是一种天然的宝贵财富，特别是跟地势不平的香港、福州、厦门、重庆等港口城市相比，它对于码头、仓储、设厂、交通等，都是至关重要的禀赋。

位于长江出海口，是上海自然禀赋中特别重要的一项。浩浩长江，全长6300多千米，流域面积180多万平方千米，约占全国土地总面积的五分之一，为中国第一大河。在人类发展史上，大江长河之旁，往往人民聚集，户口辐辏，城市繁盛。在蒸汽作为运输动力出现之前，大河是最重要、也是成本最低的货物与人口流动通道，其两岸又多肥田沃土。所以，全世界范围内，大河每每是人类文明的摇篮，也是其所在国家与地区的文化宝地。长江流域是中华民族文明的发源地之一，有许多城市位于长江两岸。

近代以后，长江运输功能得到比较充分的发挥。第二次鸦片战争以后，随着汉口、九江、镇江等城市被辟为通商口岸，随着轮船的通行，长江逐渐成为连接中国东部与中西部最为便捷的黄金水道。轮船的通行，极大地加速了长江沿江城市的联系与发展。从上海到九江，如乘木船，通常需要一个月，最快也要十几天，但乘轮船，昼夜行驶，只要两整天。从上海到汉口，乘木船最快也要20天，但乘轮船仅需3天。上海地处江海交汇点，长江越通畅，其交通运输功能越发达，上海的地位就越重要。

自唐代以后，长江三角洲就是中国经济、文化最为发达的地区，这里土地肥沃，物产丰富，人口稠密。这一地区在近代以前，有三个城市都比上海历史更为悠久，规模更大，人口更多，即杭州、苏州与南京。但是，从港口角度来看，从与世界联系角度来看，这三大城市的自然禀赋都不及上海。正因为如此，在农耕时代，在闭关锁国时代，南京、杭州与苏州在中国的经济、政治地位都比上海高，但是一旦到了工业化时代，到了开放时代，这三个城市的地位就很难与上海比肩。

2

长于海运，重视商业

上海地区的重商传统，可从青龙镇说起。

青龙镇位于吴淞江南岸，是唐宋时期上海地区的一个重要商埠。自唐代天宝年间以后，这地方已是一个人口较为集中的聚落。北宋时期，朝廷把向东南发展海外贸易视为扩展财政收入的重要来源，在一些贸易港口设立专门管理机构，包括市舶司、市舶务或市舶场之类。这些港口先后有广州、泉州、杭州、明州（今宁波）、温州、秀州（设在华亭，今松江）、江阴等处。南宋沿袭这一政策。其中，设在华亭县的市舶务，主要管理青龙镇港务。

黄浦江上商舶鳞次栉比

    青龙镇是上海地区最早的河口海港，也是苏州的通海门户。北宋嘉祐年间（1056—1063），青龙港海上贸易已初具规模。周边的杭、苏、湖、常等州，每月有船前来贸易；福建、漳、泉及明、越、温、台等州，一年至少来两三次；广南、日本、新罗（今朝鲜）也岁或一至。

    贸易带动了城市的发展。鼎盛时期的青龙镇，面积广阔，设有监镇署、学校、监狱、仓库、税务、茶场、酒坊、水陆巡司等机构，镇市有36坊、30座桥、2座宝塔。宋代青龙镇影响广远，中国的台湾、福建、广东及越南一带的商贾都络绎来此贸易。

    南宋后期，由于吴淞江上游淤浅，下游缩狭，海舶无法上溯直达，青龙镇趋于衰落。于是，海船改泊于上海浦边，即今小东门十六铺岸。由此，上海浦周边聚落迅速发展。朝廷在这里设立市舶机构，管理贸易事务。日后上海县城即肇始于此。上海港的兴起与青龙镇的衰落，有直接的关联。这种消长关系恰好说明，宋代以后上海地区在通商贸易方面已有刚性需求，一处衰落，另一处就会替补上去。

宋末元初，上海港兴起，上海镇设立，与海上运输、贸易繁盛直接有关，尤其与朱清、张瑄崛起有关。

朱清（1237—1303），崇明人；张瑄（？—1303），嘉定八都新华村（今浦东新区高桥镇）人。两人原为海盗，兼事海上私人贸易，以崇明一带为基地。南宋灭亡后，两人奉元政府之命，负责建造大船，督运漕粮至大都（今北京），因功封万户府。两人的经营，使得上海、太仓地区相当可观的居民投身海运业务，带动、培养了一批海商，也带动了地区发展。徐光启说：朱清、张瑄督运漕粮，所用之人都是东南富室，也都是熟悉海上运输业务、足以胜任之人。[1]太仓很快成为颇具规模的城市，史称"漕粮万艘、行商千舶，集如林木；高楼大宅，琳宫梵宇，列若鳞次"[2]，当时谓之"六国码头"。上海地区也被带动起来。据地方志记述，1292年（至元二十九年）上海县设立时，"地方之人，半是海洋贩易之辈"[3]。一地之人，竟然有一半是从事海洋运输与贸易的，可见比例之高。

上海地区受海运带动最具典型意义的是乌泥泾镇（今徐汇区华泾镇）的繁荣。乌泥泾原是一条小河，后成镇名。南宋时期，乌泥泾镇逐渐兴盛起来。元政府在乌泥泾镇设太平仓，进行运漕转输，存放漕粮达20万石。太平仓仓址原是富户张俊遇园囿，规模庞大，有房屋409幢、园馆15座，四周碧水环绕，气势非凡。张瑄发达以后，在乌泥泾镇建筑住宅，其子孙日后亦寓居此处。值得注意的是，上海地区是先有太平仓之建（1285年），后有上海县之设（1292年），华亭由县升府，上海由镇升县，很大程度上是为了适应海运管理的需要，由此可见海运兴盛对上海地区行政的带动作用。

乌泥泾教育也颇发达。里人赵如珪建进德斋，延名儒施教，学生多达300余人。1321年（至治元年），其子赵庭芝中进士，是元代南人登第之始。著名文人王逢（1319—1388）也来到乌泥泾。王逢是江阴人，早年即有诗名，成年后饮誉士林。为避战乱，得张瑄曾孙、画家张守中之助，于1366年（至正二十六年）迁居乌泥泾，流寓此地20余年，成为地方文化名人。他在此地所建园名"最闲"，是元末明初上海最大园林之一，有藻德池、怀湘波、乐意生香台、幽贞谷、濯风所、卧雪窝、流春石、海曙岩等景点，秦裕伯、杨维桢、黄公望、倪瓒、陶宗仪等名士均为园中常客。王逢有诗文集《梧溪集》亦在此园中完成。他还曾为黄道婆祠作序，使黄道婆一些史迹赖以传世。

明初实行海禁，严禁濒海居民及守备将卒私通海外诸国，上海沿海公开的贸易活动基本绝迹，但民间海上贸易依然相当活跃。"海上操舟者，初不过取捷径，往来贸易耳。久之渐习，遂之夷国。东则朝鲜，东南则琉球、吕宋，南则安南占城，西则满剌加、新罗，彼此互市，若比邻然。又久之，遂至日本矣。夏去秋来，率以为常。所得不赀，什九起家。于是射利愚民，辐辏竞趋，以为奇货。"[4]崇明岛、舟山附近的双屿岛，都是私人海上贸易的胜地。虽然政府严令禁止，但屡禁不绝。

上海人长于经商，与上海地区的经济结构直接有关。宋、元、明时期，上海地区物产以盐、棉为大宗，也包括由棉而纺成的纱、布，这些物品都必须与市场发生联系。

北宋时期，上海地区已有浦东、袁部、青墩三大盐场，南宋建炎年间发展为五大盐场，崇明亦有天赐盐场。到了元代，上海地区盐产量达到历史高峰，元中叶年产约3000万斤，超过宋代，也为日后的明清两代所不及。

棉花自宋代以后，对上海地区经济发展有相当重要的意义。元末明初沈梦麟诗云："黄浦之水不育蚕，什什伍伍种木棉。木棉花开海天白，晴云擘絮秋风颠。男丁采花如采茧，女媪织花如织绢。由来风土赖此物，祛寒庶免妻孥怨。"[5]元代以后，上海地区大片不宜种粮的卤瘠之地，变成植棉良田；优质的棉、纱、布，成为上海地区特产，加强了农民与市场的联系，刺激了商品经济的发展。上海城厢和附近的集镇，成为江南地区

沙船

最重要的棉花贸易集散地。满载棉花和棉制品的海船，从黄浦
江出发，北达满洲里，南通东南亚，回程则载回各地特产。

　　明清时期上海港口的对外贸易时开时禁，但对内贸易则一
直没有间断，上海商业一直在发展。到近代开埠以前，上海已是
相当发达的商业城市，十六铺一带行肆林立、码头栉比。城厢
内外已建有20多个服务于南来北往商人的会馆公所。

　　在松江府，上海县较之华亭县更靠海边，更重海运、盐
棉，也更加依赖与重视商业。明正德《松江府志》称："诸州
外县多朴质，附郭多繁华，吾松则反是。盖东北五乡，故为海
商驰骛之地，而其南纯事耕织，故所习不同如此。大率府城
之俗，谨绳墨，畏清议，而其流也失之隘；上海之俗喜事功，
尚意气，而其流也失之夸。"[6]所谓"诸州"，当指与沿海相对
的内地。内地城乡分工较为明确，城市业商，为商业、手工业
所在地，乡村业农，业商者多铺张、繁华，业农者多简约、质
朴。所谓"东北五乡"即指上海。意思是说，上海县人不如松

江府城人那么简约、质朴、守规矩。府城是一府政治、文化中心,上海是一府贸易中心;府城重文,上海重商。上面这段话很简洁,但极其敏锐地观察到作为滨海之区的上海民风与内地城市迥然相异。

奢侈性消费有益论

上海居民长于经商,重视消费,最突出之处是提出"奢侈性消费有益论"。

所谓"奢侈性消费",在中国传统语汇里往往表述为铺张、奢华、虚耗、挥霍、浪掷、糜掷,是指富裕阶层通过对物品的超出实用和生存所必需的浪费性、奢侈性和铺张浪费,向他人炫耀和展示自己的金钱财力和社会地位,以及这种地位所带来的荣耀、声望和名誉,是高于整个社会平均消费水平的消费。很多时候,人们买一样东西,看中的并不全是其使用价值,而是希望通过这样东西,或这样的消费方式,显示自己的财富、地位或者其他。所以,有些东西往往是越贵越有人追捧。

奢侈性消费是重商社会的重要特征。中国传统社会抑制商人社会地位,多财之商人每每通过铺张奢华来凸显自身价值。上海多商,故自设县以后,其世风每每以奢华著称。明弘治《上海志》即称,上海居民"颇崇华黜素,虽名家右族,亦以侈靡争雄长,往往逾越其分而恬然安之",至于沿沙薄海之民,"尤好崇饰其外,以耸观视,而肆然无所惮焉"[7]。所谓"以侈靡争雄长",所谓"崇饰其外,以耸观视",都是奢侈性消费的典型表现。除了明初一段时间以外,从元代到清代上海社会一直崇尚奢华,食必求精,山珍海味;衣必求贵,绮罗轻裘。衣着的色彩、用料、式样每每越分逾矩,朝廷的服饰典制在这里几成一纸虚文。明万历年间,嘉定人"富室召客,颇以饮馔相高,水陆之珍常至方丈,至于中人亦效慕之,一会之费,常耗数月之食"[8]。明末松江人吴履震称:"今富贵佻达子弟,乃有绫缎为裤者,暴殄何为?奢侈之俗,纨绮之俗,吾松更甚于他方。毋论膏粱势厚,弃营蒯而贱罗绮,下至舆台仆隶,咸以靡丽相矜诩。"[9]明末清初余起霞有一段话描述松江人奢侈性消费,最为生动:

> 吾乡习尚日异月新。余幼时见亲朋宴集,所用不过宋碗,其品或四或六,其味亦只鱼虾鸡豕。婚娶盛筵果罩,实以枣栗数枚而已。自后,宋碗变为宫碗,宫碗变为冰盘,冰盘又变为五簋十景九云锣。其中所陈,穷极水陆,一席所费,可作贫家终岁需矣。往时及见里中素封之家,所服不过卷裼苎布而已,今则绸不足而纱之,纱不足而缎之,缎不足而绫之锦之,甚且袭以银鼠,褐以紫貂。一帽也,俄而昂其顶,俄而广其檐。一履也,俄而镶其面,俄而厚其底。如是者谓之时人,否则,群以村汉目之。举世滔滔,莫知所自始,亦莫究其所终。[10]

明清时期奢华之风,并非上海一地为然,整个江南地区皆如此。奢华之风形成,大抵需要以下三个基本条件:一是其地物产丰裕,使得奢华具备必不可少的物质基础;二是其地有数量可观的商人集聚,使得奢华不只是极个别人物或家庭的极个别行为;三是其地上流阶层的推助,使得奢华得到社会评价系统的认可(至少是默许)。明清江南地区,奢华风气起于苏州,亦以苏州为甚,苏州便具备这三个基本条件。

最能突显上海地区人在重商文化方面独特贡献的,是他们不但乐于奢侈性消费,而且有比较系统的为奢侈性消费正名的理论。明代上海学者陆楫(1515—1552)就认为,奢华对于社会有一定积极意义。他认为传统的崇俭恶奢观念并不完全正确,禁奢崇俭并不能使民富裕,而奢华倒能促进经济繁荣、财富流通，增加就业，对于社会发展有积极意义。

陆楫特别以上海为例："且自吾海邑言之。吾邑僻处海滨，四方之舟车不一经其地，谚号为小苏州，游贾之仰给于邑中者，无虑数十万人，特以俗尚甚奢，且民颇易为生尔。"[11]当然，陆楫并不是无条件地、一味地主张奢侈，而是希望富者奢侈而贫者节俭，这样可以促使富者因奢侈而减少财富，而贫者因节俭增加财富，进而实现富贫相济的理想社会状态。

在中国经济思想史上，讨论奢侈性消费经济效应问题的首推《管子》一书，但其所涉范围，主要是通货紧缩情况下的奢侈消费，意义较为狭隘。比较而言，陆楫系统论证奢侈性消费有利于促进经济增长，有利于促成社会财富平均分配，已涉及社会三大产业财富分配的基本原则，对奢侈性消费积极意义的评价更为全面。经济思想史学者认为，陆楫的奢侈性消费有益论，不但在中国经济思想史上，而且在世界经济思想史上，也有其独特的价值。[12]

陆楫是上海浦东陆家嘴人，出生在一个相当富裕的家庭。其祖父陆平（1438—1521），是从事长途贩运的商人，足迹遍至华北、华中等地，长于理财，积累了相当可观的财富。陆楫的父亲陆深（1477—1544），明弘治十八年（1505年）进士，选翰林院庶吉士，授编修。历任国子监祭酒、四川左布政使、翰林院大学士。陆深是上海县第一个以进士而获登高位者。陆家为上海巨富，陆深在浦东陆家嘴一带所建花园，名"后乐园"，是明代中期上海地区著名私人花园，规模宏大，建筑考究。陆楫的母亲梅氏，出身上海巨室，乐善好施，曾售卖500亩田地，将所得捐献出来，为乡里免除劳役，又捐2000两银助修上海城墙，并自出300两白银，修筑上海县城之小东。后人为了纪念梅氏功绩，将上海小东门称为"夫人门"。

生长在如此豪富之家，陆楫自幼受到良好教育，又长期随父亲在京师生活，见识广博，曾编撰中国古代文学史上第一部小说丛书《古今说海》，辑录历代野史、杂记、传奇凡135种，合计142卷，在学术史上很有贡献。惜其仕途不顺，多次参加科举考试，均不售。既富有、博学，自视甚高，又在政治上无所发抒，这可能是他治学超迈前贤、每多卓识闳论的重要原因。

需要指出的是，陆楫的奢侈性消费有益论，在明清时期的江南并不是孤鸿单鸣，而是有一批同调共识。陆楫之后约20年，松江人李豫亨作《毗间阁之政》一文，表达了与陆楫类似的观点。据叶世昌、范金民等学者研究，清康熙年间江西人魏世傚，乾隆《吴县志》的编纂者施谦，乾嘉年间苏州人顾公燮，嘉道年间常熟人、御史王家相，道光时期无锡人钱泳等，近代思想家魏源、谭嗣同等，都有与陆楫类似的观点。

3

徐光启的开明思想

徐光启（1562—1633）是近代以前上海最杰出的科学家、政治家、思想家，也是最能体现上海开放、创新、包容品格的代表性人物。他出生在上海县城，19岁中秀才，35岁中举人，42岁中进士，选翰林院庶吉士，踏上仕途，历任翰林院检讨、詹事府左春坊左赞善、礼部左侍郎、礼部尚书、太子太保兼文渊阁大学士、内阁次辅，谥文定。

徐光启画像

徐光启开明思想的突出表现，有以下三个方面：

一是自觉皈依天主教

天主教作为外来宗教，尽管在唐代、元代已先后两次传入中国，但晚明第三次传入时，仍被一般士大夫视为异端邪说，予以排斥。徐光启于1593年（万历二十一年）在广东韶州教书，两年后结识了在那里的传教士郭居静，初步闻知天主教教义。1603年，他又在南京聆听传教士罗如望宣道，读利玛窦所著《天学实义》等书，由罗如望施洗入教。关于他受洗的过程、原因及心理状态，学界已有细致的研究，表明他受洗入教一事，极其严肃，十分虔诚。他在拜访神父、参观圣堂、向圣母抱耶稣圣像致敬以后，认真聆听神父给他讲的天主教事情，立刻决定信教。他之所以自愿入教，在于他真诚认为天主教能解决他思想上的苦闷，解决他念兹在兹的救世问题，解决他最为关心的"死后问题"，而这些问题，在他看来都是当时流行的儒、佛、道所无法解决的。

正因为他虔诚信仰天主教，所以他会在一些守旧士大夫诬蔑传教士时挺身而出，为传教士仗义执言，成为著名的护教柱石。1616年，以南京礼部尚书沈㴶为代表的一批大臣上疏，以西洋传教士劝人只奉天主、不祭祖宗、教人不孝等罪名，要求朝廷禁止天主教。徐光启上疏辩解，称自己与西洋传教士，多年来一起考求学问，对他们了解最真、最确，这些人不止踪迹心事一无可疑，而且为人亦正，实皆圣贤之徒，"其道甚正，其守甚严，其学甚博，其识甚精，其心甚真，其见甚定"，所奉之教亦皆修身事天、教人为善。他说，"臣审其议论，察其图书，参互考稽，悉皆不妄"。既如此，不管其人来自何处，"苟利于国，远近何论焉"？[13]最后一句话，即看人看学，衡量是非，只有一个标准，就是正确与否，利国与否，而不应看其来自近处还是远方，来自中国还是外国,最能看出徐光启思想之开明与品格之崇高。

正因为他虔诚信仰天主教,所以在他的带领与影响下,上海地区出现数量可观的信教群体。他的学生孙元化受洗入教,也是接受西学的著名人物,并精通火器。徐光启的父亲徐思诚、岳父吴小溪、妻子吴氏、儿子徐骥、5个孙子与4个孙女,还有由此而扩展开来的一批亲戚,都在他的影响下皈依了天主教,其中孙元化、艾廷槐、许乐善、潘尧纳家族,都成了天主教世家。[14]

二是尽力引进西方科学

徐光启对于西来之人、西来文化、西来宗教,一直抱持开放态度,不像有些士大夫那样不加分析地盲目排斥。他在1595年33岁时得识传教士郭居静,初次接触西学,1600年结识利玛窦,谈天文、地理及其他学问,震动异常,认为利玛窦实为博物通达之士。1604年中进士,留京任官,与利玛窦等过从甚密,讨论学问,合作译书,并从此成为当时懂得西学最多、介绍西学最力的人。他生前身后,留下一长串翻译西学的书籍,《几何原本》《勾股义》《泰西水法》《测量法义》《测量异同》《简平仪说》《灵言蠡勺》,涉及天文、历算、数学、地理、物理、哲学等方面。其中,《几何原本》最为著名,影响最大。此书原作者是古希腊著名数学家欧几里德,由利玛窦口译,徐光启笔述,1607年译成。全书15卷,所译为前6卷。此书之译,在中国数学史上意义重大,几何由此而成数学之一科,点、线、面、平行线、直角、钝角、锐角、三角形、四边形等名词,由此而被确定下来,并沿用至今。此书在译出不到100年中,有3种刻本行世,研习几何成为中国数学家必需之素养。他还参与编译大部头的《崇祯历书》,修正当时已经失去准确性的《大统历》,成为中国历法史上一次具有里程碑意义的改革。

徐光启之所以如此热衷介绍西学，在于他对西学有不同寻常的深刻理解。他在与传教士研讨西方格物穷理及象数之学时，发现西学胜于中学的一个重要方面，是善言"所以然之故"。所谓"故"，就是万物运行之所以然的根本依据，是现象背后的根本之理。《几何原本》之于各种度数测量之学，便属于此种"所以然之故"。抽象的几何原理，看上去好像无当于实用，但正因其"无用"，这才成其"大用"，也就是"不用为用，众用所基"[15]。正因如此，徐光启盛赞几何之学是一种百试百灵的方法之学，一种学会以后人人真能"自绣鸳鸯"的方法，与往昔"鸳鸯绣出从君看，不把金针度与人"的只言事、不究理的为学方式全然不同。

徐光启之所以如此热衷介绍西学，更在于他对西方科学的方法论特征有清楚的了解。这个特征，即几何学的逻辑推理。在西方，这种方式也被应用到哲学、宗教等人文科学领域。利玛窦曾专门作过介绍，他说："夫儒者之学，亟致其知。致其知，当由明达物理耳。物理眇隐，人才顽昏，不因既明，累推其未明，吾知奚至哉！"而几何学，"能强人不得不是之，不复有理以疵之。其所致之知且深且固"，是推论物理、剔除人意、剖散心疑的一种根本方法。[16]对此，徐光启有深刻理解。他将几何学的方法论特征，概述为"四不必：不必疑、不必揣、不必试、不必改"；"四不可得：欲脱之不可得、欲驳之不可得、欲减之不可得、欲前后更置之不可得"。又将这种方法概括为"三至三能"，即"似至晦实至明，故能以其明明他物之至晦；似至繁实至简，故能以其简简他物之至繁；似至难实至易，故能以其易他物之至难"。他认为，这种书，"能令学理者祛其浮气，练其精心；学事者资本其定法，发起巧思，故举世无一人不当学"。[17]这种评价，精当无误，可见他对这种方法确信无疑，也可想见他掌握这种方法以后无比欣悦、急于推广之心情。

徐光启把取法西学的过程分为三步：翻译—会通—超胜。

用他自己的话说："欲求超胜，必须会通；会通之前，先须翻译。"所谓"会通"，就是洞彻中西；所谓"超胜"，就是在会通的基础上，各取所长，加以发展。这是虚心开明的态度，是理性科学的精神。

明末清初在介绍西学方面，徐光启是世界所公认的第一人。《畴人传》曾公允地评价："自利氏东来，得其天文、数学之传者，光启为最深。洎乎督修新法，殚其心思才力，验之垂象，译为国说，洋洋乎数千万言，反复引申，务使其理其法，足以人人通晓而后已，以视术士之秘其机缄者，不可同日语矣。迄今言甄明西学者，必称光启，盖精于几何，得之有本。"[18]

三是对于中外贸易的平实态度

宋元之际，中国重视海洋贸易。东南沿海地区，贸易兴旺，港口繁忙，经济社会发展很快。明朝建立以后，太祖朱元璋一改之前开放政策，严厉实行海禁，下令片板不得下海，并将此作为祖宗之法，要求其子孙世代遵守勿逾。海禁政策规定：禁止私人出海，禁止私人从事海上外贸，也禁止外商以私人身份来华贸易。该政策在整个明代，虽然时紧时松，隆庆年间甚至一度解除海禁，允许民间私人远贩东、西二洋，但总体上是得到严格贯彻的。明代法律规定：凡将马、牛、军需、铁货、铜钱、缎匹、绸绢、丝绵私出外境货卖及下海者，杖一百，挑担驮载之人减一等，物货船车并入官。若将人口军器出境及下海者，绞；因而走泄事情者，斩。同时鼓励举报，对举报有功者有重赏。[19]明初严行海禁，自有其政治安全的考虑。但是，将海禁作为国策，长久推行，便严重阻碍了中国海洋事业的发展，妨碍了中国沿海地区的开发，也使得此后中国在辽阔的海上角逐由先进而变为落后。

海上交通、海外贸易，自有其惯性，自有其内在需求。特别是到了16世纪初期，随着地理大发现和新航路的开辟，欧洲殖民者开始全球侵略和殖民贸易，占领了阿拉伯国家和东南亚等地区。葡萄牙人、西班牙人与荷兰人，先后来到中国沿海，中国与欧洲的经济交往逐渐频繁，东南沿海的民间贸易也空前活跃起来，沿海岛屿出现了很多民间贸易据点。最有名的是舟山附近的双屿岛，成为民间贸易的天堂。据说那里建有1200多所房子，住了1000多名葡萄牙人，还有很多中国居民，有行政机构、天主堂、妈祖庙，相当繁荣。这引起明朝政府的警惕。1548年（嘉靖二十七年），浙江巡抚朱纨派重兵严加镇压，歼灭了岛上的武装势力，焚船20余艘，毁屋无数，对为首者格杀勿论，将双屿岛建筑夷为平地。朱纨的残酷镇压，激起沿海居民的愤怒。经闽浙籍官员联合弹劾，朱纨被朝廷革职，不久自杀。

对于海禁政策的负面影响，对于沿海地区的走私情况，以及朱纨的残酷镇压，身为上海人的徐光启，内心很不平静，特作《海防迂说》一文予以批评。

文中，徐光启系统论述了中外通商有益论。首先，他开宗明义地指出，"有无相易，邦国之常"，对外贸易是正常的国际关系，贸易双方互惠互利，而中断贸易，有害于各国。其次，他认为对外贸易是国内经济发展到一定水平之上的必然趋势，不是人为可以阻挡的。如果强行禁止，则公开贸易必转为地下走私，商必转为盗，"官市不开，私市不止，自然之势也。又从而严禁之，则商转而为盗，盗而后得为商矣"。犹如积水于此，不得不通，决之使由正道，久而不溢；若塞其正道，必有旁出之窦，又塞其旁出之窦，则必溃而四出。再次，对于倭寇问题，他主张"除盗而不除商，禁私贩而通官市"，使民间贸易得到官方的控制而合法化，"来市则予之，来寇则歼之"，对商、寇区别对待，前者以礼，后者以兵。第四，主张与日本通商。他认为，中日经济文化交流源远流长，日本早已习惯于消费中国的丝、帛、瓷、药，停止中日贸易，必然导致倭寇来中国沿海非劫即抢。要想在断绝与日本贸易之后，还能做到没有倭寇，那除非日本通国之中，对于丝、帛、瓷器、药品等来自中国的商品，全部摒去不用，但这种可能性根本不存在。相反，恢复中日贸易还可以得到一个好处，即日本刀铳器甲诸物造作甚多，皆可通过贸易，以增加中国军事实力。他概括地说："惟市而后可以靖倭，惟市而后可以知倭，惟市而后可以制倭，惟市而后可以谋倭。"第五，对于朱纨在浙江沿海严厉打击海上私人贸易的行为，他进行了点名道姓的批评，称朱纨对于"海上实情实事，果未得其要领，当时处置，果未尽合事宜"。[20]

总之，徐光启认为开展正常的国际贸易，利国利民，也是势所必然，而不顾实际地禁止，只能是误国病民，后患无穷。

徐光启关于中外贸易的平实态度，建立在他对于沿海地区社会经济切实了解的基础上，对于当时中外联系特别是中日联系切实了解的基础上，对于国际贸易双方互利理性分析的基础上，因此立论坚实，开明通达，反映了当时社会经济向前发展的要求，也反映了沿海地区对外开放的内在需求。400多年之

上海县城外黄浦江上舟楫辐辏

后，再读徐光启的论述，仍然觉得他眼光远大，思想开明，实事求是，闪射着真理的光辉。正是在这个意义上，他成为当时中国力主对外开放的代表性人物，也成为当时站在时代前列的中国代表性人物。

徐光启关于中外贸易的平实态度，与其家乡上海在明代倭患中的悲惨遭遇有密切关系。上海在元代建县以后，在相当长的时间里一直平静而健康地发展。自明代实行海禁政策以后，沿海居民生计大受影响。特别是嘉靖年间，由于政府严厉打击沿海居民的海上私人贸易，激起严重的倭患，致使所谓"倭寇"多次袭击沿海居民，从上海、南汇、川沙、嘉定、嘉兴、嘉善到苏州等地，舰船数百，人员数千，攻城掠物，满载而去。倭患延续多年，给沿海人民带来了巨大的灾难。上海本无城墙，就是为了抵抗倭寇的侵扰，才在1553年筑起城墙。

1553年，即徐光启出生前九年，那年倭寇五次来袭，直捣上海县镇，县衙被焚，知县逃遁，多名官员被杀害，诸多富户被抢掠一空，浦东沿海地区尽为倭寇所占。徐光启的家庭，也遭到蹂躏。徐光启的父母亲扶徐光启的祖母，带着幼女即徐光启的姐姐，辗转逃难，草行露宿，母亲每休止丛薄，则抱女坐水深流急之处，准备在倭寇来犯时，便自溺而死。这样颠沛流离的生活，延续了四年之久。徐光启幼时常听他母亲和祖母讲述倭寇为患的暴行。

历史研究表明，明代的所谓"倭寇"，其主体部分十分之九是中国沿海居民，日本人仅占十

分之一，且处于从属地位。中国沿海居民，因"海禁太严，渔樵不通，生理日蹙，转而为盗"，所以"寇与商同是人，市通则寇转为商，市禁则商转为寇，始之禁禁商，后之禁禁寇。禁之愈严而寇愈盛"。[21]对于这种历史真情，徐光启自然明白。所以，他才会写《海防迂说》，呼吁开放海禁，与日本等国实行正常的国际贸易。

4

华夷平等思想

上海地区文化开明方面，还有两个典型事例，一是陆楫的华夷平等思想，二是府志收录传教士传记。这两个事例的共同点，都是以平等观念看待不同民族与国家的人。

陆楫的生平，前已述及，他的华夷平等思想，体现在他所作的《华夷辩》一文中。

华夷之辨，或称"夷夏之辨"，是中国历史上的古老话题。古代华夏族群居于中原，为文明中心，因此逐渐产生以华夏礼仪为标准进行族群分辨的观念，以合于华夏礼俗并与诸夏亲昵者为华夏、中国人，不合者为蛮夷、化外之民。其宗旨植根于《春秋》以及《仪礼》《周礼》等典籍中。不同时期，区分华夷的标准并不完全相同，或以血缘，或以地缘，或以文化（主要是衣饰、礼仪等）。秦汉以后，华夏遭遇严重入侵、面临严峻威胁时，以血缘或地缘为标准的观点常占主流地位。五代以后历经两宋，燕云十六州等军事要地一直在北方游牧民族控制之下，元代则整个中国均被蒙古人所统治，明代虽然恢复了汉族对中原的统治，但蒙古人依然严重威胁汉族政权的稳固，民族矛盾十分尖锐，时常发生战争。在此态势下，华夷之辨一直不绝于耳。嘉靖皇帝顽固地坚持以血缘与地缘为标准划分华夷，拒绝与蒙古通商贸易，甚至杀死蒙古使臣，撤销明太祖朱元璋所设立的元世祖忽必烈在帝王庙中的祭祀牌位，这更加激化了汉蒙矛盾。一些士大夫也迎合嘉靖皇帝意旨，强调以血缘与地缘为标准划分华夷的正当性。礼部主事杨循吉（1456—1544）所著《金小史》，便称女真为"夷狄中最微且贱者"，对蒙古君主一概称为酋长，以夷狄待之。此书在士大夫中颇受好评。[22]陆楫读了此书，颇不以为然，于是写了《华夷辩》。

陆楫认为，华夷虽然有别，所居方位、饮食习惯、居住方式、服饰质地形制，均有不同，但是彼此同样为人，并无本质不同。陆楫历述秦汉以后一些史家株守以血缘、地缘划分华夷的种种谬误，认为一代君主是华是夷，不能只看其出自何族何方，而要看其所行是否合乎王道，倘若有道，即为中国正统；倘若无道，即为夷狄乱华。他认为，自古以来，只有四位君主合乎王道，即汉文帝、北魏孝文帝、后周世宗与金世宗。四人之中，有两人出自汉族以外。他批评杨循吉《金小史》的史观是"泥古而不知变者"。[23]陆楫对金朝的地位、对金朝统治者的评价，尤其与强调汉族政权为正统的时论不同，认为金代宋的实质是有道代无道，也属中国正统。这在当时是惊世骇俗之论，不啻离经叛道。

尤其值得注意的是，陆楫所肯定的四位合乎王道的君主，没有一位是一般史家所津津乐道的秦皇、汉武、唐宗、宋祖，没有一位以霸道著称。在儒家话语系统中，所谓王道之君，都是以仁义治天下的圣明之君，都能在保合诸夏、协和万邦等方面有所作为。陆楫的华夷平等思想与崇尚王道思想，隐含着以民为本、以和为上的精神，这在以血缘、地缘划分华夷之说甚嚣尘上的时代，显得相当开明与高明，在中国古代民族思想长河中也特别耀眼夺目。明末清初著名思想家王夫之（1619—1692）也有与陆楫类似的思想，但他在世时间比陆楫晚了整整一个世纪。

府志收录传教士传记，指1630年（崇祯三年）编成的《松江府志》中，己经把西班牙籍天主教传教士庞迪我正式作为游寓人员记录在案，其文曰：

> 西儒庞迪我，利玛窦之门人也，精于天文地理技术，宗天主教，由海外抵香澳，至留都，遂游云间。士大夫多崇礼之，而徐宗伯光启尤敬事焉。制器甚精巧，如西洋炮，试之辽左右，有奇效，奴虏闻之胆落。相躯目长鬃，坦易近人，非礼不动，有中华大儒之风。他著述甚富，不胜书。凡用物名目、种类特创，并西字记号二十，形象各异，不能殚记，详其门下西海耶稣会士邓玉函口授《图说录最》一书，关西王公徵有序。[24]

书中将西来传教士作为游寓名人，载入官书府志之中，且如此高度评价庞迪我，称其"有中华大儒之风"，为其他志书所未之见，实属破天荒之创举。这部《松江府志》，由松江知府方岳贡主修，陈继儒等编纂，俞廷锷重订，1631年刻行。这说明，崇祯时松江士人已经泯除了中外之畛域，完全接受了西儒庞迪我，把一个从外国来的人与从外地来的人视为同类，这是何等开明的举动！特别值得注意的是，到了清代康熙朝再修《松江府志》，外国人便从"游寓"中被删除了。于此亦可见风气变迁，更显得明末松江士人的开明。

1. （明）徐光启：《漕河议》，参见徐光启撰、王重民辑《徐光启集》卷一，中华书局1963年版，第22页。

2. （清）钱宝琛：《壬癸志稿》卷三《人物》。

3. （清）王大同：嘉庆《上海县志》卷六。

4. （明）谢肇淛：《五杂组·地部一》。

5. （元末明初）沈梦麟：《黄浦水》，见《花溪集》卷二，上海书店1994年版。

6. （明）陈威、喻时修，顾清等纂：正德《松江府志》卷四。

7. （明）弘治《上海志》卷一《风俗》。

8. （明）万历《嘉定县志》卷二《风俗》。

9. （明）吴履震：《五茸志逸》卷二《尚衣缝工》。

10. （清）康熙《淞南志》卷一《风俗》。

11. （明）陆楫：《蒹葭堂稿》卷六《杂著》，刻本。见《续修四库全书》，上海古籍出版社1997年版，第640页。

12. 周巍：《浦东文脉：陆深陆楫家学研究》，上海师范大学博士论文2014年，第231页。

13. （明）徐光启：《辨学章疏》，见《徐光启集》卷九，中华书局1963年版，第431页。

14. 刘耘华：《徐光启姻亲脉络中的上海天主教文人：以孙元化、许乐善二家族为中心》，《世界宗教研究》2009年第1期。

15. （明）徐光启：《刻几何原本序》，《徐光启集》卷二，中华书局1963年版，第75页。

16. （意）利玛窦：《译几何原本引》，见利玛窦著、朱维铮主编《利玛窦中文著译集》，复旦大学出版社2001年版，第298页。

17. （明）徐光启：《几何原本杂议》，见《徐光启集》卷二，中华书局1963年版，第76—77页。

18. （清）阮元：《畴人传》卷三二《徐光启传》。

19. 《明会典》卷一三八《刑部》。

20. （明）徐光启：《徐光启集》卷一《海防迂说》，中华书局1963年版，第38页。

21. （明）谢杰：《虔台倭纂》上卷《倭原》。李燕：《古代中国的港口经济、文化与空间嬗变》，广东经济出版社2014年版，第140页。

22. （明）陆楫：《蒹葭堂稿》卷三《华夷辩》，见《续修四库全书》，上海古籍出版社1997年版，第621页。

23. 同上书，第622页。

24. 明崇祯《松江府志》卷四四《游寓》。需要指出的是，游寓上海的并非庞迪我，而是意大利传教士郭居静。

二

被动开放与奇特格局

　　近代以来的上海对外开放，依三个不同阶段呈现三种状态，即第一阶段（1843—1949），被动开放；第二阶段（1949—1978），蓄势待发；第三阶段（1978年以来），主动开放。第一阶段是上海在全国、世界城市格局中重要地位的奠定时期，也是上海城市开放品格形成、展开时期。

　　近代上海被动开放涉及三个方面的问题，一是开放局面形成并非中国主动选择，而是在战争失败后被迫接受的结果；二是开放领域、开放政策、开放措施并非中国所能自主决定；三是开放进程、开放后果并非中国所能控制。另一方面，对于上海开放，中国政府、上海地方政府也不是完全无所作为，在租界如何设置、面积多大、如何管理等方面，中国政府、上海地方政府都有所作为。但是，租界作为上海对外开放最主要载体，是世界上新出现的史无前例的城市空间，其面积扩展、社会结构、管理模式，特别是一系列的制度设计，都是在多种因素综合作用下形成的，既不是西方殖民主义者单方面巧取豪夺的结果，也不是清朝政府、上海地方政府所能决定的。被动开放，没有蓝本的非主观设计方案，多方面影响，造成了近代上海奇特的开放格局。

1

五口通商，上海独盛

近代上海被开辟为通商口岸，依据是1842年签订的《中英南京条约》。条约第二款规定，"自今以后，大皇帝恩准大英国人民带同所属家眷，寄居大清沿海之广州、福州、厦门、宁波、上海等五处港口，贸易通商无碍。且大英君主派设领事、管事等官住该五处城邑，专理商贾事宜"。1843年以后，五口相继依约开埠。

五口开埠以前，论城市行政等第与规模，论对外商业联系的历史和传统，上海在五口中都居于末位，广州、福州为省城，宁波为府城，厦门（属古同安县）、上海仅是县城，但是由于多种因素的综合作用，到19世纪50年代末期，上海在中外经济、政治、文化联系方面，在五口中已处于领先位置。五口通商，上海为什么能一口独盛？此中原因相当复杂，但有一点相当突出，也至关重要，即对外开放的精神。

鸦片战争以后，五口对外通商的时间，虽略有先后，但基本上同时，前后相差最多一年。但是，宣布开埠与顺利通商是两回事。

上海以外的其他四口宣布开埠后，外商经营均不顺利。广州等地官员摸准朝廷反对与西洋通商的心理，所以对于西洋人到口岸觅地建屋、居住通商等要求，都百般刁难。

广州是岭南最大城市，也是鸦片战争以前中国唯一对外有通商关系的口岸。广州人有傲视、鄙视西洋人的传统。经过鸦片战争，虽然在战场上失败了，但广州人的文化心理没有变。所以，广州尽管是五口中第一个宣布开埠的，但广州官绅在反对西洋人进城方面也是第一流。地方官员将外商安置在广州城外珠江边上的一块狭小地方，码头水位浅，大船无法停泊，而小船泊位又不足，费时费事，手续繁琐。英商多次要求扩展租地，均遭拒绝。英商一直要求进入广州城，更是遭到当地官绅的强烈反对。对待这些高鼻子、蓝眼睛的西洋人，广州人当面吐唾沫，背后扔石头。广州人反对西洋人进入广州城的斗争，持续了十多年。直到1859年，即第二次鸦片战争当中，租地问题才算解决，英法两国在广州沙面设立了租界。那是在珠江中的一个小岛上，面积330亩。营商环境既如此，英国又已割占了香港，并在那里尽力经营，广州的贸易自然一落千丈。

福州和广州同样是省城。如果说广州对于通商所采取的对策是硬抗的话，福州采取的对策则是软顶。突出表现在两个方面：其一，对于英商入城居留的要求不予配合。福州宣布开埠通商以后，英国领事李太郭很快来到福州交涉开埠事宜。当时实际掌控福州对外事务的闽浙总督刘韵珂，将英国领事馆安排在福州城南一个叫南台的地方，位置偏僻，房屋质量很差，全无人气。英国驻华公使德庇时对此大为不满，要求必须解决这个问题。福州当地官员被迫给外国领事换了地方，但暗中命令泥瓦匠不准给外国人修理房子，违者严惩，同时将贸易地点放到3英里以外的地方，让外商住处与经商之处分得很远。其二，福州地方当局遍设关卡，挡住商品通道。英国指定福州为通商口岸，看中的是武夷山红茶。鉴此，福建地方官员派人把所有茶叶通到福州的路卡全部堵死，严防死守，不许茶商经过。结果，洋商在福州根本买不到任何茶叶，只好离开这里。所以，福州开埠以后，差不多有10年时间没有做成多少生意。福州地方政府的这两项目措施，一是让洋人难以经商，二是让洋人无商可经，归根到底就是要将福州被迫打开的通商之门重新关上。

厦门、宁波两地开埠以后，外国商人经营也不顺手。1860

英国首任驻沪领事巴富尔

年以后，由于太平天国战事的影响，宁波及其周围遭到战争的破坏严重，商人富户成批移入上海，宁波对外贸易与上海的差距进一步拉大。

营商环境卓越，是上海在最早通商的五口中脱颖而出的关键所在。

1843年11月8日，英国首任驻沪领事巴富尔率员抵达上海，傍晚时分停泊在小东门外。翌日，负责处理开埠事务的上海道台宫慕久，在道台衙门会晤了巴富尔一行。双方行礼如仪，态度文雅。道台特派自己的肩舆，将巴富尔接到道台衙门。一路上，轿子吱吱呀呀，两旁围满了好奇的人群，但是没有什么故意怠慢、无礼举动。会见之后，宫慕久率随员礼节性地到船上进行回访，这让巴富尔觉得很有面子，特地向英国驻华公使做了报告。

对于领事馆馆址的设立，双方磋商虽小有波澜，但总体上还算顺利。

双方在道台衙门会晤时，巴富尔提出要在城内设立领事馆,宫慕久回应,城里无房可居,要在城内设馆不可能,须在城乡接合部找地方。双方意见各有合理之处。从英国领事角度来说,初来乍到,人地生疏,领事馆只能设在城内。从上海道台角度来说,华洋分处,是此前广州处理华洋关系的惯例,便于管理,少生是非,因此能拒绝设在城里而设在城外,是为上策。

巴富尔不能接受这一安排,表示他得亲眼瞧瞧城里是否真的没有房子,如果实在没有,哪怕是在某个庙里或老百姓家里搭个帐篷也行,不然的话,干脆住到停泊在码头的轮船甲板上。当然,这是气话。巴富尔一行离开道台衙门,路上忽有一位绅士模样的人上来打招呼,说他有处房子或许适合做领馆。巴富尔一行跟着他,来到大东门西姚家弄一处叫"敦春堂"的院落。那里有内外四栋房屋,上下52间,房主姓顾。房屋宽敞明亮,陈设华美,屋后有水井、水槽可用。巴富尔对此颇为满意,当即定了下来,租金每年白银640两,并付640两押金。1844年2月,英国领事馆就设在这里,直到1849年7月21日才搬进在外滩自建的新馆。

这看上去有些戏剧性,其实完全是道台宫慕久的事先安排,是他退而求其次的方案。将英领馆暂设此处,在巴富尔还没离开广州之前,上海这方面就已经选定了!只不过这不是首选。首选是让这些洋人住到城外去,实在不行,就将他们安顿在这里。

此后十来年间,上海在海关设立、商品征税、外国人租地、租地章程制订、租界辟设等方面,都处理得井井有条,中外之间没有发生严重冲突。只是在1848年发生过一起"青浦教案",那是发生在3个英国传教士与几个山东漕运水手之间的摩擦,引起了外交纠纷,处罚了一些当事人,但总体上处理得也还算平静。

上海开埠比较顺利,主要得益于两个方面:一是上海本地人没有排外传统,对外国人比较温和;二是主持其事的上海道台宫慕久比较通达干练。

　　翻看其时关于上海开埠的中外文献,发现上海本地人在两方面表现最为突出:一是极度好奇,二是商业头脑。

　　开埠以后,最早抵达上海县城的外国人都是英国人,他们身材高大,皮肤白皙,高鼻、深目、卷发,与中国人相貌颇为不同。尽管明末清初,上海县城也有欧洲人来过、住过,但那毕竟是200年以前的事了,人数也少。开埠以后的上海本地人,极少有人见过西洋人。所以,这番西洋人络绎来沪、在城里住下以后,上海本地人的第一反应是好奇、围观。最初几天,有大批的居民,男女老幼都有,川流不息地走进外国人所住的房子参观,都非常好奇,对于洋鬼子的吃、喝、剃须、洗手、阅书、睡觉,都要仔仔细细地观察。他们纳闷,这些洋人为什么每顿饭要吃那么多?为什么吃了肉还要吃牛奶?他们的眼睛为什么是蓝的,怕光吗?他们的小腿能弯曲吗?这些都是上海人想寻根究底的问题。上海的乡下人看见英国人时,既害怕,又好奇,往往一大堆人聚着呆呆地观看,小孩子见了就要哭,因为他们

早期英国驻上海领事馆。图片由项慧芳提供

向来听人说过，这些都是极其凶恶的洋鬼子。此前，他们听到的传说太多了。有的说，西洋人的蓝眼睛怕光、怕太阳，到中午就看不见东西。有的说，西洋人小腿细长无力，不能弯曲。有的说，西洋人爱吃牛奶、鸡蛋、黄油，肠油梗塞，一定要用中国的茶叶、大黄以消肥导滞，否则就难以活命。还有的说，西洋人会蒙拐小孩，将他蒸熟吃掉。所以，小孩子一听说洋鬼子来了，就吓得哇哇直哭。当然，西洋人外出走动，也总有人围观。据一位英国人回忆："无论何时，当我们走出住处，成百的人会涌上街道，跟随着我们，如同伦敦街头拥挤的、急切想见到女王的人群一样，很急切地想瞥见我们一眼。每一扇门的门口和每一扇窗的窗口都挤满了男人、妇女和孩子，他们用一种不知所措的眼神惊诧地盯着我们看，好像我们是来自月球而不是地球上的普通居民。"[1]

　　上海人商业头脑向来发达。见有那么多人喜欢围观西洋人，有人就明白这是个商业机会，于是动了赚钱脑筋：卖票，有偿参观。这事还是英国领事巴富尔首先发觉的。他有些狐疑：为什么老是有那么多人围观？后来发现有人在售票牟利。人的天性，越是看不到的越想看到，于是围观的人越来越多。巴富尔撵走了好奇的围观者。

　　需要补充的是，不光在上海城里是有偿参观，在乡下也是一样。据英国人福钧记述：1844年4月的一天，他雇小船到松江一带考察植物。小船沿河行驶，在不同村庄、不同城镇，河边总有那么多男女老幼排列成行，要看他一眼。让他不解的是，每到一处，船夫总是要求他下船，到岸上走一走，一定要让他进入围观人群的视野当中。他起初不明就里，后来才明白，船夫借此收取

一定的参观费用。据福钧估计，在他下船到附近考察植物期间，他的船舱有数百人参观过，估计船夫赚了不少钱。[2]

上海开埠得以顺利进行，与其时负责处理开埠事务的上海道台宫慕久的办事能力直接相关。

宫慕久（1788—1848），字景虞，号竹圃，山东泰安府东平州（今东平县）人。出身农民家庭，21岁考取秀才，31岁中举，以后参加会试未中，38岁（道光六年）以大挑一等引见，奉旨以知县用，此后多年在云南边境做官，历任保山县知县、昆明县知县、署理云南府知府等职。他因处理边疆民族问题得当，两次受到道光皇帝接见。《中英南京条约》签订以后上海开埠，需要一位干练的道台，他被道光皇帝看中，于1843年7月（道光二十三年六月）接任上海道台。

宫慕久此前在云南边境处理的事务，涉及汉族与少数民族、中国与越南等，除了刑名、钱谷诸事，最棘手者莫过于武装冲突，相当复杂，他都能临危不惧，果断、有效地处理好。云贵总督阮元对宫慕久的能力赞不绝口。宫慕久在上海道台任上，首尾四年，到1847年春被钦命为江苏提刑按察使，离开上海到南京就职。

宫慕久就任上海道台时，已经55岁。他办事沉稳，通达干练，与外国人打交道不亢不卑。他接待英国领事巴富尔，商谈开埠事宜，议定《上海土地章程》，处理开埠初期发生在上海的中外交涉都很得体。这表现在以下五个方面：

一是实行华洋隔离的政策，减少发生冲突的机会

上海开埠伊始，就实行华洋隔离的政策，即租界与华界分开，外国人与中国人分开。这一政策，是宫慕久制订并坚持的。鸦片战争以前，广州实行的十三行制度，其实质便是华洋隔离。

鸦片战争以后，对于通商口岸华人与洋人如何相处，《中英南京条约》及其附约并没有具体规定。那么，宫慕久是如何产生华洋隔离的想法呢？原来，宫慕久有一重要幕僚陈福勋（1811—1893），深通中外交涉之道。陈福勋是浙江钱塘（今杭州）人，自幼留意经世之学，16岁习商，贩卖食盐，往来于川楚江汉间，也曾到广东经商，赚了不少钱。他熟谙通商业务，也熟悉外国情况，据说整个《中英南京条约》他能从头到尾背出来。上海开埠以后，他来到上海，颇受宫慕久器重，成为宫慕久的主要幕僚，日后成为上海公共租界会审公廨的首任谳员。

二是抓住事故端倪，将冲突消弭在萌芽状态

这从以下两件小事中可以看出来：其一，洋人初来，上海居民特别是小孩在围观的同时，会喊"鬼子来了"或"来看看鬼子"，平时遇到洋人也会频繁地叫"鬼子"。这让洋人很不满，于是通过领事向道台提出交涉。其实，叫者大多并无恶意，但洋人以为这至少意含轻蔑，不能接受。宫慕久以为，不能在中外刚刚接触之际，就开此坏头，于是在上海严禁此类称呼。令行禁止，上海街道很快就再也听不到此类称呼了。一位英国人回忆前后的变化："如果某个小顽童突然意外地说出之前教给他的那些无礼的称呼，旁观者中的正派人士会立刻训斥他。"[3]其二，果断处理突发事件。上海开埠后不到一个星期，突然发生一件事：有两个中国儿童被洋人鸟枪射伤，肇事者逃逸，不知踪影。宫慕久对此高度重视，立即照会巴富尔要求严肃处理。巴富尔对此也很重视，让人将伤者带到领事馆，让从英国来的医生为他们治疗。两个受伤儿童，一个轻伤者没有留下什么后遗症，另一个因伤重失明。巴富尔在外侨中募捐200元钱，让道台买了一块地，赔偿给那位重伤者。那200元钱，在当时上海可以买8~10亩地。事后，为了防止类似事件发生，巴富尔制订了《鸟

被动开放
与奇特格局

47

枪管理条例》，对打猎的具体地点、打猎申请手续、打猎监督等做出详细规定。这件事处理得双方都还比较满意。事后查明，那位逃匿的肇事者，是一名美国船上的运动员，事故枪支走火所致。

三是在实践中摸索处理外事之道

在通商口岸与外国人打交道，是前无古人的新问题，宫慕久在实践中不断摸索。租地问题是个典型。上海开埠以后，外商很快就来到上海，并自行租地。外国商人与中国地主，自行议租，自行议价，自行定界。由于土地品质差异，有的高亢，有的低洼；有的临江，有的离码头较远；有人想租的面积大，有人想租的面积小；土地原有凭证也各有千秋，所谈租地价格更是高下悬殊。面对这么繁杂的问题，宫慕久从容应对，遇到一件处理一件。一直到1845年12月，他与巴富尔就租地问题形成了一个统一的章程，即《上海土地章程》。这个章程一共23条，并不是一下子就制订出来的，而是在实践中逐渐积累、不断摸索出来的。最后确定的原则，包括永租制，华洋分处制，租地面积有限制，租地必须开发、投入使用、不可圈地不用等，都是在实践中总结出来、行之有效的。从事后效果看，外商在上海租地比较顺利，这与宫慕久的努力是分不开的。那时，外滩那一带土地，政府所收田赋是每亩每年1300文制钱。参照这个数额，宫慕久与巴富尔商定将土地年租金统一定为每亩每年1500文，略高于政府的田赋。这也是地主乐意出租土地的原因。

四是遇到某些事件，尽可能大事化小，小事化了

针对通商口岸西人到近郊游览问题，上海道台与英国领事

曾达成协议,即外国人外出游览的距离,不能超过当日可以返回上海的路程。换句话说,即外国人可以远游,但当日必须返回上海,不能在非租界区域过夜。对于这个规定,有些外国人时常突破。麦都思等传教士到远郊传教,就时常突破这一规定。客观上,这个规定执行起来也有一定难度,因为外国人离开上海,并不需要向道台或英国领事报告备案,非上海地区的行政长官也没有抓捕那些违禁远游外国人的权力。除非有人报告上海道台与英国领事,否则便无从管理。当然,事情总有例外。上文述及的英国人福钧,就触犯了这一规定。他作为植物学家,在华东、华南地区四处调查植物品种,有时在上海以外地方一连逗留十天半月,也没有人去管。他的调查,并没有获得中国官方签证许可,本来就是违法的,如果上纲上线的话,可以算是经济间谍行为,因为他搜集的是英国人所缺少的经济情报。1844年5月,他在宁波一带考察完植物以后,由镇海、乍浦、平湖再到上海,乘小船一路走走停停,所经都是中国禁止外国人通行之处。他路过的那些地方,从来没有见过外国人,因此他走一路,被围观一路。这奇怪的信息自然被沿途官员汇报上去,也被转到上海道台与英国领事那里。

这件事怎么办?且看宫慕久是怎么处理的:他给英国驻沪领事巴富尔发了个照会,说是听闻贵国商人福钧及其随行译员,"从乍浦赶赴上海,途遇阻风,漂至乍浦,幸赖浙江地方官员保护,并沿海岸线送回,目前该商人居住名乐货栈。相烦领事先生代为查明该商人所乘何船。祈请回复是盼"。显然,宫慕久是主动为福钧寻找托词。事实上,福钧一路并没有遇到风阻,也不是沿海岸线回到上海的。巴富尔将宫慕久的照会发给福钧看,福钧心领神会,马上按宫慕久的思路作了回复,表示道台照会中的"所有描述,都与我的情况不符,他一定是弄错了,或者误听了传言"。[4]于是,这件事就算了结,再也无人提起。福钧在日记里说,他的回复无疑会让道台满意。

五是努力营造中外和谐的氛围

宫慕久在处理涉外事务时，努力营造中外和谐的氛围。1844年，福钧曾与另外几个西洋人，应邀到上海一位官员家里做客，欣赏了一出戏剧，吃了一顿晚餐。看戏与吃饭，一共花了三四个小时。这位官员用轿子将这些洋人接去并送回，还会见了很多当地的朋友。福钧回忆，类似的招待有很多次，"或是在富人的豪宅，或是在穷人的乡村，这样请客吃饭的事情很是常见"[5]。福钧没有写明招待他们吃饭的官员是谁，估计是宫慕久。如果不是宫慕久，那也一定是宫慕久安排的饭局。因为按照规定，上海地方官员中，道台负责处理外交与通商事务，而知县等人没有这方面职责。吃饭的地方，估计就在县城里面，因为用轿子抬去再抬回，距离想必不会太远。

宫慕久在上海，颇受外国人尊重，与他的廉洁美德有一定关系。在常人眼里，上海道台是个肥缺，处理土地出租、物品征税等通商事务，整天与商人、金钱打交道，敛财机会很多，但宫慕久一直律己甚严，廉洁自守。他在1848年去世以后，个人财富较来上海以前没有任何增加，"灵柩归里，行李萧然，只有书籍数箧，家产仍先人田舍"[6]。

宫慕久的工作得到中外双方的高度评价。1843年，署两江总督璧昌就称赞宫慕久"人极诚实稳练，莅任已及两月，地方情形日渐熟谙"[7]。1847年，协办大学士两广总督耆英奏称，"江苏按察使宫慕久，精明谙练，前在苏松太道任内办理夷务，夷情颇为悦服"[8]。1850年宫慕久已经去世，福建学政黄赞汤还对其表现大加称赞，说是"华夷相安，总在地方官廉明公正。臣闻原任江苏臬公宫慕久在上海道任三年，不激不随，能以信义折服"[9]。英国人对宫慕久评价也很高，说是"最幸运的是，当时在位的道台宫慕久，也是一个性格温和、眼界开阔的人，完全没有广州官员很大程度上导致了战争的相反性格"[10]。

这样在通商五口中，南面四口由于各种各样的因素，或因硬反对，或因软抵制，通商都不顺利，只有北面的上海最为顺利，因而一口独盛。

经过将近十年的时间，上海县城以北、苏州河以南沿黄浦江滨，与县城面积相仿的一个新兴市区初具规模。到1847年，这里已有30幢房屋落成，道路平坦，纵横交错，楼阁巍峨，店肆林立，货物山积，西方人称之为"欧洲城"。到19世纪50年代初，已有外侨200多人，住宅100多幢。教堂有英国伦敦会、美国美以美会、美国浸礼会等，领事馆有英、美、法、葡、荷、丹、普鲁士、汉堡、瑞典与挪威等，文化机构则有墨海书馆、洋文书馆、《字林西报》馆等，医院、药店、银行、学校及娱乐场所也次第兴建起来。

总的说来，开埠后外国人在上海生活得比较自如，与中国人的关系也比较和谐。美国人娄理华和英国人雒魏林，每逢星期日，若天气晴朗，能够很安适地走到英国领事馆去做礼拜。雒魏林的太太和女儿，总是坐了轿子先走，毫无拘束。他们风趣地说："除了几只狗还没有和我们习熟，见了我们总要吠叫之外，其余的一切，差不多已和住在本国时相仿佛了。"[11]

通商口岸的信息是互通的，外国商人、传教士常在不同口岸之间流动，因此早期来到通商口岸的外国人，自然会对不同口岸的居住与营商环境做出比较性的评价，尤其是将上海与广州进行比较。

他们认为，"上海的生活条件比广州要满意得多，有广大的空间足供愉快的生活，又没有商馆的限制，并且还有前往四乡去的充分自由。各项条约规定的外国人不得超越短距离远入内地乡村，应由地方官和各领事协议决定一节，在上海是作最广义解释的。在英国领事的倡议下，游历的范围规定为游历者可以在一天内往返的路程，这就可以远达运河交叉处的乡村"。他们每天都可以做一些增进健康的散步，并不会对他们的四肢和感情上有什么危害，他还可以带着猎枪和猎犬，在一个钟头的散步期间，捉一只雉鸡，或十分钟内捉一只鹬鸟。[12]而在广州，外国人被禁止坐轿子，男女不许在街上并肩同行。外国商人只有冒着不断的、挑战式的侮辱，才能越出商馆限定范围之外，只有冒着被殴打和可能受伤的危险，才能到甚至极短距离的乡村里去。

他们比较上海人与广东人的特性："上海人，几乎是跟广东人完全不同的种族，而上一世纪来华的外侨，却只跟广东人十分相熟。大部分居留在上海的外侨，对古代吴国的历史，是幸运地一无所知的，但是他们不久就发现，吴国人民（上海人）和南越国人民（广东人）是截然不同的。上海人和广东人，不但口语像两种欧洲语言那样地各不相同，而且天生的特性也是各不相同的。广东人好勇斗狠，上海人温文尔雅；南方人是过激派，吴人是稳健派。自古以来上海人一直是顺从当权的地方政府的，而广东呢，却随时在酝酿着政治阴谋和叛变。"对于排外运动，上海人的表现也与广东人大不一样，"虽然他们不是在本性上愿意和外侨亲善，但至少愿意和外侨作半推半就的接近"。[13]

美国历史学家丹涅特这样评论上海对于美国人的吸引力："上海，作为一个外国社会来说，是一切重新做起，没有广州那些根深蒂固的传统。美国人不是一个爱好传统的民族，当旧金山港回溅的残浪余波将漂泊无依的美国人倾泻到中国沿海的时候，尤其是这样的。不过，就是在比较奉公守法的侨民当中，广州也被看成是一个疠疫流行的所在，总以迁地而居并转变一下和中国人的关系为宜。上海呼吸到比较自由的空气，在这种环境下，生活各方面都比较安适。对于美国人而言，这个地方似乎特别称心如意，因为它比起广州来，所受香港英国居留区的操纵也要较少一些。"[14]

总而言之，城市的文化传统，地方当局的开明风范，外侨

上海海关。图片由项慧芳提供

与本地人的和谐关系，都使得上海与其他通商口岸显示出不一样的风采。

面对西方列强突如其来的冲击，通商五口的反应可分三种：广州拒变，上海顺变，福州明顺暗拒。福州的地理位置恰好介于广州与上海之间。三种反应，归根到底还是两种，因为明顺暗拒的实质还是拒变，只不过拒变方式有所不同而已。

放到东亚范围来看，面对西方的冲击，中国的反应更像广州，日本的反应则像上海。中国是到第二次鸦片战争以后才真正被震醒，日本则是一震即醒。所以，西方冲击日本较中国为晚，但日本觉醒较中国为早。西方对广州影响要比上海早得多，但上海觉醒要比广州快得多。为什么会有如此差异？很值得研究。有一点颇值得注意，上海开埠以后，日本即很关注上海的动向，很早就派人到上海考察，主动输入上海出版的西书。明治维新以前的日本，已将上海视为学习西方的楷模。明治维新以后的日本，对上海的看法与中国其他城市也很不一样。或许，其时日本人已经认为，在应对西方冲击方面上海与他们同调。

对于被动开放后的主动调适，开埠早期的上海人是做得多、想得少、说得少，但也有人想过这个问题。1855年，郭嵩焘在杭州与邵懿辰有一段对话[15]，一定程度上反映了对这个问题的思考。郭说，我多次往来江浙之间，发现这一带人心风俗，都有"折入于夷之势"，比如说，"西洋人重女，江浙亦重女；西洋人好楼居，江浙亦楼居；西洋人好游，江浙亦好游；风俗人心皆急趋之"。西洋人用洋钱，江浙人也喜欢用洋钱。邵懿辰说，这种情况已有好几十年了，不自今日始。[16]郭嵩焘洞烛先机，已经看到这一变局背后人心风俗的变化，感觉到有某种不可抗拒的规律在起作用。他将这种现象归结为"势"。到底是什么"势"，没有细论。我想，深通易理的郭嵩焘所说的"势"，就是事物演变、社会发展的必然趋势。

如果把郭嵩焘、邵懿辰所论问题放到整个江南范围来看的话，则可以思考的空间更大。宋代以后，特别是元代，温州、宁波、上海、太仓等沿海地带，都处于中国与海外通商前沿，民间有对外通商传统。尽管明清两代，朝廷总体上实行海禁政策，但民间通商一直存在，沿海社会风气也比较开通。晚明士大夫中，公开站出来对西洋传教士进行正面评价、被称为"护教三柱石"的徐光启、李之藻与杨廷筠都是江浙人，这绝不是偶然现象。

对于上海在开埠以后的积极表现，王韬从更加宏观与思辨的层面加以论述。他说，现在西方强盛，逼迫而来，这不是要灭亡中国，也不是要将中国变成西方，而是给中国带来变化的契机，也是中国由弱变强的契机。在此形势下，主动应变是中国唯一正确选择，"盖天心变，则人事不得不变。读《明夷待访录》一书，古人若先有以见及之者。穷则变，变则通，自强之道在是。非胥中国而夷狄之也，统地球之南朔东西将合而为一，然后世变至此乃极。吾恐不待百年，轮车铁路将遍中国，枪炮舟车,互相制造,轮机器物视为常技,而后吾言乃验。呜呼!此虽非中国之福,而中国必自此而强,足与诸西国抗"[17]。

王韬特别阐述要把握由弱变强的时机。他说,在目前西强中弱的格局中,中国要转弱为强,一定要树立柔弱能胜刚强的信心。西强中弱,这是暂时现象,因为强弱之间会发生转化,强会变弱,弱会变强,促使这种转化发生的规律也是可以洞悉与把握的,"有心人旷观往古,静验来今,而知天道与时消息,人事与时变通"。他认为,中国只要把握好机遇,采取适当的应对方略,就能以弱制强,由弱转强。现在欧洲诸邦由印度而南洋,由南洋而东粤,凡前史之所未载,亘古之所未通,无不款关而求互市。这是历史给中国提供转变的机遇,"合地球东西南朔九万里之遥,胥聚之于一中国之中。此古今之创事,天地之变局,此岂出于人意计所及料哉?天心为之也"。这是天心示意,也是天佑中国,"盖善变者天心也。天之聚数十西国于一中国,非欲弱中国,正欲强中国;非欲祸中国,正欲福中国。故善为用者,可以转祸而为福,变弱而为强。不患彼西人之日来,而但患我中国之自域。无他,在一变而已矣"[18]。换句话说,中国之患,不在于西方列强东侵,而患中国"自域"即保守,患中国不变法,不振作。

王韬这一通理论,并不是专就上海开埠而提出来的,但这些理论是明确包括上海开埠在内的,所谓"款关而求互市"云者,即开埠通商也。细读王韬关于变法的一系列论述,真是识见高远,通透明澈。可以认为,这就是上海知识分子对于被动开放以后的上海如何主动调适、主动奋发的理性思考。

魔都上海的
魔力与魔性
────
MODU
SHANGHAIDE
MOLIYUMOXING

56

2

一市三治，结构奇异

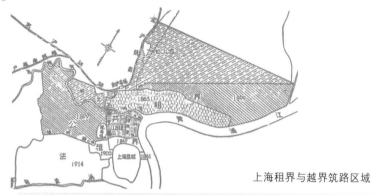

上海租界与越界筑路区域

　　上海在近代大部分时间里，分为三个行政空间，由三个机构分别管理：

　　华界由中国地方政府管理。不同时期，华界城市范围有所不同，一开始主要在上海城厢内外，后来闸北、沪西一带城市化了，管理范围便扩展到那里；再后来，南京国民政府时期，上海市政府实施大上海计划，在江湾五角场一带辟建新的市中心，城市范围也就扩展到那里。这样，中国地方政府所管理的上海城市区域，既是从南向北不断扩展的区域，同时又是有所割裂的区域，因为在县城与闸北、江湾一带，隔着两个租界。

　　公共租界由工部局管理。公共租界是由1845年辟设的英租界与1848年辟设的美租界，在1863年合并而成，英租界在苏州河以南，美租界在苏州河以北。因此，公共租界是横跨苏州河的。公共租界面积有个不断扩展的过程，英租界一开始只有830亩，美租界一开始并没有划定四至，后来不断扩展。公共租界面积达到峰值的年份是1899年，为33503亩。

法租界由公董局管理。法租界是1849年辟设，在县城以北、洋泾浜（今延安东路）以南，面积986亩。法租界后来不断扩展，向西一直到徐家汇，其达到峰值的年份是1914年，为15150亩。

两租界在法律意义上，都是于1943年被中国收回而终结的。上海租界从1845年辟设，到1943年结束，历时98年。近代中国先后设立过27个租界，其中以上海租界面积最大，历时最久，影响也最为深远。

三个行政空间在管理方面，分别形成三个独立的系统，各有政府、法律、警察、监狱，各有道路、交通、教育、卫生部门。它们之间，有相同、相通之处，也有诸多相异、相反之处。三个行政空间之间，并没有不可逾越的天然屏障，也没有人为设置的高墙或铁丝网（只是在"孤岛"时期一部分地段设置过铁丝网）。在近代绝大部分时间里，这三个区域内，人口、货物、信息均可自由流通。

这样，上海在整体上作为一个大城市，实际上是由三个不同的小城市拼合而成。三个小城市上面，并没有一个机构能够将三者统合起来。于是，这里有三类市政机关，三个司法体系，三个警察系统，三个公交系统，三个供水系统，三个供电系统，电压也有两种（在法租界是110伏，公共租界是220伏）。诚如一位外国学者所描述：

> 假如有人想从南京路乘电车去中国城里的某个地方，他必须先乘英国电车，到租界边的爱德华七世大街（今延安东路），接着穿过马路进入法租界，乘法国电车到南头，然后穿过民国路，再乘中国电车继续前行。在这趟半个多小时的路途上，首先可看到是穿着英国警察制服的英国人、白俄人和印度锡克族人，然后是穿着法国警察制服的法国人、白俄人和越南人，最后是中国警察。[19]

民国初年公共租界界路（今河南中路）街景。图片来源：上海市历史博物馆编《上海旧影》，上海书画出版社 2010 年版

　　两租界之外，上海还存在着面积广大的越界筑路区域。从19世纪60年代起至20世纪30年代，两租界或以军事原因，或以开设、维护公园、跑马厅等休闲场所名义，在租界之外修筑一批街路，习称"越界筑路"。工部局或公董局设置巡捕对这些街路进行管理，竖立电杆，钉定门牌，维护治安，向沿路居民征税，使得这些地方成为租界的附庸。据研究，到1926年，两租界共越界筑路90条，总长164671.7米。其中最长的是虹桥路（9999.50米），其次是徐家汇路（约8000米，今方斜路、徐家汇路与肇嘉浜路），再次是杨树浦路（5665米），最短是汤恩路（40米，今哈尔滨路）。[20]到1930年，公共租界越界筑路区域面积共47540亩，比同期公共租界面积（33503亩）大14037亩，是同期公共租界面积的1.4倍。

　　越界筑路区域华洋杂处，属于半租界或准租界。往往某一道路两侧或某一集聚点周围，有较好的道路、阴沟与市政管理，有一些外国侨民居住，但是距离道路或集聚点稍远，其市政设施就相对较差。就市政管理而言，越界筑路两侧居民受租界巡捕管理，缴纳相关税款，享受市政利益较多，而距离道路或集聚点稍远，则属华界管辖，所享受市政利益也较少。与此相关联，这些地方的安全系数与地价，也往往与距离越界筑路或外侨活动集聚点远近而成正比例关系。但是，租界与华界管理区域、权限往往没有明确界限与区分，社会秩序比较混乱，其矛盾、冲突也就在所难免。清末虹口越界筑路区域一度成为赌博、贩毒等犯罪行为比较集中的地方；五卅运动开始的起因，与杨树浦一带越界筑路区域管理权限模糊有关；汪伪时期沪西越界筑路区域一度成为黑帮逞凶的"歹土"，原因盖在于此。

众所周知，即使在同一个大系统内，子系统与子系统的接合部，都存在控制力薄弱的边缘地带。比如，两省交界之处或两县、两区交界之处，通常是行政控制力比较薄弱的地带，治安较乱，交通较差，环境较脏。民主革命时期红色政权多存在于边区，如鄂豫皖边区、皖浙赣边区、湘鄂西边区或陕甘宁边区，原因就在于这些区域行政控制力比较薄弱。从系统论角度看，所谓边区就是两个或两个以上以省为单元的子系统的交界处，是所谓"天高皇帝远"的三不管地带。近代上海三个区域，所处的高一级系统，并不是同一个政权统辖下的同一文化系统，而只是在物理空间意义上是同一系统，而政治空间、文化空间意义上却是异质系统，这样，子系统与子系统之间，即华界与租界之间、公共租界与法租界之间，其边缘性特点便更加明显。就系统的开放性而言，边缘程度与开放程度成正比例关系，边缘性越强，开放度越高。近代上海之所以高度开放，就根源于城市内部子系统的异质性，亦即"缝隙效应"。

举例来说，由于三家分治，事权不一，发生在一个区域里的犯罪，另一个区域可以不闻不问，无动于衷。这个区域里的罪犯，到那个区域里可以悠然自得，逍遥法外。特别是由于租界仿照西方城市制度，没有严格的户口登记和管理，人口流动频繁，外来人口进入上海如没入海，极难寻觅。于是，走私、犯毒易于得手，流氓、帮会组织得以横行。租界与华界的交界处、法租界与公共租界的交界处，往往成为走私、犯毒的理想交接地。19世纪60年代，上海道台丁日昌就慨叹租界"五方杂处，藏匿中国匪徒最多"。正如一位外国学者所说："上海的流氓把在两县或两区行政之间的无人区建立自己的巢穴的农村土匪的典型策略成功地搬到上海城市环境之中：到1920年为止，上海成为名副其实的城市梁山泊。"[21]晚清与民国期间，中央政府都曾要求地方政府调查户口，实行保甲制度。这一政令，在中国其他城市都能有效贯彻，但是在上海却无法贯彻。其原因在于，在两租界那里，中央政令无法得到切实贯彻，一是因为租界人口是高度流动的，无法确切统计；二是中央政府在这两个区域缺少基层组织，缺少将中央政令落到实地的执行机构。既然两租界无法将中央政令落到实处，那么整个上海便无法将中央政令落到实处。

再如，晚清与民国期间，华界与两租界奉行的政治理念差异很大，错误与正确、罪与非罪的标准很不统一，甚至完全相反。革命党人点名批评慈禧太后与光绪皇帝，攻击清朝内外政策，直呼光绪皇帝名讳，被清政府视为大逆不道，而租界当局则允为民主权利，张园演说会得以举行，《革命军》《苏报》等书刊得以畅销，章太炎、邹容等得以轻判，于右任、黄兴等得以藏身。郑孝胥、沈曾植等在民国建立、清廷覆灭以后，可以拖着辫子，不用民国纪年，诋毁新生政权，悠闲地过着遗老生活。

中国共产党在上海成立以后，充分地利用了这道"缝隙"。中共一大、二大、四大会址，均选择在上海行政控制的"缝隙"地段。中共领导的地下斗争，也机智灵活地利用了这道"缝隙"。1927年四一二反革命政变以后，周恩来遭到追捕。他先是被迫转移到吴淞附近一处工人住家的小阁楼上继续工作。过了一阵子，他根据党组织决定住进了礼查饭店（今浦江饭店）。礼查饭店是公共租界最高级饭店之一，也是国民党反动权力无法施展之处。周恩来在那里隐藏了一段时间,于5月下旬去了武汉。1931年5月由于顾顺章被捕叛变,中共中央在上海的秘密机关面临严重风险。作为中央政治局常委兼组织部部长,周恩来在安顿好中央机关和其他同志转移以后,潜藏到北四川路永安里44号(今四川北路1953弄44号)。这里是周恩来堂弟周恩霉夫妇的住所,处于越界筑路地段,弄内归中国警察管,弄外归租界巡捕管,具有典型的管理缝隙特点。弄内五条支弄并行,腾挪空间较大,这为党的地下活动提供了很大便利。周恩来在此住了一段时间以后,辗转去了苏区。

社会控制系统不健全,也给城市公共卫生管理带来了麻烦。有些地区如公共租界曾实行比较严格的食品检查制度、防疫制度,华界因技术、人力等方面条件的限制,实行较晚,措施不力,但是疾病的传染是不受行政地域限制的,其结果便影响了整个城市的卫生和防疫水平。

正因为不同区域反映不同国家或政治势力的利益,所以某些战争发生时,上海不同区域会呈现不同的战和状态。日本两次发动侵略上海的事变,即1932年一·二八事变与1937年八一三事变,所涉及的地区便主要是华界地区,而两租界则基本没有波及。特别是八一三事变进行时,苏州河两岸呈现截然不同的城市景观:"苏州河一水之隔,一边是炮声震天,一边是笙歌达旦。每当夜幕降临,租界内彻夜通明的电炬,透过幽暗的夜空,与闸北的火光连成一片,映红了半边天。"[22]正因为有此奇异格局,才会出现少女杨惠敏给四行仓库孤军送旗的动人一幕,才会出现外国记者在外滩阳台上一边喝咖啡、一边了解战况的戏剧性场景。这在惊天动地的第二次世界大战史上,绝对找不出第二例。

日军占领上海华界以后,到太平洋战争爆发以前,两租界依然存在,并没有完全落入日军之手,史称"孤岛"。这时,不同政治力量通过不同途径,利用租界进行斗争,上海呈现斑驳陆离的图景。国民党在上海作了缜密的锄奸部署。他们利用上海政出多头、社会复杂等特点，以特务与帮会相结合的方式，对大大小小附逆汉奸进行惩罚。上海租界的抗日地下组织就有20多个。从1938年3月至1939年2月，上海发生反日事件高达70多件，平均每5天就发生一桩暗杀案件。他们枪杀了准备下水出任伪维新政府的绥靖部长、前二十七军军长周凤岐，伪维新政府外交部长陈篆，投敌的青帮大亨张啸林、季云卿，投靠汪伪的汉奸何天风、吴木兰、季翔卿、楼桐等一批人。居家、医院、商店、办公室、马路边，随处都可能是汉奸丧身之地。汪伪特工进行报复，以暗杀对付暗杀。一时间，血雨腥风，骇人听闻。锄奸行动中，影响最大的是砍死伪上海市长傅筱庵。抗战时期的汉奸都没有好下场，但是，生活在南京的汪精卫等人，华北的殷汝耕、梁鸿志等，因其所在地方政权单一，防备较易，不似上海这么复杂难防，所以，尽管爱国人士对他们同样切齿痛恨，但难以下手。大汉奸中被暗杀而死的，唯傅筱庵一人。他死在上海，折射的是上海一市三治的城市特点。

第二次世界大战期间，在上海的各国人、各民族人、各种政治色彩的人都有，信息来源多元，进出方便，又毗邻南京，是拓展情报网络难得的地方。共产国际派到上海来的红色间谍左尔格，在这里如鱼得水。他在这里结识了日本反战人士中西功、尾崎秀实等人，而中西功等人正是在上海共产党人的影响下才走上反战道路的。日后，左尔格到东京工作，就是在尾崎秀实的协助下，才获取德国进攻苏联的时间、日本在远东的战略部署等大量极其珍贵的情报，为世界反法西斯战争取得胜利作出了重要贡献。1939年，宋庆龄领导的"保卫中国同盟"上海分会，在中共上海地下党帮助下，以上海地方协会名义派出民众慰问团，携带大量军需物资，包括6000码蚊帐用料、20万片奎宁药、12万剂预防霍乱疫苗、2000个消毒包等，送到皖南新四军军部，有力地支援了新四军的抗战斗争。1939—1941年，英国人、中国工业合作社国际促进委员会主席何明华，通过外商在上海开办的银行转账，分批向新四军援助60多万元现金和大量紧缺物资。

有人说，近代外国人来上海是不要签证的，这话其实不准确，因为两租界对于外国人移入，是要办理入境手续的。但是，由于上海有三个政权，行政缝隙很多，没有护照的外国人也很容易进入上海。著名建筑师邬达克进入上海，便没有护照。1921年前后，上海有5000余名来自俄罗斯的侨民，但是1920年两租界登记在册的俄侨总共才1476人，显然大部分俄侨并没有到租界相关部门登记，属于非法入境。

3

战时中立，利益与共

近代上海之所以对各类人口、各种企业有持续的、巨大的吸引力，很关键一点是城市安全，而战时中立与禁止中国军队通过租界是确保城市安全的两个重要因素。

上海租界自1853年以后，至1937年八一三事变以前，一直在中外战争与中国国内战争中保持中立地位。

1853年太平军占领南京以后，上海风声吃紧。上海外侨举行会议，决定组织义勇队即商团，以便武装保卫上海。同年9月小刀会起义爆发，上海县城被占。英国驻沪领事阿礼国宣布上海租界为中立区域，该区域既不能由政府军用来作为战争根据地，也不能由小刀会据以抵抗政府。1854年4月清军自外地来沪，围攻小刀会，清军士兵与租界西人发生冲突。租界商团与外国军队联手打败清军，保护了租界的中立。

上海租界面积本来不大，外国人也不多，华洋分处的原则得到比较严格的执行。小刀会起义爆发以后，上海县城被小刀会占领，大批华人涌入租界。至1854年初，租界已有华人2万多人。对此，英国领事、租界当局都持反对态度，因为这违反了当初中外关于居留地的相关条款，而且难民乱搭棚屋，对市政管理、城市卫生都造成很大麻烦。但是，外国商人欢迎这样的局面，因为大量难民涌入租界，其中的富人带来了可观的资金，穷人带来了廉价劳动力，这么一来商业繁荣了，房地产业便大有可为。英租界实行的是富人自治制度，租界重大事项均由租地人会议决定，并不是英国领事独断。租界外国商人从自身利益出发，赞成华人入住。于是，先前的华洋分居一变而为华洋杂居。1854年7月11日，英、美、法三国驻沪领事召开租界租地人大会，修改了《上海土地章程》，删除了此前章程中有关华洋分处的条款，认可了华洋混处的事实。

华洋混处与华洋分处，一字之差，但是就租界影响而言，则有天壤之别。混处，使得华洋各种利益具体而微地混杂、夹缠、融合在一起，难分难解，势必促成中外利益共同体的形成，而分处则不然。分处时，租界仅供外国人居住，而外国人不多，租界面积便不会太大。混处后，租界人口变成以中国人占绝大多数，通常占97%以上，这就使得租界日益拥挤，为租界扩大面积提供借口。近代中国有27个租界，有些是华洋分处，如广州沙面租界设在珠江中的一个小岛上，与界外隔得很清楚，禁止华人居住；九江英租界则在四周修筑高高的围墙，设4座大栅门，朝启夜闭，禁止界外华人往来。这两个租界在近代中国所产生的影响，远不能与上海租界相提并论。

租界华洋混处以后，维护租界安全便成了华洋双方共同的事务。

1860年6月—1862年6月，太平军在攻克苏州、杭州等地以后，先后三次进攻上海均被击退。外国殖民主义者与生活在租界里的华人官僚绅商，结成反对太平军的联盟。列强与租界外侨出人、出武器，上海官绅吴煦、杨坊等出钱，联合成立中外会防局，正式结成联盟，共同对付太平军，英法等国驻沪领事、驻沪军队司令、上海道台、著名绅商等均参与其事，乃至合署议事。太平军能打下苏州、杭州，但在上海却吃了败仗，根本原因就在于上海中外势力联手，有洋枪、洋炮。李鸿章率领的淮军，也由此崭露头角。

1884年中法战争爆发，法国驻沪领事即宣布，上海法租界保持中立，与战事无关。清政府默认了这种中立，谕令沿海各地，对包括上海在内的沿海法国商民，应一体保护；凡该法国官吏、商民、传教士等，一视同仁，照常保护。战争期间，上海法租界相关事务由俄国领事代管。1885年6月中法战争结束，战时状态解除，三色旗又飘扬在法租界上空。

这类中立，日后成为惯例。中国历次内战的双方，如1911年的辛亥革命、1913年的"二次革命"、1924年的江浙战争，为了避免与列强的矛盾与冲突，也都承认这种中立。中国与外国发生的战争，如1894年的中日甲午战争、1900年八国联军侵略中国的战争，或外国在中国国土上进行的战争，如1904—1905年的日俄战争，上海租界均保持中立，相关国家也大体上尊重租界的中立。

依照国际法，所谓"中立"，至少是关于三国之间的一种相互状态，其中两国交战，另一国置身战事之外，不偏不倚。所谓"中立"，本出于自择，出于自愿，并不出于外力压迫。租界既非主权独立国家，则对于任何战争，参与与否，租界当局本无权决定。因此，租界之中立，尽管是一种已然的历史状态，但事实上既无国际法依据，也不是经各国规定之中立区。租界之中立，是在列强以武力为后盾的情况下得以实现的，并无任何国

外滩及和平女神塑像。图片由项慧芳提供

际条约依据,其实质是对中国领土主权的非法侵夺,其结果使
得租界的地位俨然中国之外的独立国。

　　禁止中国军队擅自入驻与通过租界,是租界维持政治"孤
岛"状态的重要因素。

　　在租界当局看来,租界若允许军队随意通过,租界将不得
安宁。1853—1855年小刀会起义期间,清军已被禁止进入或
通过租界。鉴于中国士兵在来往县城时必须穿越租界,1874年
工部局规定这些士兵只能使用乡间小道通过租界。1875年,工
部局进一步要求中国军队在必须穿越租界时,应由正规军官率
领,且需知照租界当局,以便采取措施使军队顺利通过,而不
致危及租界安宁。其后,清军擅自通过租界的情况时有发生,
所引起的交涉亦复不少。1894年甲午战争期间,中国军队移来
调去,通过租界者不少,曾与租界巡捕发生较为严重的冲突。此
后经过多次交涉,到1899年两江总督刘坤一与租界当局达成
一致意见:中国军队尽可能不要通过租界,如果不得不通过租

界者，必须事先得到租界所发放的通行证。[23]此后，中国军队通过租界，都遵循了这一原则。1908年3月、1909年7月，都有中国士兵通过租界，但都持有租界发放的通行证。1913年、1924年、1925年及1927年，租界之万国商团及巡捕都曾成功地阻遏租界附近的中国军队，使其不得进入租界。

租界是中国的领土，中国军队通过租界是中国行使主权的行为。租界当局阻止或限制中国军队通过租界，是对中国主权的公然侵犯。1899年，两江总督刘坤一与租界当局最终达成限制中国军队通过租界的意见，是中国处于积贫积弱情况下遭受殖民主义者侵凌的表现。但是从租界城市安全角度来看，无论是晚清的清军，还是民国时期的军阀，被禁止通过租界，这对形成租界安全环境、塑造租界安全的形象意义重大。

战时中立，禁止中国军队擅自入驻与通过租界，这两点结合起来便强化了租界"国中之国"的内涵。由于租界在政治上成为一个"孤岛"，在广阔的中国大地上就成为相对安全的地方。近代中国是在连绵不断的战乱中走过来的，上海这个相对稳定、安全的"孤岛"，地位就特别重要。它对上海的经济、社会特别是人口的发展，带来了重大的影响。上海地下无矿藏，地上无特产，地皮、人工都很贵，但是很多理应开在资源产地的工厂却偏偏开在上海，考其原因就是因为上海比较稳定、安全。稳定、安全，意味着风险系数较小，收益比较可靠，这在一定条件下比资源、地价等生产要素更为重要与根本。20世纪30年代，一个外国人这样说过：很多人不理解上海何以会这样迅速地成为一个大工业城市，因为从环境来看，上海并不是理想的地方，地价贵，房租高，工资昂，水源不洁，其实一个重要的原因是，中国其他地方经常动乱不安，工业发展遭到骚扰，上海则不然，"这就形成了工业集中于上海的趋势。许多本应迁出或开设在原料产地的工厂也都在沪设厂。虽然运费成本有所增加，但在上海特别是租界内，可在一定程度上免受干扰"[24]。

一个生动的例子就是穆藕初与荣氏兄弟同样办厂的不同结局。

1920—1924年，穆藕初办在郑州的豫丰纱厂，由于军阀混战，局势动荡，摊派严重，军队过境时要慰劳费，临走又要开拔费，各方均视豫丰厂为肥肉，百计盘剥，致使纱厂严重亏损。穆藕初被迫将厂务交给慎昌洋行管理，约定不论盈利与否，每生产一件纱均要提取6元用以偿还慎昌洋行债款。这对豫丰经营形成巨大压力，纱厂面临破产风险。鉴此，银行系统对同属穆藕初经营的上海德大、厚生停贷索债，迫使穆藕初于1924年9月宣告德大纱厂破产，并将全部资产拍卖抵债。

与穆藕初办厂遭遇困境一样，荣氏兄弟在上海所办申新、福新等企业，也间接地受到军阀割据、混战影响，一度面临资金周转不灵、亏损严重的种种困难，但终究因为地处上海，社会环境相对稳定、安全，没有受到直接的军事冲击，生产得以维持，上海多家金融机构均乐意放贷支持。这样，荣家企业最终得以顺利度过困境。[25]

穆藕初经营的设在河南的纱厂，与荣氏兄弟经营的设在上海的同类企业，同受战争影响，结果却一衰一盛，生动地证明了安全因素对于企业命运的决定性影响。

安全，是近代上海由一普通城市迅速崛起为中国特大都市的首要因素。民国时期，南非法官费唐受邀来沪调查上海问题，他向各国外侨、各类团体发出调查问卷，其中之一便是上海何以会成为中国经济中心，何以发展如此迅速。遍查各国外侨、各类团体的答复，几乎无一例外地都强调上海城市的安全特点。日本商会认为，自太平军战争以后，江浙及长江流域各省之居民，徙居上海公共租界藉求庇护，接踵而至，"自是厥后，每有一次内战及类似之纷扰，公共租界之发达，每增加一次。近年以来，乱事频仍，社会与政治之纷扰，继续无已，更使上海之人口加增，最后乃臻至今日大可惊人之繁庶。此种事实，表示一般华人方面之一种坦白承认，即若辈宁愿徙居公共租界，处外人保护之下，得获安全，而不愿住居公共租界以外，为外人保护所不及，而自处于继续不断之纷乱与危险"[26]。

华洋混处，战时中立，比较安全，这些因素集合在一起，使得租界成为巨大的中外利益共同体。这表现在以下四点：

其一，混合经济。上海自19世纪60年代以后，就逐渐成为中国多功能经济中心。这里是全国内外贸易中心，上海进出口总值平均占全国一半以上，后来高达70%以上。这里是全国金融中心，所有外资银行的总部都设在这里，中资银行或总部设在这里，或在这里设有分行。这里是中国航运中心、交通枢纽、工业中心。这些外资、中资、官办、民办企业，尽管相互之间有竞争，但是在原材料、劳动力、资金、能源、技术、运输等诸多方面，有着错综复杂的互补、混合、融合关系。且不说外资企业的员工主要是中国人，原材料主要来自中国，也不说很多中资企业的技术骨干来自外国，机器来自外国，更不用说有的企业原本中外合资，甚至挂的是洋招牌，内涵却完全是中国的。[27]单说工作环境方面，它们使用的是相同的马路、相同的河道、相同发电厂的电、相同煤气厂的煤气，联系着相同的银行与保险公司。混合经济最突出的表现，是中外投资高度集中在上海。据统计，1930年列强在华投资额中，英国的76.0%、美国的64.9%、法国的40.9%、日本的66.1%（东北除外）都集中在上海。[28]中资方面，1932—1933年全国现代棉纺织厂共136家，其中64家在上海；烟草制品厂共60家，其中46家在上海；现代面粉厂共83家，其中41家在上海；全国各种现代工厂共2435家，其中1200家在上海；中国现代制造业工人，有43%在上海；上海的工业产值，占全国工业总产值的51%。[29]

其二，公用市政。在市政设施方面，除了租界某些桥梁曾在一段时间内对往来车辆略收费用之外，一般道路、桥梁、大自鸣钟、气象台等，对用户均不另外收费。无论租界、华界，道路、地下排水系统、桥梁等事实上成为所有居民的公用设施，大自鸣钟、气象台等设施所提供的服务，也为所有居民所共享。现代市政管理制度的实施，现代警察制度的建立，使得上海租界相对于中国其他城市来说，更为整洁、安全。这方面的优越性，也为所有居民所共享。到1899年，两租界面积已达35638亩，到1914年更达48653亩，远远超过上海城厢内外的市区。1890年以后，作为现代建筑重要材料的钢筋混凝土被用于城市建筑，加大了城市对于人口的容纳能力。到1910年，两租界人口已占整个上海城市人口的48%，到1942年这个比例则上升到62%。[30]换句话说，在相当一段时间里，上海有一半以上的人口在享用两租界所提供的市政服务。

其三，共同抗疫。传染病是不受地域限制的。上海租界设立以后，很快便将西方预防、救治传染病的措施引进。1869年，《上海港口条例》便规定："到达港口的船只，凡船上有传染病，均不得靠近港口下游界线一英里之内，应在前桅上挂一面黄旗，无河泊司的许可，任何人不得下船或上船。"条例规定相关船主必须将所有传染病人送入医院，或强迫他们停泊在港口界限之外。[31]这就在上海与外地之间，设置了一道传染病隔离带。1872年，鉴于上海水源受到严重污染，水中存在各种传染病菌，但水上居民的饮用水及烹饪用水全部从中汲取，容易染上痢疾、伤寒等病，并传播到岸上，工部局医务股医生建议对《上海港口条例》第9条规定予以扩大适用范围或强制实施，对所有来沪船只实施入境卫生检疫。1874年6月，上海道兼江海关监督会同各国驻沪领事，拟定《上海口各国洋船从有传染病症海口来沪章程》，并颁布8条检疫实施条款。此后，上海一直坚持中外联合实施入境卫生检疫。1894年5月，因为香港等地发现黑死病，上海又制订出5条新的检疫规定。1898年，公共租界工部局设立卫生处，下设隔离医院、性病医院、预防接种站等单位，从事防疫等工作。法租界公董局医务处自1896年

1908 年有轨电车经过外白渡桥。图片来源：上海市档案馆编《外滩影像》，上海世纪出版集团上海锦绣文章出版社 2014 年版

起附设卫生队，其职能之一也是防疫。华界地方自治机关上海城厢内外总工程局，自1905年成立起，也设立卫生处从事防疫工作。民国以后，上海地方政府中一直设有卫生防疫机构。此3家防疫机构，工作区域虽各有侧重，但也互通信息，互相配合，互相支持。

其四，共同疏浚黄浦江。上海以港兴市，黄浦江水道畅通与否，能否通行吃水日深的大型轮船，直接关系到上海能否确保其枢纽港地位，也直接影响到上海城市的发展。19世纪70年代以后，科技发达，轮船更新。19世纪80—90年代，长江、沿海轮船逐步大型化，二三千吨大船已经频繁地航行于江海之中。吨位大，吃水深，对河道要求便较前为高。这时，黄浦江却日益淤浅。到19世纪90年代，船舶吃水深度与河道淤浅的矛盾日益突出。自1906—1920年，中外联合对黄浦江水道进行疏浚，在吴淞口岸构筑导堤、顺堤，用挖泥船开挖帆船航道，束窄航道，加深河床，利用潮力自然冲刷，使黄浦江航道稳定地保持一定深度。到1921年，在黄浦江中心处，低水位时水深达到

26~28英尺。到1935年，黄浦江航道至少深26英尺，又因潮高至少为6英尺，所以每日航线航道至少深32英尺。这对于保持上海港的良港地位，有相当重大意义。黄浦江经如此疏浚后，深航河道比前为阔，江流行经平坦而微曲之航路而无阻碍，由一日见淤塞之河道，一变而为良善之航路。[32] 疏浚黄浦江的经费，上海中外商人均有负担，工程技术人员、浚浦机器则主要来自外国。

在以上海租界为核心区域的中外利益共同体中，中外并非平分秋色，而是明显地呈现西强中弱、西主中辅的特点。且不说工部局、公董局的权力一直掌握在外国人手中，也不说占租界人口绝大多数的华人长期被剥夺在租界的选举权利，即以经济而言，这一共同体的主要获利者也是外国人。租界在外贸、金融等方面，主要控制在外国洋行、商人手中，房地产的绝大部分亦为外侨所占有。1929年以前，公共租界已估价的21441.319亩土地，为140个地主所有，其中只有两人是用中国人名字注册的，其余均为外国人。在公共租界购有土地的260个公司及各种机构中，只有4家是中国公司，其余均为外国公司与机构。尽管这些注册的外侨、外国公司中，有些是挂着外国人、外国公司名号的中国人与中国公司，但其主体部分是外国人与外国公司是无疑的。[33] 当然，中国在这个共同体中也获得了巨大利益。中国近代化事业能够持续前进，上海能够成为中国多功能经济中心，江南制造局、轮船招商局、上海电报局、中国通商银行能够开办并取得不俗的成就，中国民族资本主义在上海能够取得相当可观的发展，上海能够成为历代政府主要财税来源地，[34] 上海能够吸纳那么多的人口，成为中国多种人才高地，成为中国多门类文化中心，都与这个共同体密不可分。

综上所述，由于奇特的市政格局，近代上海事权不一，形成管理缝隙。这道"缝隙"，既有空间分隔的物理意义，也是制度悬殊的政治意义。这使得上海恰似全无藩篱的辽阔园囿，林木葱郁，溪涧纵横，任由各种鸟兽出没，自生自灭，无拘无束。由于这里是多功能经济中心、多门类文化中心、多样性娱乐中心，更由于这里在任何中外战争或国内战争中均保持中立地位，禁止中国军队进驻或通过，战火不到，军阀不扰，这里对各色人等都具有磁石般的引力。有财者来这里可以投资生利，设厂开店，入股分红；有才者来这里可以施展才华，著书立说，写字绘画，成名成家；有志上进的青年才俊，来这里可以入学进修，或官办，或私立，或日班，或夜校；有一技之长者，可以尽展所长，或耍拳卖艺，算命打卦，或磨剪戗刀，裁缝织补；有钱无势的遗老遗少，失意政客，凭借以往的积蓄，在这里也可以无忧无虑，悠游卒岁，听戏曲，看电影，早上皮包水，晚上水包皮；无财少文而孔武有力者，可以扛大包、拉板车。甚焉者鸡鸣狗盗之徒，来这里呼朋引类，聚散倏忽，也能有所发展，并成为黄金荣、杜月笙等青帮佬的门徒。

近代上海全无门槛，高度开放，是上述诸多因素错综复杂、交互影响所致，而不是主动设计的结果。对这种状况，很难用一句话来概括。你可以说它海纳百川，有容乃大，也可以说它鱼龙混杂，泥沙俱下。这种状况对人的影响极其复杂。套用电视剧《北京人在纽约》中的一段话："如果你爱他，就把他送到上海，因为那里是天堂；如果你恨他，就把他送到上海，因为那里是地狱。"

也许，这正是上海的城市魅力、活力与创造力之所在。

4

顺应开放，利用开放

古语云："塞翁失马，焉知非福。"上海被开辟为通商口岸，并不是清政府的自愿选择，也不是上海地方政府乐意为之。但是，在多种力量的综合作用下，一旦被开辟为通商口岸，上海何以自为呢？上海地方官绅与普通居民是如何看待、对待这种开放的呢？

通过梳理史料可以发现，上海地方官绅与普通居民，包括上海原住民与外来移民，总体上先是努力理解开放，顺应开放，然后积极利用开放，在开放中充实自己，发展自己。

300余年前，上海先贤徐光启将了解西学、取法西学的过程分为三步走，即翻译—会通—超胜，"欲求超胜，必须会通；会通之前，先须翻译"。近代上海人正是顺着这一思路，开始了了解西学、取法西学的征程。

努力学习外语

1850年，天主教传教士在徐家汇创办徐汇公学，这是近代上海第一所新式学校。学校教授天文、地理、数学、物理、法文、英文，也教授古文、历史。马相伯、李问渔、马建忠、朱志尧等人，在这里接受了严格的教育，成为近代上海也是近代中国最早一批通晓西学的人才。此后，由基督教或天主教创办的类似学校在上海次第兴起，包括文纪女塾、裨文女塾、圣芳济学校、清心书院、约翰书院、中西书院、中西女塾等。外国教会在中国许多地方都办有学校，但论数量之多、质量之优，青年入学之踊跃，则以上海为最。1884年创办的中西书院，已经发生申请入学人数远远大于录取人数的现象。创办此校的林乐知说，申请入学的每一个学生，都毫无例外地来自居住在上海的最优良的家庭，并且几乎包括中国每一个地区的人。书院开办以后，"遐迩闻之，群相推许，父诏其子，兄勉其弟，负笈而至者，分院几莫能容"[35]。学校开办之初，学生已达200多人。到次年1月，学生迅速增加到330名，还有近百名申请者因校舍缺乏而不能录取。

与教会学校求学者众多相一致，上海官办外语学校、外语培训班之类的业余外语学校，也都广受欢迎。

1863年创办的上海广方言馆，与此前后创办的京师同文馆、广州同文馆，是洋务运动时期中国北部、中部、南部几乎同时兴办的3所外语学校。论学生的踊跃，教学的成就以广方言馆为最。从1868年开始，广方言馆先后5次共选送28名学生赴京师深造。他们在京师学习大多优良，高出同畴。据学生大考榜单，1879年大考英文第一名汪凤藻、汉文算学第一名席淦、天文第一名徐广坤；1898年大考法文第1、2、4、5名获得者周传经、徐绍甲、陈思谦、唐在复，都是广方言馆输送的。1872年岁试英文格致第一名朱格仁，也是广方言馆输送的。送京深造的28人，后来大多在外交部门工作，其中有8人先后担任过出使大臣或驻外公使。他们分别是：汪凤藻、杨兆鋆、刘式训、陆徵祥、吴宗濂、刘镜人、唐在复、戴陈霖。其中，陆徵祥8次担任外交总长，3次代理国务总理。刘式训两次出任外交次长。刘镜人历任外交部条约研究会副会长、外交委员会副会长等职。广方言馆培养的学生担任过驻外公使的还有胡惟德，先后担任过出使俄国大臣，出使日本大臣，驻法国兼西班牙、葡萄牙公使，驻日本公使，1926年出任外交总长，并代理国务总理。广方言馆培养的学生遍于国中，涉及外交、教育、科技、军事、政治等各个方面，其中9人位至公使，2人位至外交总长，2人代理过国务总理，这在晚清此类学堂中非常突出。

近代以来，上海培养的外交官员特别多。除了上文述及的，比较著名的还有：颜惠庆（1877—1950），上海人，早年入上海广方言馆学习，1895年留学美国弗吉尼亚州大学，获文学学士学位，1900年回国后，历任外交总长、国务总理、农商总长、内务总长等职；施肇基（1877—1958），苏州人，毕业于上海圣约翰大学，留学美国康奈尔大学，历任中国驻英国、美国公使，1923年任张绍曾内阁外长。顾维钧（1888—1985），江苏嘉定（今属上海）人，早年就读于上海英华书院，1904年毕业于圣约翰大学，留学美国哥伦比亚大学，1912年回国后，历任驻墨西哥、美国兼古巴公使。1919年作为中国代表团成员出席巴黎和会。1922—1926年出任北京政府外交、财政总长，曾代理内阁总理。宋子文（1894—1971），生于上海，毕业于圣约翰大学，相继留学美国哈佛大学、哥伦比亚大学，1942年任国民政府外交部长，1945年出席联合国大会，任中国首席代表。吴学谦（1921—2008），生于上海，1939年加入中国共产党，1940年考入暨南大学，1942年赴新四军解放区，1982年任外交部部长，1988年任国务院副总理。钱其琛（1928—2017），江苏嘉定（今属上海）人，1942年入上海大同大学附中学习，同年加入中国共产党。1988年任外交部部长，1991年任国务委员兼外交部部长，1993年任国务院副总理兼外交部部长。杨洁篪，1950年出生，上海人，2007年任外交部部长，2013年任国务委员、中央外事工作领导小组办公室主任。

上海出生、培育的外交官人数众多，正是上海顺应开放、利用开放的突出表现。

外语培训班之类的业余外语学校，是上海热情拥抱开放的一大特色。19世纪60年代中期，上海已有夜校和外语培训班出现。1864年6月30日，洋泾浜复和洋行内设立大英学堂，专教中国10—14岁的幼童学习英语，每月修金为英洋5元。1865年7月12日，英商在山东路上开办了英华书馆，后迁至今武进路，由傅兰雅任首任校长。以后，这类学校如雨后春笋般出现。仅1873—1875年，在《申报》上做招生广告的就有15所。[36]这些培训班大多是日校兼夜校，上课时间因季节不同而有所不同，其周期也不完全一样，有的规定每期3个月，如英华书馆，但大多数无明确周期规定，而是言明按月或按季收费。

这些学校的教习，多以西人为主，华人为辅，也有教习是懂西文的华人。教授的课程是以英文为主，兼教其他与涉外业务有关的知识，只有个别学校教法文、日文。英华书馆兼教的课程有写信、翻译、司账簿事等。麦开洋文书塾兼教关于报关单、提货单、栈货单等知识。宋长记、保昌洋行、信和洋行等兼教天文、地理、航海和算术知识。学校的收费标准并不一样，多的每月银5两，少的每月2元。这样的收费标准，在同光之际应该说并不低。当时普通工人的工资，如江南制造局的工人，每月不过8元，让他们花四分之一的收入去读夜校，不大可能。由此可以推想，这些学校的学员主要是在洋行中工作、收入较高的员工。他们需要学习这些知识，也能负担得起学费。许多培训班设在洋行，也从一个侧面说明这类教育与洋行的互相依赖的关系。

外语能力直接影响一个人的前途。著名学者、出版家王云五的英文，就是在一家名为"上海同文馆"的业余外语学校学的。王云五多次回忆这段经历对他日后成长的重要性，感谢外语学校老师对他的教育与提携。郑观应是著名买办、思想家，写过影响深远的《盛世危言》，他的外文基础是在上海英华书馆打下的，他在那里上了两年夜校，傅兰雅是他的老师。著名实业家穆藕初的外文，起初也是在夜校学的。他自1897年进英文夜校学习，两年时间，英文文理已清顺，能浏览英文报刊，1900年考进海关工作后仍坚持上夜校，日后又到美国留学，归国后成为著名企业家。著名外交家顾维钧的外文，最初也是在上海英华书馆读的，后来进入上海圣约翰大学，再留学美国哥伦比亚大学。

近代上海外国机构多，外资企业多，外国人多，与外国业务联系多，特别是与世界上英语国家联系多。与此相一致，懂外语比不懂外语的，就业机会多，工资待遇好，社会地位高。这样的社会环境，导致上海人学习外语热情高，动力足，人数多，持久不衰。诚如《申报》一文所云："凡在通商口岸或以经商为事，或以工艺糊口，皆须与西国商人往来晋接，苟非娴习西国语言文字，则遇事动多扞格，势不能攸往咸宜。于是家有子弟者，欲其有所成就，除令出就外傅肄习中国书籍外，必使之兼习西国语言文字，俾他日可藉此以自立。上海为通商大埠，客籍之寄寓者最多，有志西学者亦较多于他处。"[37]19世纪60年代，上海懂西文的人还不算很多，到19世纪80年代已经所在多有。1886年《申报》介绍上海人懂得外语的情况：近来中国之人日与西人群聚而错处，问答而往还，风气所辟，浃洽愈深，大非二十年前可比，华人之解西语者，所在皆有。[38]学外语、教外语蔚成风气：西人各就教堂开塾教授，"苟月费洋蚨数翼，则春风桃李，即可著录门墙。俺皮西提，授之以口，温多跌里，记之于心。其中颖悟者，数月之间，即已得其大要。即鱼鲁无知之辈，学得几句别禽话，记忆弗忘，则亦如状元两字，一生吃著不尽，人亦何惮而不习西语西文哉！"[39]

热情礼赞开放

1893年11月17日，为上海开埠50周年纪念日。

50年间，上海由人口20多万的普通海滨县城，变成近百万人口的中国第一大城市，成为中国对外贸易中心。变化最大的是租界区域，原先是溪涧纵横、杂草丛生的一片荒滩，一变而

19 世纪末的外滩公园音乐亭。图片由项慧芳提供

为道路宽阔、楼宇栉比、设施先进、管理有序的现代都市。租界西人认为这是开埠通商和租界成功管理的结果，所以要隆重庆祝。租界华人认为，自己是这块土地的主人，华人占租界人口97%以上，租界路是他们修的，房子是他们盖的，商业繁荣、税收增加都有他们的份。所以，他们也要庆祝。于是，1893年，十里洋场，万人空巷，门悬锦旆，户缀珠灯，中外同庆上海开埠50周年。

这在100多年后的今人看来，简直不可思议！但当时情况就是如此。

11月17日、18日，租界举行开埠50年庆典之时，举凡游行、灯会、演出等，华人均热情参与。最引人注目的是游行，当时上海两大商帮，即广东帮与宁波帮，各展其能，各显风采。

庆典举行之时，上海万人空巷，拥挤异常，史无前例。不仅上海租界、城厢内外华人来看，上海近郊华人来看，而且江浙两省距离上海一二百里之外亦有人闻讯来看。

众所周知，上海开埠是鸦片战争的产物，是英国等西方列强侵略中国的结果，从任何意义上说都不是中西和谐的产物。但是，上海开埠50周年庆典，无论是租界西人，还是华人绅商，无论是官方，还是民间，表达的都是中外和睦相处的愿望。对于开埠这件事情本身，上海绅商没有赋予明显的负面意义，而是肯定其对于上海城市发展的积极影响，肯定其中外双赢的通商效果，或参与庆祝，或观看赛会。这与日本横滨庆祝其开港50周年有点类似。

1858年（日本安政五年），日本德川幕府先后与美、荷、俄、英、法五国签订"友好通商条约"，习称《安政条约》。这个条约与《中英南京条约》有所不同，但在开放口岸、通商贸易、领事裁判权等方面有类似之处。开港以后的横滨与开埠以后的上海，城市演变也有类似之处，均发展迅速，很快成为各自国家的外贸中心、金融中心和文化中心。横滨开港的意义，在日本很快得到肯定。1860年6月，横滨就举行了开港一周年的纪念活动，除在神社庆祝外，关内男女都穿着漂亮的衣服游街，城内的艺人则跳了三天三夜的舞蹈。1909年，横滨隆重举行开港50周年庆典，市民捐资建造开港纪念会馆，整修开港广场，评选出21位横滨伟人；横滨商业会议所刊行《横滨开港五十年史》，记述横滨由一个很不起眼的渔村演变为世界闻名商港的历程。上海的情况，在1894年以前人们对于开埠的心情与横滨有些类似，但1894年以后由于甲午战争的失败，再后来是庚子事变，中国被八国联军打败，国家的情况一天比一天糟糕，人们对于开埠的评价也就发生了根本性变化，开始由先前的礼赞变成后来的诅咒。

积极投身开放

上海人热情拥抱开放，最实在的表现是投身开放事业中，锻炼本领，增长才华，实现人生价值。

且以一批最早投身上海开放实践的广东香山人为例，他们在上海开埠以后即来到上海，当买办，兴实业，相当一部分人成为上海工商界的成功人士。比如：

徐荣村（1822—1873），年轻时出外经商，历游东南诸海口。1843年后来沪，在宝顺洋行任买办，经营丝茶生意相当成功。1851年，英国伦敦举办第一届世界博览会，他将自营荣记七里湖丝12包寄往伦敦参展，获博览会"制造业和手工业"奖牌。徐荣村由此被誉为"世博会中国第一人"。

方举赞（1820—1906），年轻时到上海，进打铁铺当学徒。满师后在上海各洋商船厂做工，逐步以拆卖外商船厂旧机器、旧船零件积累了一定资本。1866年，与打铁工孙英德合伙，在英商虹口老船坞对面开办近代上海民族机器工业第一家工厂"发昌号"，当时仅是一家锻铁作坊，从洋商船厂包揽一些零件加工业务。1873年前后，发展为"发昌号"铜铁机器车房，19世纪80年代已成为民族机器工业中自行造船规模最大的机器厂。

徐润（1838—1911），1852年到上海宝顺洋行当学徒，1856年升为买办间副账房，1861年升为副买办，兼营宝源各货号，经营丝茶、烟叶及鸦片生意。1863年后，他投资房地产业，1868年脱离宝顺洋行，自设宝源祥茶栈，成为上海有名富商，后捐资得郎中、道员等官职。1873年受李鸿章委派为上海轮船招商局会办，以后曾在上海创办同文书局，石印二十四史及《古今图书集成》。19世纪90年代，他在上海既富甲一方，又能沟通中外，联络官商，是一位头面人物。

郑观应（1842—1922），1858年应童子试未中，奉父命到上海当学徒，入新德洋行服务。1859年入英商宝顺洋行工作。1872年入太古轮船公司当总理兼管账房。1868年后与人合办和生祥茶栈，后任扬州宝记盐务总理。1880年后转入官办企业参与经营管理，曾任上海机器织布局襄办、会办、总办，上海电报分局总办，轮船招商局帮办、总办，以及汉阳铁厂总办、粤汉铁路公司总办等职。热心西学，主张变革御侮，1873年将多年之作汇集为《救时揭要》刊行，提出商战救国的主张。1880年又刊行《易言》，提出系统变法革新主张。1893年刊行《盛世危言》，宣传变法自强，此书成为宣传晚清变法革新的代表性著作。

唐廷桂（1827—1897），青年时期在海外经商，1861年回国，1870年进入上海英商怡和洋行，1873年接替其弟唐廷枢在上海怡和洋行买办职位。1881年投资上海荣泰驳船行、上海申光电灯公司及中英合资中国玻璃公司等外商企业。还促成把自来水引进上海县城，设立中国工艺学校，开办慈善机构，成为上海华商头面人物，多次出面与上海租界当局交涉华人权益问题。

唐廷枢（1832—1892），青年时期在香港读书、工作，1858年抵沪，先后任江海关副大写、正大写及总翻译，开始与怡和洋行往来。1863年9月任怡和洋行买办，1873年脱离怡和洋行任轮船招商局总办，1876年筹建开平煤矿。1876年在上海创办宏远贸易公司，经营丝茶海外贸易。同年在上海办仁和保险公司，开华商保险业之先河。不久与徐润等人又在南、北二市开办长源泰、长发栈以揽载货物。19世纪80年代后，主要活动于各地经营矿务、兴建铁路等，成为晚清中国杰出的洋务企业家。

再以19世纪后期上海滩颇负盛名的几个浙江商人为例：

叶澄衷（1840—1899），浙江镇海（今宁波市镇海区）人。出身贫苦农民家庭，6岁丧父，从小失学，1853年到上海，在一家杂货店当学徒。17岁驾舢板于黄浦江上，贩卖外国轮船上所需杂货。某日拾得西人所遗忘之皮包，拾金不昧，归还失主，并拒受西人酬金。失主深为感动，乃邀请他协助经营五金业。此为其人生一大转机。几年以后，渐有积蓄，乃于1862年筹资在虹口开设一家老顺记，自立门户，出售五金零件、废旧铜铁等。

油画中的外滩（1857年）

又帮美孚石油公司推销火油，取得厚利。后在各商埠开设不少分店，又投资金融、运输等业，开办上海纶华缫丝厂、汉口燮昌火柴厂等企业，成为有名的实业家。晚年热心慈善事业，捐款救济灾民，并出资创办上海澄衷学堂。1893年机器织布局大火发生后，他曾出面协调西人消防队来救火，虽未成功，但彰显其在当时上海的地位。

黄佐卿（1839—1902），名宗宪，归安（今浙江湖州）人。早先为生丝出口经营商，先后在湖州、上海、苏州等地开设丝行，并任公和洋行买办。1881年，在苏州河沿岸筹建公和永缫丝厂，投资14万元，聘请意大利人麦登为工程师，招工300人，订购丝车100部，次年开工生产，是上海最早以民族资本创办的机器缫丝厂。后又投入资金，增车招工，使公和永缫丝厂得以发展。曾受张之洞委派主持湖北缫丝局，并投资上海协隆纱厂。黄佐卿也因此被洋商称为"杰出的中国商人"。

朱葆三（1848—1926），浙江定海（今舟山）人，14岁来上海，在协记五金店当学徒，先后升任营业主任、副经理、经理等职。1878年自设慎裕五金号，经营进出口五金贸易。1890年后，任上海英商平和洋行买办，曾在银行、保险、轮运、水电、电车、煤矿、水泥、造纸、榨油、面粉、呢绒、绢丝、纱厂、铁厂、机制麻袋等民族资本企业投资，为上海华商中的著名人物。法租界公董局曾以他的名字命名了一条马路——朱葆三路，即今溪口路。

虞洽卿（1867—1945），浙江镇海龙山（今属慈溪）人。15岁到上海瑞康颜料行当学徒，满师后升跑街，1892年以后先后在德商鲁麟洋行、华俄道胜银行、荷兰银行任买办，同时期从事房地产经营并独资创设通惠银号，发起组织四明银行、宁绍轮船公司、三北轮船公司、鸿安商轮公司等，渐为沪上商界领袖。公共租界曾以他的名字命名一条马路——虞洽卿路，即今西藏路。

以上诸人，无论是来自广东的徐荣村、徐润、郑观应、唐廷桂、唐廷枢，还是来自浙江的叶澄衷、黄佐卿、朱葆三、虞洽卿，都是在上海这座城市里从事新式行业，或为买办，或办实业，增长才干，增值财富，成就了非凡的人生。

塑造开放形象

近代上海华界是在与租界并列、比较中渐次发展起来的，上海地方官绅是在与租界当局交往过程中不断开阔视野，逐渐开明起来。晚清上海有三位道台，即刘瑞芬、龚照瑗与蔡钧，离开上海以后均担任出使大臣，到欧洲或日本处理外交事务。他们肩此重任的原因之一，就在于他们在上海道台任内，通过租界增长了许多国际知识，获得了许多与外国人打交道的经验。

上海道台在日常工作中，也努力塑造对外开放的形象，这集中反映在两次接待美国贵宾与一次举办舞会方面。

两次接待美国贵宾，指1879年接待美国离任总统格兰特，与1907年接待美国候任总统达夫提。

1879年5月17日，美国卸任总统格兰特偕妻、子一行抵达上海，在沪逗留一周，5月23日离沪赴天津。格兰特为美国南北战争中的联邦军总司令，1869—1877年连任两届总统，1877年4月卸任后开始环球旅行，先后游历英、法等欧洲国家和非洲、印度、中国香港等地，然后来到上海。上海主要接待单位是公共租界工部局，但上海道台作为东道主之一也参与了接待。整个接待过程，笔者曾有系统讨论[40]，兹不赘述。其中，体现上海道台开放、开明特点的有以下三点：

一是参加欢迎仪式合乎礼仪。5月17日下午一时半，格兰特一行乘兵舰抵达吴淞口，炮台鸣炮21响以示欢迎。欢迎仪式在金利源码头栈房举行。中国沪军营、西人商团、炮兵、马兵及美国兵船水手在岸边负责警卫。栈房两侧排列约850个座位，署上海道台刘瑞芬及文武各官坐在前列，然后是各国领事、英美租界与法租界董事。栈房内外油漆粉刷一新，屋中遍列盆景花卉，铁杆上缀以冬青，四周悬挂红绸；墙壁上挂有"敬贺格兰特"英文横幅，旁边围以冬青及各国国旗；屋顶上挂五色彩画，地上铺以越席，洁净无尘。格兰特坐船抵岸时，再鸣礼炮21响。格兰特下榻美领馆后，刘瑞芬偕文武官员前往拜见，略申欢迎之忱。上海参加欢迎的官员，除了署理道台刘瑞芬，还有海防分府、上海县令、租界会审公廨同知、洋务委员、右营参将、上海守备等。这些都很得体。

二是由上海士绅出面邀请看戏。上海丝、钱两业公会在大观园为格兰特举行专场演出，格兰特婉谢，命其公子及美国领事参加。大观园中张灯结彩，灿如琼宫。格兰特公子一行抵达以后，升炮奏乐，以示欢迎。丝、钱两业董事，衣冠出迎。先演《赐福》《加官》《财神》，格兰特公子令命赏钱3600文；次演《金山寺》《双摇会》两剧，公子又命各赏钱3600文；再演《四杰村》，公子命赏钱20圆。西人有妇女参加观看，丝、钱两业董事预先安排了一些妇女，领有通行证并前往观看。

三是设宴款待。5月21日，道台刘瑞芬在豫园萃秀堂设宴

上海道台在豫园接待外宾。图片由上海历史博物馆提供

晚清豫园湖心亭。图片由项慧芳提供

款待格兰特。格兰特乘坐专门为他定制的绿呢黄脚五鹤朝天之八人抬大轿。前有洋枪队22人护卫。随行西官7人,皆乘四人抬大轿。这天,新北门悬灯结彩,提标右营兵及淮军40名站班迎接。格兰特由香花桥旧教场过邑庙前而入东园门,进萃秀堂。

刘瑞芬迎出门外。一路皆铺红毡，鼓乐升炮，堂内古玩罗列，奇花满前，并有象牙雕成的佛像16尊，长4寸许，尤为奇丽。宴会设在仰山堂。桌子用方桌9张，拼成大席。宴会所用酒菜，以中为主，参用西例，中西兼备，菜分满、汉、洋三种，酒有中西数种。整个宴会，共上了37道菜，极其丰盛，另有咖啡主要是为了满足外宾的需要。

上海道台的接待，可谓以中为主，兼顾西方。其时上海县城，没有接待外宾的专用广场和宾馆，豫园是上海事实上的公共活动场所。接待地点选择在豫园，突出了华界的特色。轿子、中餐、佛像、传统戏剧，这些都是中国特色。安排妇女陪同西人妇女看戏，则是主人对客人的破例照顾，因为直到这时中国官方应酬是没有妇女作陪的。

1907年10月8日，美国陆军部长达夫提抵沪访问。达夫提此行是作为美国总统特使，到菲律宾马尼拉处理事务，顺道访问上海，参加中国青年会新楼揭幕典礼。其时，达夫提已经当选美国下任总统，尚未上任，因此上海租界、华界对于他的来访都很重视。10月9日，达夫提离沪赴香港。达夫提访问上海期间，上海地方官绅参加了接待。

10月8日下午两点钟，中国青年会举行欢迎会。主席台上就座的，除了达夫提、美国和公共租界方面相关官员，中国方面有两江总督端方代表唐露园，江苏巡抚代表、上海道台瑞澂，上海地方士绅朱葆三等。租界、上海地方政府两方面大体相当。

会议议程也是中西合璧。首先，王阁臣观察致欢迎词。其次，路义思宣读两江总督、江苏巡抚及各处贺电。再次，两江总督代表唐露园、江苏巡抚代表瑞澂致词。随后，中国美国协会主席、中国青年会执行主席马士发表演说并授受钥匙，达夫提作"青年会的宗旨及利益"演说。最后，红礼拜堂大牧师华君宣布散会。

接待达夫提，开启了中西人士共同参加宴会的历史。10月

8日下午四点，中国官绅在愚园举行欢迎仪式。会议由32个会馆、公所共同组织，会场布置极为华丽，彩旗飘舞，灯笼摇曳，鲜花斗艳。门口两名英国巡捕检查入场券，室内各处均用五色彩绸装扎，到会者中西人士300余人，女宾中有天足会女学生二三十人，服饰绮艳。四点十分，达夫提偕其夫人到会，中国海军乐队奏美国国歌，进门后有人摄影。欢迎仪式开始，首先由沈敦和用英文致欢迎词，其次由南洋大臣代表唐露园用英文致词，再次由上海道台瑞澂用中文致词，由翻译译为英文，随后由两名女学生上台向达夫提敬献礼品，为精致的银觥一具。达夫提接受礼品以后发表演说，略谓此行得到如此优待，不胜欣幸，可见中美之间的友谊。演说完毕，达夫提登楼用茶，乐队奏乐。乐队也是中西均有。

这次欢迎仪式，天足会二三十名女学生参加接待，是上海社会风气开放的体现。

10月8日晚上，寓沪美国人举行宴会，在礼查饭店招待达夫提一行，主客共有230人，各个国家均有。据说上海从未举行如此盛大的宴会。宴会厅里高悬中美两国国旗，主客分为七桌，中外混席而坐。第一桌37人，有达夫提、马士、美国驻沪总领事，还有瑞澂、萨镇冰、朱葆三等。上第一道菜时，乐队奏《哥伦比亚友情》《中国皇帝》。达夫提发表长篇演说，阐释美国"门户开放"政策，评论美中关系，褒扬美国人在上海的贡献。值得注意的是，当时中国还没有国歌（中国到1911年才有国歌），但是为了表示对等，乐队奏了一首《中国皇帝》。《中国皇帝》不知道是何等乐曲，但从名称上看似在突出中国的意义。

除两次接待外宾外，上海道台还在1897年，破天荒地举办了一场盛大的舞会。

1897年11月4日（清光绪二十三年十月初十），上海道台蔡钧为配合慈禧太后万寿庆典，在上海洋务局举办盛大舞会，地点在静安寺路、泥城路63号。舞会共发出请柬600封，均红笺金字，封以华函。实到500余人，多系在沪外国人、清朝官员、社会名流，包括各国领事、水师兵官、英法练军，西人如法、英、奥、德、日，各衣其本国之服，有法领事白藻泰等人偕其眷属，比利时领事福来侯之女公子，法国兵船管驾官细蒙，中国官员有道台蔡钧、上海知县黄承暄等。

　　上海地方政府为这次舞会进行了精心的准备。由马路直至行辕门，悬挂明灯3000盏，大小相间，颇为辉煌。行辕大门内，有斗篷房、饮食房、迎送房，亦无不窗明几净，陈设一新，栏杆与各门，均扎各国旗帜及绣幔彩绸不等。跳舞场设在行辕内院，上有天花板，下有硬木板，地板以蜡磨光，可以为鉴。院后又有坐客厅。所备大餐，肴香酒冽，皆极丰美。舞会共计举行20场，直到凌晨两点钟结束。

　　这次舞会是中外交往史上划时代的事件，是中国妇女生活史上划时代的事件，英文《字林西报》及中文《经世报》《时务报》都作了详细报道。

　　关于这次舞会，值得注意的有以下几点：

　　其一，舞会的起因。表面理由是慈禧太后的生日，其实这是借口。慈禧太后是1835年出生，到1897年，不逢十，也不逢五，是个小生日。以往的小生日，都是不讲究的。起因是1893年，担任出使英国大臣龚照瑗随员的吴宗濂，提议在上海举办舞会，联络中外感情。后来因为中日甲午战争与龚照瑗去世，没有成功。1897年，蔡钧担任上海道台以后，想起了这个主意。

　　其二，舞会用的主要是西方礼仪。这表现在：携带女眷；行握手礼；演奏西方音乐，舞会特请西乐一班，由班首斐纳指挥演奏；吃大餐即西餐。

　　其三，垂帘观舞。女眷的处理。西人偕同女眷而来。中国官员的女眷，按照中国规矩，向来不能参加公共社交活动，现在破例参加，包括上海道台蔡钧夫人在内。但是，东道主对此作了巧妙的变通，在会场中专辟一室，以备官眷起居，"于窗前悬旗以障之"。官眷可以看到舞场情形,俯视厅中,历历在目,但舞场看不到这些官眷。这些女眷,自道台夫人以下,皆华服鲜衣,致敬尽礼。其中,洋务官员陈季同之女能操法语,与西人侃侃而谈。

对于这次舞会,西人评价很高。《字林西报》发表文章认为,通过舞会可以看出上海道台很了解西方情况,可以看出他敦友谊、谙西例、重交涉。

这类舞会,晚清上海地方官员后来又举办过多次。

地方官员接待、宴请外宾,或者以舞会招待外宾,这类事情在改革开放以后的中国早已不足为奇。但是,在19世纪中后期的中国,则不啻惊世骇俗。须知,那时内地很多地方,风气未开,连与外国人交往、学习外语都会招致汉奸嫌疑,引人侧目。上海地方此类举动,无疑是在中国官场竖起了一面洞悉外情、开明通达的旗帜。

5

经济发达,文化繁荣

上海开埠以后,由于多种因素错综复杂的作用,人口持续增长,逐渐成为中国多功能经济中心,多门类文化中心,多样性娱乐中心,成为举世闻名的宜业、宜学、宜居城市。

多功能经济中心包括贸易中心、金融中心、工业中心、邮政电信枢纽。

上海在近代开埠以前,已是东南沿海最为重要的贸易港口之一。清嘉庆年间,黄浦江滨南北五六里空泊无隙,停满各种商船。

上海在贸易方面的地缘优势与突出表现，在鸦片战争以前就已为西方所了解，所以1842年《中英南京条约》所确定的第一批五个通商口岸中，就有上海在内。1843年上海开埠以后，外国洋行络绎而来，上海开始与欧洲、美洲直接发生商务联系，对外贸易额快速增长，丝绸、茶叶等贸易额都上升很快。上海在全国外贸的地位直线上升，全国贸易重心逐步由广州移到上海。1853年，上海对英国进出口货值已是广州的1.5倍以上。此后，上海进出口货值一直在全国遥遥领先。

第二次鸦片战争以后，中国通商口岸增多，上海在对外贸易中的地位进一步提升，1864年对外进出口总值占全国57.87%，到1873年这一比重提升到59.8%。此后，上海作为中国对外贸易中心的地位一直相当稳定。大体上说，上海进出口总值平均占全国一半以上，其中进口通常占六成以上。在转口贸易、国内埠际贸易方面，上海起枢纽作用。从上海进口的洋货，有70%以上要运到内地其他口岸。从内地运到上海来的土货，有80%以上要出口到国外或运到国内其他口岸。全国转口贸易地区，以长江流域为主，占60%~70%；其次是华北地区；再次为华南地区。

民国初年到五四运动前后，西方列强忙于战争，上海民族工业发展较快，进出口贸易也快速增长。以面粉为例，1914年以前上海还无面粉出口，1915年出口11.8万关担，1920年激增至331万关担。所用原料洋麦占半数以上，这又扩大了进口贸易额。1921年上海进出口总值达6.22亿关两，为1894年的4.10倍。外贸的发展，极大地促进了上海的埠际贸易。1920年，经上海出口的各埠货物达2.18亿海关两银，较1870年的2780万海关两银增6.85倍。上海经海关与内地各埠的贸易货值，1912年为2638万海关两银，1921年增至7884万海关两银。

金融方面，开埠以后西方现代金融体系逐渐进入上海。

上海汇丰银行。图片由项慧芳提供

1847年，英国丽如银行在上海设立机构，这是最早在上海开设的外国银行；19世纪50年代，又有汇隆（1854）、阿加剌（1854）等4家英商银行在沪开设分、支行。以后，外国银行越设越多，民族资本的钱庄、银行业也竞相设立。到清末，上海已初步成为全国金融中心，银行数量为全国之冠，中国境内的中外银行大多数总部均设在这里。到20世纪20年代，上海已是名副其实的中国金融中心，也是远东著名金融中心，几乎所有外资在华银行总部都设在上海，中国各大银行，要么总行设在上海，要么在上海设有分行。银行业之外，上海证券市场、保险业也有所发展。到1921年底，上海已有百余家交易所。1857年，英商怡和洋行控制的谏当保险行在上海设立分支机构，这是上海最早的外商保险机构。其后，外商保险公司纷纷抢滩上海，民族保险业也有较快发展。

　　工业方面，上海是中国近代工业起步的地方。上海开埠以后，西人首先将生产日用品的轻工业（如印刷业）与船舶修造业带了进来。1860年以前，外国人已在上海设立十多家工厂，多为船舶修造厂。以后，利用本地原料加工生产型的缫丝厂也有所发展。到甲午战争以前，上海外资丝厂有怡和等7家，外加1家丝头厂。民族资本工业也有一定发展。从事机器制造的民族工业在1895年以前已有12家。由国家投资或以官商合办的工厂有两家，一是江南制造局（1865），造船、造机器、造武器弹药；二是机器织布局（1889），后改华盛纺织总厂，为中国第一家大型棉纺织工厂。这两家都是吸纳工人最多的工厂。1895年以后，因《马关条约》有允许外国资本在通商口岸设厂的内容，外国人在上海设厂速度加快。1895—1911年，外资在上海开设的企业，开办资本在10万元以上的就有41家。1901年以后，清政府制订奖励工商政策，民族资本企业竞相创办，其中上海民族资本发展速度尤快。到1911年，私人资本的缫丝厂由1900年的18家增加到46家，私人面粉厂有7家。

外资企业与民族企业的共同发力，使得上海城市产业结构发生很大变化，即以商业贸易为主变为以工业为主，上海从此成为中国制造业中心。

民国初年，政府奖励实业，上海的民族工业呈加速发展趋势，在面粉、缫丝、染织等业表现得最为突出。第一次世界大战期间，帝国主义列强忙于争斗，无暇东顾，上海民族工业得以迅速发展，棉纺织、面粉、缫丝、卷烟、化妆品、皮革、火柴、机器等业发展尤为迅速。1916—1921年，上海面粉出口总量占全国总额的60%~70%，1920年更是高达83.7%。同时期的棉纱、棉布出口量，占全国出口量的60%~80%，针棉织品占全国出口量70%左右。

与此同时，上海在国际交通、国内交通与市内交通方面，在电信、电讯方面，也都有与贸易中心、金融中心、工业中心相适应的发展。到民国初年，上海已经成为全中国规模最大的多功能经济中心。

多门类文化中心

近代上海是中国多门类文化中心，涵盖教育、医疗卫生、新闻出版、图书馆与博物馆等诸多方面。

教育是衡量城市综合文化实力的重要门类。各类学校既是培养人、提升人文化素质的园地，也是集聚人才的场所。以教师为核心的教职员工群体，是文化的传播者、消费者，订阅报刊，购买书籍，欣赏各类文化作品，很多人也是文化产品生产者。近代上海，教师兼作家、编辑、记者的情况并不少见。

教育承载着居民对未来的期盼。中国人少有不重视对于子孙后代教育的，卓越的教育环境对于居民的吸引力，既在当下对于居民自身的价值，也在未来对于子孙后代的意义。正是在这个意义上，教育对于一个城市的凝聚力、吸引力，具有双重的意义。很多贫苦居民，再苦再累、再脏再挤，也要待在上海而不愿回到住房宽敞、空气新鲜的乡村，原因盖在于此。

近代上海有较为完整的教育体系。从小学、中学到大学，数量很多，都有全国一流乃至世界知名的学校。

上海新式中小学教育在晚清已起步，有不少学校一开始是中小学一贯制。著名的普通中学有上海中学、敬业中学、徐汇公学、圣约翰中学、中西书院、格致中学、澄衷中学、南洋中学、浦东中学、华童公学等，女子中学有中西女塾、务本女塾、民立女中等。租界、华界均有一大批教学质量优秀的小学，其中梅溪小学是晚清第一所由国人自办的新式小学。到1907年，上海有各类学校271所，其中中国人办231所、华洋合办5所、外国教会办35所。1948年，全市有国民学校或小学1144所、在校学生34.15万人，普通中学241所、在校学生9.84万人，师范学校2所、在校学生840人。

上海大学门类较为齐全。以办学主体而论，政府、教会、私人等所办大学都有。到1949年，政府办大学有43所，著名的有广方言馆、交通大学、同济大学、复旦大学等；私立大学累计也是43所，包括大同大学、仓圣明智大学、大夏大学、光华大学、上海大学、持志学院等；教会大学有10所，包括圣约翰大学、震旦大学、沪江大学、东吴大学法学院等。此外还有境外合作办学，如雷士德工学院、同济德文工学堂等。

近代上海教育有以下五个鲜明的特点：

其一是数量众多，质量优秀。1949年前，上海累计有各式大学110所，为全国城市之首，占全国高校总数的四分之一。圣约翰大学、震旦大学、同济大学、东吴大学法学院、交通大学、沪江大学、大同大学在全国同类大学中教学质量均名列前茅。圣约翰的神学、医学、商学，震旦的医学，交通大学的造船、工科，沪江的社会学，立信会计学校的会计，都是全国优势学科。抗日战争胜利以后，参加东京审判的中国法官，绝大部分出自东吴大学法学院。

其二是国际联系密切。上海教会学校多有国际背景，与欧美相关学校有直接联系，圣约翰、震旦的学位，在美国、法国具有同等资格。上海众多学校直接或略加改编地使用外国同类学校教材，许多学校或其教师与国外相关学校有密切的关系。南洋公学课程以美国麻省理工学院和哈佛大学为基本，并用两校成套教科书。同德医学院、德华高等实业学校课程设置仿德国同类学校课程。震旦大学、徐汇中学很多课程用法语教学，圣约翰大学、沪江大学许多课程用英语教学。

其三是教学密切配合社会需要。晚清上海外语培训班特别多，民国时期上海职业教育特别发达，都是密切配合社会需要的反映。上海众多同乡组织、大型企业都开办学校，如广肇公所、商务印书馆等，其教学内容多随社会需要而调整。至于职业教育，则更是为适应社会就业而开办。这就使得这些教育具有直接的实用性特点。

其四是特色教育突出。上海有许多专门性的学校，如电报学堂、纺织学校、蚕桑学校、体操学校、美术专科学校、音乐学院、新闻学校、会计学校，还有上面述及的盲哑学校，都针对专门人群、专门需要而设立，这就细化了教育资源，也精化了教育质量。这些专门性教育合起来，就显示出上海城市在教育方面专门化、精细化特点。这种特点，是一个城市体量大到一定规模以后才有可能出现的。

其五是办学主体多元。政府（包括租界当局）、民间（同乡组织、私人）、教会、党派团体、企业都可以办学，这就比较充分地激活了各方面办学的积极性，增大了上海教育的体量。

这五个特点综合起来，汇成上海教育的集聚性、丰富性、国际性与实用性。在上海这么一个方圆百里的地方，有比较齐全的教育机构可供选择。一个经济条件许可的家庭，不识字的已过不惑之年的父母亲，可以进职业学校、成人学校，聪明的儿女可以进优秀的中学、大学，如果财力允许的话还能一圆出国梦。家里如果不幸有个盲哑人，还可以进盲哑学校，将来有望成为自食其力的人。子女如有特殊天赋，那么学习绘画、音乐，都可以各展其长。一个经济条件较差的家庭或个人，只要他有上进的欲求，也可以获得相应的机会，免费的识字班、夜校、职业教育，都比较容易找到。

医疗卫生高地

医疗卫生是体现城市综合集聚力、宜居性的核心指标。近代上海是中国医疗卫生设施最多、质量最优的城市之一。1936年，上海有医院108所、高等医学院校18所。上海医院之多，医生之多，床位之多，医疗质量之优，在全国城市中无出其右。仁济医院、公济医院、广慈医院（今瑞金医院前身）、中国红十字会总医院（今华山医院前身）、宏恩医院（今华东医院）、中山医院、上海铁路局中心医院，都是全国著名医院。

宏恩医院（今华东医院）

新闻出版中心

近代上海是中国新闻出版中心，所发行的报纸、刊物，所拥有的出版机构、出版书籍，在全国都占首位。

1850—1949年，上海先后出版中文报纸1800多种、外文报纸100余种。1850年面世的《北华捷报》是上海最早发行的英文报纸，1861年发行的《上海新报》是上海最早发行的中文报纸，1872年发行的《申报》是上海历时最久的中文报纸。到1894年，上海先后创刊中外文报刊约100种，占全国一半。外文报纸中，英、法、德、俄、日等语种都有。通过众多的中外报纸，发生在上海的事情，会无所障碍地传播全国与世界各地，世界各国的新闻，也会无所障碍地传到上海。

上海出版、印刷机构繁多。至1930年，上海出版机构有145家、印刷机构200多家。1932年，商务印书馆总馆职工人数曾达4500人，为全国之首。1936年，上海商务印书馆、中华书局、世界书局3家出版社所出图书，占全国出版图书71%。1937年前，上海历年出版的图书、期刊，分别占全国70%和80%强。1949

年，上海有图书出版、销售机构250多家，出版新书1400多种。

上海出版的新书，每每具有学术先导性与思想前瞻性。1840—1949年，西学输入中国，大半通过上海。以晚清为例，戊戌变法以前，中国输入西学的机构主要有墨海书馆、江南制造局翻译馆、广学会等9家，其中7家设在上海。全国出版的各种西书近八成由上海出版。从质量上看，无论是自然科学、应用科学，还是社会科学，凡影响很大的、具有开创意义的，几乎都是上海出版的。戊戌变法以后到辛亥革命以前，西学主要通过日本转口输入中国，共有95家翻译、出版西书的机构，其中56家设在上海。近代新的社会思潮的传入，无论是哲学、经济学、法学、社会学，无论是进化论、民约论，还是社会主义学说、无政府主义学说，几乎无一不是先传入上海，然后扩散开去。

民国时期，特别是自20年代初期到抗日战争以前，是近代上海文化人才最为繁盛、文化心理最为开放的时期。

这一时期，无论是中外文化交流频繁程度，包括上海在教育、卫生、文学、艺术方面对外开放程度，世界文化名人来访频率，如杜威（1919）、罗素（1920）、杜里舒（1920）、爱因斯坦（1922）、泰戈尔（1924）、萧伯纳（1933）、卓别林（1936）等络绎来访、讲学，还是上海城市建设在世界城市史上地位提升的速度，都展现出一种高度开放、蓬勃向上的气象。

这一时期，上海学术界在介绍、引进世界文化方面，呈现整体性、系统性、大踏步迈进态势。这被研究者称为"西书中译史的名著时代"[41]。其特点有三：一是整体性，从古典到19世纪末的大部分西方名著，及20世纪初的部分名著，几乎都有了中译本，涉及哲学社会科学与自然科学各个学科；二是系统性，这些译本跨越晚清学界对相关西方名著零星介绍或摘要翻译的阶段，而是将名人与名著、同一名人这一著作与其他著作一并介绍进来；三是直接性，即由英文、法文或德文直接译为中文，不再主要由日译本转译，尽管有不少参考了日译本。

这一时期所译的这些著作，有5000多种，世所公认的世界名著几乎都被囊括进来，出版这些名著的机构有商务印书馆、中华书局、世界书局、神州书局、开明书店、泰东书局、新生命书局、远东图书公司等。商务印书馆组织翻译出版的"汉译世界名著""政法名著""经济名著""现代教育名著"及"大学丛书"，都有规模影响。各类名著译者，有的是大学教授，有的是专业作家，有的出版社相当部分编辑有留学海外背景。无论是哲学社会科学还是自然科学，都有一书多译现象，诸如马基雅弗利《君主论》、黑格尔《小逻辑》各有两种译本；休谟《人类理解研究》、尼采《查拉图斯特拉如是说》、卢梭《忏悔录》各有三种译本；莎士比亚《哈姆雷特》有四种译本；威尔斯《世界史纲》、多桑戴克《教育学原理》、屠格涅夫《父与子》各有五种译本。

雨果说："世界上最宽阔的是海洋，比海洋更宽阔的是天空，比天空更宽阔的是人的心灵。"对于城市来说，心灵的开放是更为重要、更为本质的开放。正是有了这种比海洋、天空更为宽阔的心灵，上海才年复一年、一批一批地介绍世界优秀文化，才成为在文化上可以与伦敦、巴黎、纽约、东京比肩的国际大都市，成为中国人了解世界的最大窗口。

上海不但是西学书籍的出版中心，也是一般书籍的出版中心。在19世纪八九十年代，点石斋石印局、同文书局、拜石山房等机构，已在中国文化典籍石印方面取得惊人发展，著名的有《康熙字典》《二十四史》《全唐诗》等，印数动辄数十万册。民国时期，商务印书馆、中华书局等在古籍出版方面，均成就突出，商务印书馆有《四部丛刊》《续古逸丛书》《百衲本二十四史》《四库全书珍本初集》和《丛书集成》等；中华书局有《四部备要》《古今图书集成》等。

图书馆、博物馆多寡，其藏书、藏品质量，阅读、参观情况，是衡量城市文化综合素质的重要指标。较为发达的图书馆、博物馆事业，是近代上海作为文化中心的重要内涵。

魔都上海的
魔力与魔性

MODU
SHANGHAIDE
MOLIYUMOXING

100

上海震旦大学

百乐门舞厅

多样性娱乐中心

上海作为全国人口最多的特大城市、财富集聚之地,在娱乐方面突出表现为多样性。

所谓"多样性",既指娱乐项目、娱乐场所的多样性,包括中国各种传统娱乐项目与场所,如杂技、傀儡戏、棋类(象棋、围棋)、舞狮、毽子、风筝、龙舟、戏院、茶馆、赌场、妓院,也有西洋传入的各种娱乐项目与场所,如篮球、排球、足球、高尔夫球、乒乓球、赛马、跑狗、扑克等;也指娱乐主体的多样性,既有享受高级舞厅、高档影剧院、高尔夫球的富裕阶层,也有享受免费露天广场娱乐、廉价戏院的普罗大众。

以戏院为例,上海作为五方杂处的移民城市,戏剧种类相当繁多。当时中国地方戏,特别是江浙一带地方戏,在上海都有戏班,都有演出场所。1937年,上海有平剧戏院5家、越剧戏院40家、江淮剧戏院22家、沪剧戏院14家,这四类戏院合计81家。此外,汉、锡、扬剧的演出也相当活跃。北方评书、大鼓、河南坠子、扬州评书、苏州评弹,也有各自的演出场所。1936年,上海专以社会底层为服务对象的剧院就有60余家,其中扬州戏占了半数,绍兴文戏、淮戏各十余家,宁波滩簧也有三四家。

就娱乐主体多样化而言,同一类娱乐场所,无论是茶馆、戏院,还是妓院、舞厅、电影院,多分不同层次。最典型的是电影院。电影放映一般分为首轮、二轮、三轮,电影院亦相应分为三级。在20世纪三四十年代,公共租界、法租界的黄金地段,高档电影院相对集中,如大光明、南京、国泰等。在城厢区,或城乡接合部,就几乎没有什么电影院。以电影院与观众群体对应关系而论,国泰多英、美、法等外国人,巴黎多俄国侨民,光陆多洋行职员,丽都、金门多大中学生,新光、金城多女学生和舞女。

那些专为穷人演出的露天舞台,主要分布在虹口的红江庙、下海庙,沪西的曹家渡,法租界的南洋桥,英租界的新闸路等空地上,费用极廉。

在娱乐项目中,电影是近代诞生的西洋色彩最浓厚的一种。上海是中国电影发祥地、繁盛地,到1937年上海共有电影院44家、座位总数43692个,每家电影院平均拥有座位993个。上海电影院在全国占很高的比例。1927年,上海有影戏院39家,占全国四分之一。

近代戏院、书场、电影院等娱乐场所,每每体现出现代性。首先,这些娱乐设施含有现代科学技术元素,如声光化电、机关布景之类,电影直接与现代科学技术联系在一起。其次,这些娱乐设施与项目,往往体现现代自由、平等之类的精神。比如,近代以前中国妇女是不能进入戏院看戏的,但清末民初的新舞台,便打破了这一传统习惯,这便体现男女平等精神方面。新舞台开始卖女座,先是男女分座,后来这条规则也打破了。因为男女分座,一家人不得不分开。女客在楼上,男客在楼下,一家人不能同座同乐。后来,戏院进行改革,开始售男女合座之票。女观众看戏兴味,往往比男观众还要大。女性观众的

魔都上海的
魔力与魔性

MODU
SHANGHAIDE
MOLIYUMOXING

102

加入，无形中宣传了男女平等的观念，也使戏院成为一个家庭娱乐的场所。

舞厅是涉及人数较多的娱乐场所。西人来沪以后，即将跳舞习俗带入上海。19世纪90年代，上海已经有了一定数量的营业性舞厅。20世纪30年代是上海舞厅业的繁盛期，出现了四大最高档舞厅，即百乐门、仙乐斯、大都会和丽都，内以百乐门最为显赫。此舞厅建于1932年，楼高三层，舞池可容数百人同时起舞，号称"千人舞池"。其设备豪华，装饰新颖，有外国乐队演奏，甚至安排轿车迎送客人，因而被称为"远东第一乐府"。1936年卓别林游览上海时，曾光顾百乐门。1936年，上海有一定规模的舞厅28家，登记注册的舞女1645人，瞬时可接待舞客2000人左右。[42]

公园与营业性私园，是涉及人口相当多的重要休闲娱乐场所。公园是近代产物，体现公开性、平等性，体现城市公共资源由市民共享的特性。1868年，工部局应外侨闲暇生活之需，在外滩辟设一座公园，是为外滩公园，也是近代中国第一座城市公园。两租界当局在上海先后辟建过公园22个，其中规模较大、影响较大的除了外滩公园外，公共租界还有兆丰公园、虹口公园、汇山公园（通北公园）、胶州公园等，法租界有顾家宅公园（亦称法国公园，后改复兴公园）、凡尔登中心公园与宝昌公园等。外滩、兆丰、虹口、顾家宅等租界公园建成后，长期限制华人入内，激起华人社会一次又一次抗议，直到1928年7月1日以后才全部对华人社会开放。

近代上海还有一批对公众开放的私有园林，包括豫园（明代即有）、申园（1882）、张园（1885）、徐园（1887）、愚园（1888）、杨树浦大花园（1889）、半淞园（1918—1937）等。这些营业性私园，多融园林、戏院、中西餐饮和各式娱乐设施于一体，既打破私园对外封闭的传统，又开综合性游乐场之先河，成为各界人士游乐和举行多种社会活动的重要场所，其中

兆丰公园（今中山公园）入口处。图片由项慧芳提供

徐园、张园、杨树浦大花园各具特色。

上海很多娱乐项目源自欧美国家，为中国先前所无，如篮球、排球、乒乓、高尔夫球、棒球、交谊舞、电影、弹子房、跑马、跑狗、回力球等。此类项目，汉口、天津等地租界有些也曾有过，但其历史大多不及上海早，数量不及上海多，规模也不及上海大。比如，天津跑马场始建于1886年，青岛跑马场始建于1899年，汉口跑马场始建于1902年，这些均比1850年上海建成跑马场晚得多，而内地很多城市与乡村根本没有此类项目表演。这样，内地游客来到上海，往往要想方设法去欣赏这类项目。这些娱乐项目，也就成为上海城市吸引力的一部分了。

一些娱乐项目如杂技、魔术等，古代中国就有，但近代从西方传入的杂技、魔术又有新的内涵。1874年6月，英国魔术师瓦纳在上海丹桂园表演戏法、影戏各套，市民称其"极其巧妙，变化无穷"。瓦纳所演魔术套数，有飞纸牌、帽中取物等。最为动人心魄的节目是人首分合，看到人头与身体被分为两处，观众惊得目瞪口呆，屏气凝息，甚至不敢仰首正视。这种节目，今日中国

魔都上海的
魔力与魔性

MODU
SHANGHAIDE
MOLIYUMOXING

104

各省市杂技团都能演出，但晚清上海人则闻所未闻，见所未见。

英国人好赛马。上海开埠后，英国人很快便将赛马引进上海。1850年，他们发起组成上海跑马总会，并建造了跑马场。跑马场先后三易其地，面积越来越大，最后一个跑马场所在地，即今人民公园与人民广场旧址。上海第一次赛马是在1848年4月17日和18日。当时还没有跑马场，骑手随意划一个大圆圈就开始比赛。此后一般一年举行两次，分别在春季的5月、秋季的11月，每次3天。

赛马起初是限于外侨当中的比较纯粹的体育运动，同治末年开始与赌博联系在一起，性质就发生了变化，也扩散到华人当中。赛马赌博名目繁多，有香槟赛、金樽赛、大皮赛、新马赛、马夫赛、余兴赛、拍卖赛等，其中尤以香槟赛和香槟票最受追捧。彩票是一种赢率极低、输率极高的活动，而一旦中彩，奖额可能高到难以想象，10元一张的香槟票，头奖最高额可以达到22.4万元。这极易激发人的投机心理。赛马讲究速度、技巧，本来就具有很强的刺激性，与赌博捆绑在一起刺激性更强。幸运者一夜暴富，惨败者很可能就去跳黄浦江。于是，受其吸引的人也越来越多。

对于上海百姓来说，赛马有如过节。比赛期间，上海放假三天，上自士夫，下及负贩，无论中外，无论老幼，观者云集，万人空巷。于是，看赛马成为涉及人口最为广泛、最为刺激、最为热闹的都市娱乐项目。跑马厅从1909年开始公开售入场票，到1945年跑马厅停止跑马，香槟票在上海存在近40年。据统计，跑马厅由此获得的收入竟达4亿元。

在租界赛马的刺激下，华界也先后兴建了江湾、引翔港两个跑马厅。1911年，富商叶贻铨等在江湾建成跑马厅，有跑马场、马厩、看台、大自鸣钟等设施，时称"江湾跑马厅"。开业后，赛马赌博，盛极一时。政府藉此收税，数额可观。至1935年，由于战争迫近，赛马趋于冷落，跑马厅被迫停业。引翔港跑马厅由华商范回春等集资于1926年建造，取名"远东公共体育场"，功能与江湾跑马厅类似。

跑狗是由猎兔衍生出来的运动项目。自1928年起，上海先后建有逸园（1928）、申园（1928）与明园（1929）三个跑狗场。三场之中，逸园面积最大，赌博种类最多，影响也最大。因涉及赌博，1931年工部局将申园、明园两场取缔，改作游乐场，但法租界的逸园依然营业，直到1949年后改建为文化广场。

回力球，原为西班牙人的球戏。上海回力球场建于1929年，地址在亚尔培路（今陕西南路）、霞飞路（淮海中路）交界处，1930年竣工，称"中央运动场"。回力球速度快，竞争性强，从一开始就与赌博联系在一起。回力球赌博较之赛马、赛狗，见效更快，更为刺激，所以吸引万众参与，盛极一时。

近代上海参与赌博的，各色人等皆有。一般市民，包括低收入的车夫、保姆等，也都热衷参与，甚至构成主力。上海赌博形成一种社会风气，关键在于普通市民存在一种投机心理，幻想能通过中彩而暴富，而政府层面上由于事权不一，没有一个强有力的机构进行引导与管制。赛马、赛狗、回力球等与赌博联系在一起，不知道坑害了多少人、毁损了多少家庭，也不知道从赌客身上榨取了多少金钱！这是这些运动最终被取缔的根本原因。

另外一面，观看赛马、赛狗、回力球，在繁忙的工作、喧嚣的都市生活之余，有那么一段时间融入社会，忘我地欣赏比赛，享受刺激，对于都市居民来说，不能不说是一种有益的调剂。如果赌客只是花费工资的千分之一、百分之一，而不是倾其所有，更不是举债称贷，其输赢不至于影响其家庭正常生计，那么这类小微博彩危害性便在可控范围之内。如果有幸得中头彩，骤成巨富，对于其个人、家庭自是喜出望外，对于社会而言也是刺激上下流动的重要手段。也正因如此，这些兼具赌博功能的运动，才会吸引成千上万民众的参与，"饭可以不吃，彩票不能不买"的彩票心理也就长盛不衰。

魔都上海的
魔力与魔性

MODU
SHANGHAIDE
MOLIYUMOXING

106

1. （英）福钧著，韩瑞华译：《上海游记》，载高俊等译《上海故事》，生活·读书·新知三联书店2017年版，第2页。

2. 同上书，第2页。

3. 同上书，第18页。

4. （英）罗伯特·福琼：《两访中国茶乡》，江苏人民出版社2015年版，第188页。

5. （英）福钧著，韩瑞华译：《上海游记》，载高俊等译《上海故事》，生活·读书·新知三联书店2017年版，第14页。

6. （清）孙锡光撰，林儒珍书：《皇清诰授通议大夫江苏按察使司按察使宫公神道碑文》（道光三十年）。载桂井子街志编纂委员会编：《桂井子街志（1000—2000年）》第九节《碑记及其他出土文物》，齐鲁电子音像出版社2010年版，第197页。

7. 《署两江总督壁昌奏报上海通市预筹妥办情形片》（道光二十三年八月七日），《鸦片战争档案史料》第七册，第283页。

8. 故宫博物院文献馆编：《史料旬刊》，1931年第31—39期，第302页。

9. 《福建学政黄赞汤奏陈地方官须廉明公正中外方能相安片》（道光三十年八月初四日），《鸦片战争档案史料》第七册，第1013页。

10. （英）兰宁、库寿龄著，朱华译：《上海史》（第一卷），上海书店出版社2020年版，第257页。

11. （美）霍塞著，越裔译：《出卖上海滩》，上海书店出版社2000年版，第11页。

12. （美）马士著：《中华帝国对外关系史》第1卷，上海书店出版社2006年版，第400—401页。

13. （英）兰宁、库寿龄著：《上海史》，译文见上海社会科学院历史研究所编《上海小刀会起义史料汇编》，上海人民出版社1980年版，第753页。

14. （美）泰勒·丹涅特著，姚曾廙译：《美国人在东亚》，商务印书馆1962年版，第158—159页。

15. 邵懿辰（1810—1861），字位西，一作蕙西，浙江仁和（今杭州）人。1831年举人，授内阁中书，后升刑部员外郎。1854年坐济宁府，以治河无功被撤职。1859年由安庆引疾归，家居养亲。1861年太平军围攻杭州，他助浙江巡抚王有龄对抗太平军，在战乱中身亡。他对经学颇有研究，撰有《礼经通论》《尚书传授同异考》《孝经通论》等。

16. （清）郭嵩焘：《郭嵩焘日记》第四卷，湖南人民出版社1983年版，第555页。

17. （清）王韬：《答包荇洲明经书》，《弢园尺牍》卷七。

18. （清）王韬：《答强弱论》，见《弢园文录外编》，上海书店出版社2002年版，第168页。

19. 石海山等著，朱荣发译：《挪威人在上海150年》，上海译文出版社2001年版，第70页。

20. 参见沈梦晴：《越界筑路与近代上海城市变迁（1862—1926）》，上海社会科学院硕士学位论文2005年，第19—24页。

21. （澳大利亚）马丁：《同魔鬼签定的合同：1925—1935年的青帮同法租界当局之间的关系》，载《上海研究论丛第三辑——上海：通往世界之桥（上）》，上海社会科学院出版社1989年版，第

121页。

22. 陶菊隐：《孤岛见闻——抗战时期的上海》，上海人民出版社1979年版，第4—5页。

23. 上海市档案馆编：《工部局董事会会议记录》第14册，上海古籍出版社2001年版，第587页。

24. （英）劳福德：《海关十年报告之五》，见徐雪筠等译编《上海近代社会经济发展概况（1882—1931）》，上海社会科学院出版社1985年版，第278页。

25. 徐新吾、黄汉民主编：《上海近代工业史》，上海社会科学院出版社1998年版，第140页。

26. （英）费唐：《费唐法官研究上海公共租界情形报告书》，载《稀见上海史志资料丛书》第8册，上海书店出版社2012年版，第378页。

27. 据称，1893年以前规模最大的华商行号都在上海设立代理机构，某些洋行的股份，至少有40％系中国人所有。见（美）罗兹·墨菲著，章克生译：《上海——现代中国的钥匙》，上海人民出版社1986年版，第7页。

28. （日）通口弘：《日本对华投资》，商务印书馆1959年版，第198—199页。

29. （美）罗兹·墨菲著，章克生译：《上海——现代中国的钥匙》，上海人民出版社1986年版，第200页。

30. 邹依仁：《旧上海人口变迁的研究》，上海人民出版社1980年版，第92页。

31. 上海市档案馆：《工部局董事会会议录》第5册，上海古籍出版社2001年版，第593页。

32. （英）费唐：《费唐法官研究上海公共租界情形报告书》，载《稀见上海史志资料丛书》第8册，上海书店出版社2012年版，第340页。

33. 王际昌、罗志儒：《上海社会研究的背景》，《国立中央研究院社会科学研究所丛刊》1929年第1期。

34. （英）费唐：《费唐法官研究上海公共租界情形报告书·法国商会陈述书》，载《稀见上海史志资料丛书》第8册，上海书店出版社2012年版，第367页。

35. （清）沈毓桂：《力辞中西书院掌教暨总司院务启》，《万国公报》第95册，1896年12月。

36. 有关学校名称，详见拙著《异质文化交织下的上海都市生活》，上海辞书出版社2008年版，第206页。

37. 《论西国学堂教习华童之善》，《申报》1894年2月2日。

38. 《论华人之习西学尚未得法》，《申报》1886年11月29日。

39. 《华人子弟不宜只习西文西语说》，《申报》1886年12月17日。俺皮西提，即ABCD；温多跌里，即one、two、three；别禽话，即洋泾浜英语（Pidgin English）。

40. 参见拙著《异质文化交织下的上海都市生活》，上海辞书出版社2008年版，第264—268页。

41. 邹振环：《西书中译史的名著时代在上海形成的原因及其文化意义》，《复旦学报（社会科学版）》1992年第3期。

42. 楼嘉军：《上海城市娱乐研究》，文汇出版社2008年版，第43、69页。

三

重视法治，信守契约

1

法治传统与居民自治

上海公共租界的工部局旗帜,中心图案由多国国旗图样合成

　　上海公共租界系英租界与美租界合并而成,但英租界建立更早,且公共租界在大多数时间里由英国人占主导地位。公共租界治理传统主要源自英国,其最突出之处在于自治传统。

　　公共租界与法租界是两类不同性质的租界。公共租界是共管租界,法租界是专管租界,管理方面的差异:一是共,一是专。法租界管理体制类似于总统制,法国总领事是法租界最高统治者,大权都在他手里。公共租界管理体制类似于内阁制,侨民来自世界各国,权力属于纳税人会议(先是租地人会议),具体行政事务由工部局处理,工部局董事由纳税人会议选举产生。工部局权力受到上海领事团的制约,上海领事团由相关国家的驻沪领事组成。

　　公共租界众多国家侨民混处一块,遇事需要比较复杂的会商程序,环节较多,其效率较专管租界为低,难度亦高,但是共处有共处的优势。诚如南非法官费唐所说,公共租界"联合之结果,可以增添实力,增加独立方法,而使外侨团体,非特对于

魔都上海的
魔力与魔性

MODU
SHANGHAIDE
MOLIYUMOXING

110

市政之担承，其规模能比其他地点分别管理之区域为大，其活动之范围，亦较为广阔，并可发展一种国际合作之习惯。此种习惯，自有其特殊之价值"[1]。这种习惯，最本质之处就是比较严格的法治。

公共租界从一开始，便将英国行之已久的市政管理法规移植到上海来。自1845年《上海土地章程》颁布之日起，英租界就实行了比较系统的法治。《上海土地章程》规定了租地范围、租地限制、租地方法、土地租金，也细致地规定了市政建设与管理条例，包括道路宽度、坟墓安排、治安管理等。章程载明，租地人在界内应行公众修补桥梁、修筑街道、添点路灯、添置水龙、种树护路、开沟放水、雇募更夫，其各项费用由各租户呈请领事官劝令会集公同商捐。所有更夫雇价，由商人与民人公平议定。如有在此界内赌博、酗酒、匪徒滋事、扰害商人者，由领事官照会地方官照例办理，以示惩儆。章程规定，界内不得搭盖易烧房屋如草棚、竹屋、板房等，不得收藏危险可以伤人货物，如火药、硝磺及多存火酒等，不得占塞公路，如造房搭架、檐头突出、长堆货物等，并不得令人不便，如堆积污秽沟渠流出路上、无故吵闹喧嚷等。如火药、硝磺、火酒等物运到上海，必须会同在界内距住房、栈房较远之处公议一地，以备存贮而防疏失。《上海土地章程》后来有两次重要的修订，一次是1854年，另一次是1869年，相关规定越来越细，也越来越严。

上海公共租界有一立法机构，即纳税人会议。其前身是租地人会议，成立于1846年，由英租界租地人组成，1869年扩大为纳税人会议。凡是置有一定价值地产，或缴纳一定数额房地捐者，即有资格在纳税人会议上投票选举董事会董事。这是租界的最高权力机构，凡是租界的重大事项，包括租界制度变更、重大市政工程等，均需经纳税人会议表决通过之后，才能付诸实施。纳税人会议有两种形式：一种是年会，每年定期举行，议事内容包括：（1）批准工部局的预算；（2）通过工部局的

上海公共租界巡捕。图片由于吉星提供

上海公共租界巡捕。图片由于吉星提供

决算；（3）征收捐税；（4）选举地产委员会；（5）选举工部局董事会董事。另一种是纳税人特别会议，以特别事项临时召集，主要是批准工部局建议的附律和与市政相关的决议等。

工部局是租界的决策与执行机构，由董事会与各行政职能部门组成。董事会由租地人会议选举产生，由7~9名董事组成，设总董1人，总董从当选董事中推选产生。董事会通常是每周召开会议一次，就具体市政问题进行讨论并做出决定，诸如筑路、造桥、设立路灯等，类似于办公会议。工部局设有各种委员会，如道路、码头、税务、警务委员会等，为董事会的决策提

魔都上海的
魔力与魔性

MODU
SHANGHAIDE
MOLIYUMOXING

112

供咨询。工部局下设财务处、工务处、警务处、卫生处、教育处等行政职能部门，执行工部局董事会的各项决策。

特别值得指出的是，工部局在城市管理中高度重视法规建设与落实。

租界创设人行道，实行人车分道；规范路名，竖立路牌，南北向干道用中国省的名称命名，东西向干道用中国城市的名称命名，每一条街道路角竖立写有中英两种文字的路牌；加强对道路设施的维护，规定对擅取、私行改动铺砌之砖石者进行罚款；沿袭英国习惯，规定凡行走于租界道路的马车、轿子、小车等，一律左去右来。1891年以后，鉴于福州路一带道路日益拥挤，在福州路、福建路、山西路、南京路等处，实行马车、东洋车单向行驶规则，并规定载货小车、手推车不准在南京路行走。租界禁止在公共道路上堆放杂物，违者罚款；定时打扫界内主要街道；规定倾倒垃圾的时间，一律在早上9点以前，超过期限，一律送罚；成立管理粪秽机构，负责界内住宅垃圾清除、马房监管及道路清扫；建造公共厕所；添置垃圾桶。1893年，工部局设立卫生委员会，由卫生官、工程师、总巡捕和卫生稽查员组成，负责研究任何影响租界卫生的问题。所有这些，都建立规则在前，贯彻执行在后。

针对租界市政快速发展的实际情况，工部局每隔几年便对有关管理规则进行适当修改。1903年，工部局制订详细的《巡捕房章程》与《治安章程》，使得市政管理走上细密化、法制化、正规化轨道。《巡捕房章程》规定巡捕管辖内容有30项之多，包括电石、脚踏车、地毯、牲畜、羽毛、救火、燃放爆竹、垃圾、违章拘人、淫秽招贴、火油、风筝、抽收厘捐、各种彩票、自来火、泥土、建造房屋、修理房屋、筑造驳岸、开掘马路或街弄之地、搭凉棚、置招牌、挑运泥土、婚丧及赛会、硝磺、马路章程等，相当具体。有的一项规定中，还有很多细目，如"马路章程"项目下面，就有17条细目，包括驾车者如何超越它车、装载重物之车与一般车辆如何在合适车道行驶、车辆转弯应当注意事项、车辆向左转弯与向右转弯有何区别、交叉路口车辆行驶应当注意事项、店铺门口与住宅门口如何停车、驾车之人如何服从巡捕管束等,都有极为细致的规定。《治安章程》共25款117条细目,涉及租界内客栈、大小餐馆、大小弹子房、驳船、渡船、货车、出卖洋酒店铺、马车行、自用马车、机器车、自用东洋车、小火轮、外国戏馆、马戏场、歌唱、跳舞及赛会等处、客栈、当押铺、茶馆、酒馆等,对于这类场所如何申请照会、如何经营、如何纳税、如何确保安全、如何维持秩序,均作了相当具体的规定。

　　租界对于所颁布的管理措施,严格执行。对于不能遵守相关规定的居民,采取强制性措施。比如,1861年,每天就有50人受雇清扫租界街道,以后随着租界的扩大而不断增多。对于不守规则乱堆垃圾者,工部局先是书面通知改正,无效后提出控告,再无效则出面清除,然后向业主收取清理费用。1872年10月,王阿保等十余人,违反工部局关于挑粪过街必须加盖桶盖的规定,挑着无盖粪桶悠然过街,并不听巡捕劝阻,结果被拿送会审公廨,各拘留一天[2]。同年,某君竟然在美国公馆门口便溺,并欲大便,会审公廨以其情节严重,判罚枷号3日,以示惩儆。[3]1873年,某君将垃圾倒入河中,被管垃圾者阻挡,不料这位乱倒垃圾者既不服理,反肆殴辱,会审公廨以其情节恶劣,判罚洋钱2元。[4]

　　为了增强租界居民的法治意识,工部局年复一年、不厌其烦地进行市政法规教育,将各种市政法规发布在报刊上,张贴于公共场所,还派人逐门逐户地送到居民家中。1876年葛元煦写的《沪游杂记》,就摘录了工部局的20条禁令,涉及如何行车、如何倾倒垃圾、不准随地大小便、禁卖臭坏鱼肉、不准肩舆挑抬沿路叫喝、严禁施放鞭炮等。1894年,一位居民谈到他在家中收到工部局告示后的感想。他说:工部局的告示载明倾倒垃圾的具体时间,要求所有居民严格遵守。这位居民在上海

魔都上海的
魔力与魔性

MODU
SHANGHAIDE
MOLIYUMOXING

114

生活已经20多年，工部局每年都会这么教育居民，一是因为有些居民是新近来沪的，对以前的规矩不甚明了；二是即使对于老的住户，不断提醒仍有必要。[5]

特别需要强调的是，租界法治的覆盖面极其广泛。从《上海土地章程》开始，各门各类的章程、规则次第制订，租地有章程，道路建筑有章程，马车行使有章程，码头设施有章程，行船靠岸有章程，倾倒垃圾有规定，贮存火油有规定，戏院设施有规定，食品检疫有规定，开办公司有规则，缴捐纳税有规则，开会议事有规则，投票选举有规则，法庭审判有规定……从生活到生产，从经济到政治，事无巨细，均有成套的规章制度。各类规则不定则已，一旦制订颁布，便坚决贯彻执行。

通过无所不在、密如蛛网、环环相扣、相互制约的法治系统，经过月复一月、年复一年、软硬兼施、不厌其烦的法治规训，使得上海人懂得违纪犯法的高昂成本与无穷弊害，养成遵纪守法的优良传统，将一批又一批刚刚离开农村、自由散漫的乡民，规训为遵纪守法、循规蹈矩的市民。

工商社会的生产方式，大城市的生活方式，对于培育人们遵纪守法的习惯，具有至关重要的作用。分工细密的大生产，人口高度集聚的大都市，特别是那些按时上班、按时下班、终日工作在洋大班、拿摩温严格监视之下，以大机器为工作基础、以流水线为工作特点的产业工人，更易于养成遵纪守法、循规蹈矩的特性。这种生产方式对于人的自由而全面的发展来说，自是一种负面因素，但是对于一个健康有序的良善社会来说，则具有极为重要的正面价值。诚如亚当·斯密所说："一旦商业在一个国家兴盛起来，它便带来了重诺言、守时间的习惯。"[6]工业化、城市化、现代化的综合作用，使得近代上海居民形成重然诺、守法规的特性。民国初年，寓沪多年的一位常州人这样描述上海人："历经英人熏蒸陶育之余，知识与程度虽犹是陋劣不可名状，服从法律习惯则已较胜于内地。"[7]

2

四类司法机构

近代上海先后存在过四类司法机构，即中国官府法庭、领事法庭、会审公廨、领事公堂等。就司法形态而言，这四类机构分为两种，即单一法庭与混合法庭，独立司法与协商司法。领事法庭与中国官府法庭，都是单一法庭，独立司法；领事公堂与会审公廨则是混合法庭与协商司法。

中国官府法庭，即县衙门，在上海开埠以前业已存在，开埠以后继续存在。

领事法庭是设在租界的外国司法机构。英、美、法、日、意、俄、荷、挪威、葡萄牙、西班牙、瑞典、瑞士、巴西等国在上海租界都设有领事法庭，主要依据本国法律来审理其在华人士作为民刑事被告的案件，其审判官大都由领事兼任。随着商贸及法律事务的不断增多，英、美两国分别在租界设立高等法院。领事法庭与外国在上海设立的高等法院，都是领事裁判权的产物，都是对中国司法主权的侵夺。

领事公堂始设于1882年，为在沪各国领事联合构成的法庭，审理人员由各国领事组成，最初是三人，后来为五人，专门受理以工部局作为被告的民事案件。这一机构在当时中国与世界上都独一无二。这是一个行政法庭，具有国际性，但并没有一个完整的、各国领事共同认可的法律文本，上海租界也没有为此制订过任何专门的法律条文。审理案件时，法官只能根据自己的司法理念与经验做出判断，因此来自不同国家、不同文化背景下的法律观念在这里都能起一些作用。

魔都上海的
魔力与魔性

MODU
SHANGHAIDE
MOLIYUMOXING

116

领事公堂并不是虚设的，而是确实起到一些制约作用。据统计，1882—1941年的近60年间，领事公堂受理案件凡55件，其中，工部局败诉23件，胜诉7件，驳回起诉10件，庭外结案5件，其他未决、无记录、自然结案等共10件。[8]1911年，上海著名士绅李平书诉工部局阻止闸北水电公司在虬江路一带铺设水管，将工部局告上领事公堂，结果工部局被判处必须发放许可证。这表明，这类混合司法机构不但可以运行，而且有效。

3

会审公廨与协商司法

会审公廨有两个：一是公共租界会审公廨，二是法租界会审公廨，均于1869年正式设立。两个会审公廨都是中国政府设在租界的司法机构，本应属于中国官员独立司法的单一法庭，但是在列强的强力干预下，都在事实上变成了协商司法的混合法庭。影响这一机构性质演变的因素颇多，其中最重要的、也是最关键的是司法理念的差异与司法效果的悬殊。

1853年以前，租界内司法是华洋分理。外国侨民与中国人之间的案件，如遇该国侨民为被告，应交该国领事处理；凡该国侨民相互之间的案件，中国官厅不必过问；凡中国人之间案件，自归中国政府审理。1853年华洋混处以后，鉴于上海地方政府无暇顾及租界内司法，外国领事和租界当局自动担负起界内司法管理。英、美租界内，华人的违警案件和民刑案件，除将案情十分重大者移送华官外，概由英、美领事受理。1855年以

晚清会审公廨

上海公共租界会审公廨衙门。图片由项慧芳提供

后，随着上海地方政权的恢复，外国领事一度将对华人审判权力移交给上海地方政府。但是，英国领事和租界当局对于上海地方官的司法状况相当不满，认为上海地方官审案不认真、执法不到位，致使许多诉讼徒有虚名，不少罪犯稍事拘留即行释放，复回租界犯罪如故。这种司法模式，法官是中国官员，而司法后果则由租界承担，司法有效与否、公正与否，直接影响到租界的治安。这种司法主体与司法后果相分离，自然为租界所不满。于是，1864年以后有会审衙门的出现，到1869年两租界都

魔都上海的
魔力与魔性

MODU
SHANGHAIDE
MOLIYUMOXING

118

正式成立了会审公廨。

会审公廨适用的法律惯例，虽然条约上规定适用中国之法律惯例，但由于晚清中国缺乏完全施行力的法律，可循的惯例也不多，所以公廨判案每每听从外国会审官之主张，参酌外国法理习惯。公廨实质上适用的是中、西两种法律。中国谳员依据的是中国法律，外国领事依据的是西方法律。两种法律混用在同一个法庭上，矛盾自然会经常发生，这个时候采取的办法就是协商。比如，对于笞杖这一中国传统刑罚，会审公廨在外国陪审官影响下，使用就比较谨慎。从1878年4月1日到1880年7月31日的28个月中，公共租界会审公廨仅在47个案件中责打人犯。会审公廨还采取变通枷号的办法，减轻木枷重量，将示众地点选在可避风雨之处，并允许受刑者回家吃饭、睡觉，第二天早饭后再重新枷号。这些都是在矛盾中变通的结果。

会审公廨规定适用西方律师辩护制度，无论民事、刑事案件，华人都可以聘请律师辩护。这是重大的司法改革，在中国司法传统中没有先例。中国传统司法文化中，只有"讼师"，而无律师。"讼师"与"律师"，一字之差，而有本质不同。讼师以帮助诉讼当事人拟定诉状、介绍诉讼程序和注意事项为业，在社会评价中多为负面形象。传统中国向以"无讼"作为社会秩序良好的价值取向，以"健讼"作为刁民难治的表现，而将讼师"教唆词讼"作为重罪加以惩处。律师则完全是从西方传入的新概念、新职业，必须具备一定的法律专业知识，以提供法律服务为职能，受国家保护和管理。中国传统衙门在审判案件过程中，审判官员实行纠问式审判，决不允许第三者在公堂上为当事人辩护。会审公廨很早就引进了律师制度。早在1866年10月，洋泾浜北首理事衙门开庭审判时，已有华方当事人聘请英国律师为其代理人，出庭为其辩护。[9]到了19世纪70年代，会审公廨在审判华洋混合案件时，已明确允许原、被告双方延请律师出庭辩护。

会审公廨引进和确立了一系列新式审判原则。中国传统审判制度的一大弊政，是对于诉讼审判程序的漠视和审判辅助机构的缺失，这不仅难以有效维护司法正义，还经常出现因词讼之累而"破家败业"之事。尽管会审公廨章程中有"照中国常例审讯"的规定，但由于有洋员参加会审，洋员在公廨中的发言权逐渐加大，因此在审判程序和审断方式上，多有模仿西方之处。比如起诉方面，民事诉讼一般要求填写诉状，提交会审公廨检察处。诉状由自己填写，也可以由律师，或由书函委托合法之代理人填写，认可了诉讼代理制度。审讯时，一般先由原告陈述起诉理由，提出凭证，或举出证人令其作供，然后由被告答辩，提出人证，经会审官协议，认为案情已臻明了者，即宣告判决。对于民刑案件的审讯和判决，除部分不宜公开者外，一般也公开行之。

会审公廨适用的文字也是汉文、英文或法文兼用。关于刑事案件的审理，自公共租界捕房查核案情后，以英、汉两种文字摘记起诉理由，提出起诉书各一通，英文由外国会审官查阅，汉文由中国会审官查阅，先以有关系之侦探或巡捕供述，次则原告或证人陈述，然后开始审理被告，华洋会审官会同判决。其判决之要领，外国会审官以英文记入英文起诉书之判决栏内，中国会审官以汉文记入于汉文起诉书之判决栏内。关于民事案件，如系会审，亦以中、英文分别记录判决词。[10]

公共租界会审公廨审理案件，中、英文为普通用语，法租界会审公廨以中、法文为普通用语。如果被害人及证人为日本人，被告为华人，而探查犯罪的是中国巡捕、或印度巡捕、或日本人侦探、或英国人侦探，则在法庭上被害人及证人用日文陈述，余人可以用中文、印度语、日文或英文陈述，而通以英文译出。辩护律师可以视原告、被告情况而决定使用何种语言，英文、中文、日文均可，需有翻译。[11]

公廨的外国辩护律师，须获得该国驻沪总领事或领事的许

魔都上海的
魔力与魔性

MODU
SHANGHAIDE
MOLIYUMOXING

120

可证明。民国初年，中国辩护律师须得中国官府的许可证明，应
具相当之法律知识，最好能兼通中、英两国语言。但是外国律
师能兼通中文者少，所以外国律师出庭时，通常请华人翻译。法
租界会审公廨不准不通法语的律师出庭，所以在法租界出庭的
律师不多。[12]

4

契约意识，诚信至上

　　租界实行的法治管理，对于养成上海居民遵纪守法的传
统，具有潜移默化的作用。法治管理的本质是契约意识。管理
者对法规的制订，被管理者对法规的认可，这个过程完成以后
其实就确立了管理者与被管理者之间的契约关系。被管理者接
受法规的约束，并不是接受管理者的约束。管理者与被管理者
的目标，都是指向城市的有序、卫生。因此，凡是法治健全的城
市，对于居民契约意识的养成必然具有正相关联系。

　　近代上海作为大型陌生人社会，对于养成居民的契约意识
也有直接关系。所谓"契约"，指的是商业活动中，双方当事人
在意思达成一致的基础上形成的约定，该约定对双方都有约束
力，当事人应自觉履行。契约意识是商业活动的当事人必须具
备的最起码素质，也是商业活动的基本规则。传统的农耕社会
是熟悉人社会、小型社会，维系个人之间信用的纽带，是彼此熟
悉的心照不宣的背景、能力与品德，现代的工商社会是陌生人
社会、大型社会，每个人对所接触人群能够知根知底的都极其

有限，维系相互之间信用关系的纽带只能是契约。口说无凭，立约为据，因为口说难以验证，而契约可以为证。

开埠以后，重视信誉、重视契约很快成为上海的重要传统。在上海从事商业活动的中外商人，自然会有各种各样的欺诈行为，形形色色的《上海指南》《上海门径》，总是告诫新来上海的外地人不要轻易相信陌生人，要提防各种各样的骗子。但是，上海工商社会作为高度开放的系统，自身会产生规范与净化的机能。充分自由竞争的市场，必然要淘汰短视的欺诈，毕竟信誉是企业的生命线，也是个人的立身之本。在充分竞争的市场中，是否诚信不仅是道德问题，更是生存问题。

民国时期，上海就有专门的企业信誉调查机构，各大银行也有专门负责调查企业信誉的部门搜集企业信誉方面的信息，以确保放款的安全。陈光甫管理上海银行，特别重视对于客户的信用调查。陈光甫一再告诫员工，对于客户调查，务必注重三个C字，即Capital（资产）、Capability（能力）、Character（人格），三者不可缺一。因有资产、能力而无人格，债权、债务之收支绝不爽直；有人格、能力而无资产，亦是心有余而力不足；有人格、资产而无能力，则事业必归于失败。凡三者兼备者均可列入上海银行信用记录的第一级，也即最安全等级。不光金融业务，其实任何商业往来都与信用有关。与此相伴，各种契约、合同、章程、担保、定金等建立信用关系的物化手段与商业形式，发育得相当完备。1932年3月，中国银行、上海商业储蓄银行、浙江兴业银行与浙江实业银行等，联合发起成立中国信用社，研究征信问题与调查方法，随后组成信用调查机构，调查工商业的信用和市场动态。同年6月6日，中国征信所成立，上海各华商银行大多成为基本会员。征信所业务主要有：调查工厂、商号、个人之身家事业财产信用；调查市场状况；发行信用调查报告书、工商行名录，及其他刊物。银行是工商系统中的枢纽机构，银行系统在征信方面所做的努力，

魔都上海的
魔力与魔性

MODU
SHANGHAIDE
MOLIYUMOXING

122

对于规范市场秩序、防范违规行为、提升诚信的正面价值，推进整个社会的诚信建设，具有牵一发而动全身的关键作用。征信系统的建立、健全与广泛运用，使得个人或经济社会法人的诚信记录，转化为可以兑现的声誉资本，声誉好就能贷到款，买到货，生意兴隆，四通八达。反之，声誉差则捉襟见肘，亲离朋散，举步维艰。

诚信是个人、群体及各类法人安身立命的基石。"诚"之本义为真实、真切，"信"之本义是求真、守诚。诚信作为道德准则和行为规范，其特征是不自欺、不欺人、言而有信、实事求是，其作用是调节人与人、个人与社会之间的关系，维持社会的正常秩序。任何社会都离不开诚信，但是生活在不同环境、不同社会结构中的人，其不诚不信、弄虚作假的社会成本并不一样。不同的生活环境、不同的社会结构中对于诚信与否的制约方式与制约强度也很不一样。农耕社会中，人与自然的关系，主要是人与土地的关系，个体社会活动半径小，社会交往范围小，其行为受熟人社会的道德制约强度大，不诚不信、弄虚作假的社会成本高、时效长，一朝失信，可能贻患终生，甚至连累整个家庭、家族。工商社会中，人与自然的关系，主要是人与广场的关系，个体社会活动半径大，社会交往范围大，社会交往对象复杂，其行为受熟人社会的道德制约强度低，短时间不诚不信、弄虚作假的社会成本可能很低。这是工商社会坑蒙拐骗等现象多发的原因。诚如1930年一篇文章所说："城市公众对于个人的压力很弱。在乡村里面，居民不敢作恶，因为一作恶，个个人会唾弃之，且族长有驱逐之权，以除害群之马。公众对于作恶者压力之大，甚于一切。城市居民则不然，张三不识李四的底细，即使李四犯了罪恶，可躲居他处，无人干涉，毫无公众的压力，因此易于犯罪。"[13] 但是，工商社会调节个人、群体及各类法人之间关系最基本、最普遍、最深远的，还是诚信。

"人而无信，不知其可也。大车无輗，小车无軏，其何以行之

虹口菜场

上海盂兰盆会。图片采自《图画日报》

上海街头人力车。图片由于吉星提供

魔都上海的
魔力与魔性

MODU
SHANGHAIDE
MOLIYUMOXING

124

哉？"[14]无论个人、群体还是各类法人，一旦诚信缺失，便难以立足于社会。同业公会要以诚信来调节内部关系，维持行业声誉，银行要以诚信来吸引客户、要求客户、制约客户，个人与企业、企业与企业之间，要通过合同等形式确保诚信。于是，诚信在都市生活中便成为无处不需、无往不在的刚性品质。

民国时期，上海工商界为了维护商业诚信，毅然抗拒北洋政府关于停止兑换白银的命令。1916年5月，袁世凯政府为了聚敛现银，下令各地中国银行、交通银行的分行停止用纸币兑换白银。这是公然剥夺人民财富、毁坏各地商业银行信誉的无耻行径。上海银行资本家宋汉章、张家璈等人认为，北洋政府如此决策无异宣布政府破产，丧尽国家元气，如果遵照命令，"则中国之银行将从此信用扫地，永无恢复之望，而中国整个金融组织，亦将无由脱离外商银行之桎梏"[15]于是，他们坚决抗命，联合同业照常兑付，维护了银行的声誉，维护了中国商人的利益，维护了整个国家的利益。

乡村熟人社会对于诚信的约束与维持，靠的是无形的道德，是一双双熟悉的眼神，一代代不绝的口碑。城市陌生人对于诚信的约束与维持，靠的是一张张担保，一份份合同，是有据可查的诚信记录。前者是柔性约束，后者是刚性约束。确保诚信得以维持的最为重要的系统，便是法规、法治，包括形形色色的章程、规则、规矩、纪律。著名实业家穆藕初总结自己的经商经历说："余自成童至今，垂三十余年。此三十余年中，思想变迁，政体改革。向之商业交际，以信用作保证者，今则由信用而逐渐变迁，侧重在契约矣。盖交际广、范围大，非契约不足以保障之。"[16]

注 释

1. （英）费唐：《费唐法官研究上海公共租界情形报告书》第8册，上海书店出版社2012年版，第39页。

2. 《担粪宜用桶盖》，《申报》1872年10月26日。

3. 《作践租界荷枷》，《申报》1872年11月8日。

4. 《作践受罚》，《申报》1873年3月27日。

5. 《论工部局能尽其职》，《申报》1894年5月15日。

6. （英）坎南（Edwin Cannan）编，陈福生、陈振骅译：《亚当·斯密关于法律、警察、岁入及军备的演讲》，商务印书馆2011年版，第265页。

7. 姚公鹤：《上海闲话》，上海古籍出版社1989年版，第46页。

8. 孙慧：《试论上海公共租界的领事公堂》，载马长林主编《租界里的上海》，上海社会科学院出版社2003年版，第227页。

9. 陈同：《略论近代上海外籍律师的法律活动及影响》，《史林》2005年第3期。

10. （日）西田耕一著，许光世译：《上海会审衙门制度》，载姚之鹤编《华洋诉讼例案汇编》下册，上海商务印书馆1915年版，第778页。

11. 同上书，第788页。

12. 同上书，第790页。

13. 顾毓方：《城市是罪恶的渊薮抑是文化的中心点》，《无锡市政》1930年第5期。

14. 《论语·为政》。

15. 姚崧龄：《张公权先生年谱初稿》上册，台北传记文学出版社1982年版，第27页。

16. 穆藕初：《藕初五十自述》"自叙"，见穆家修等编《穆藕初文集（增订本）》，上海古籍出版社2011年版，第3页。

四

不甘落伍，自尊自强

1

不甘人后，勇立潮头

两次鸦片战争，充分显示了西洋坚船利炮的威力。不甘落伍的中国志士仁人，从林则徐、魏源到冯桂芬、容闳，都以不同方式提出仿造西洋船炮的建议。同治、光绪年间，这件事终于开始付诸实践。清政府陆续在上海兴建了江南制造局、上海轮船招商局与上海电报局。

江南制造局

1865年，李鸿章获悉上海虹口有洋人铁厂一座，能修造大小轮船及开花炮、洋枪各件，为上海外国人所办工厂中最大者，经奏请清政府批准，将此厂购买下来，改名"江南机器制造总局"，简称"江南制造局"。两年后，工厂迁至上海城南黄浦江边的高昌庙，扩充面积，增加功能，快速发展。初建有机器厂、洋枪厂、汽炉厂、铸铜铁厂等，后来持续扩大，继建有轮船厂、船坞、翻译馆、汽锤厂等。到1899年，该厂已有工匠2821人之多；厂所分设30余处，厂屋1960余间，汽机锅炉30余座，大小机器885部，为中国最大兵工厂。其生产系统分为3类；一是制造机器，二是以制造轮船为主，三是以生产枪炮弹药等军火为主。

此类工厂，对于中国来说是从无到有，一切从零开始，所以购买洋机器、使用洋图纸、聘请洋人工程师，势所必然，不可避免。但是，上海的造船工业、军事工业从此迈开坚实的一

魔都上海的
魔力与魔性

MODU
SHANGHAIDE
MOLIYUMOXING

128

步，中国的科技人员、管理人员也从中学习了知识，锻炼了才干。1868—1884年，中国工程师徐寿主持了10多艘兵轮的设计与建造，从明轮到暗轮，从木壳到铁甲，从600吨位到2800吨位，为中国人自己建造轮船作出了巨大贡献。1868年建成的"恬吉"号（后避光绪皇帝讳"载湉"，改名"惠吉"号），是中国自己建造的第一艘木质机动兵轮，船长185尺，宽27.2尺，马力392匹，载重600吨。船身木质，锅炉自造，主机用外国旧机器改装。试航时，船上插一面黄龙旗，当时整个上海为之轰动。上海道官员、局中总办、轮船委员和中外匠工均参加了试航典礼。兵船从上海船厂驶至金陵，两江总督曾国藩邀请彭玉麟在金陵下关登船试航，称赞此船"又快又稳，坚硬灵便"。此后，江南制造局又建造了"海安""驭远"等多艘兵船，锅炉与主机都是自造，船上能装配26尊大炮，载容500名水兵。1876年，中国第一艘铁甲军舰"金瓯"号在江南制造局诞生。1905—1911年的六年间，江南厂造船136艘。1918年，造船厂为美国人建造了4艘万吨轮，这是中国人有史以来所造最大之船，也是中国从未签订过的最大造船合同。

上海轮船招商局

轮船招商局，简称"招商局"，是上海最早设立并由中国经营的轮船航运企业。以蒸汽为动力的大轮船，载重量大，吃水深，速度快。1872年，李鸿章派朱其昂拟定章程试办，1873年重订章程，招商集股，正式成立。初由朱其昂任总办，朱其诏、李振玉任会办，旋又有唐廷枢、徐润等出任会办。

唐廷枢、徐润均出身于洋行买办，熟悉航运业务。他们经营招商局，效法西方企业，按照资本主义方式进行管理，广招股份，扩大营业，着手组建各口岸分支机构，除在上海设立总局和天津设立分局外，又相继在国内外10多处设立分局。在他

轮船招商局

们经营下，招商局与当时英美轮运企业展开激烈的竞争。最明显的表现是互相跌价竞争。招商局有清政府支持，靠漕运专利、回空免税和官款的协济，尤其是国内商人的广泛支持，依然能获得比外国轮船公司更多的货运营利，因此实力逐年上升。创办三年，在挽回利权方面效果显著，至少有1300余万两银，本来会被外洋轮船赚取的，现在已被招商局赚取。在激烈的竞争中，太古等外商公司利润大减，美商旗昌轮船公司股票价格大幅下降。1877年，旗昌轮船公司被迫售于轮船招商局。并购美商旗昌轮船公司后，招商局实力得到极大提升，一跃成为其时中国水域中最大的轮船航运公司。

招商局后因内部管理不善，外部受外资在华航运企业的排挤打击，经营一度难以维持。曾与英商太古、怡和等公司多次订立"齐价"合同，划一客货运价格，确立水脚收入分配方案。1885年，盛宣怀奉命加以整顿，出任招商局总办，由"官商合办"改为"官督商办"。1909年，招商局经改组划归清邮传部管辖，同年改为商办。1929年改隶国民政府，1932年归属交通

魔都上海的
魔力与魔性

MODU
SHANGHAIDE
MOLIYUMOXING

130

部，同年又改为国营。抗日战争时期，招商总局先迁香港，后移重庆，战后迁回上海。至1947年9月，招商局共有船466艘，计22万余吨。1949年后收归国有。

上海电报局

电报的发明和利用，在于打破时间与空间对人类信息传播的限制，是近代科学技术发展和产业革命的成果。从国家层面看，电报的广泛使用，涉及政治、经济、军事、社会、文化、科学技术各个方面，属于国之重器的范畴。1871年4月，丹麦大北电报公司敷设香港至上海的电报水线，并在外滩设立报房，收发沪港及国际电报，为中国最早出现的外商电信机构。同年6月，大北公司又从日本长崎敷设第二条水线至上海。这样，中国初步形成以上海为中心的国际电报通信网。此后，英、美、德、日等国相继在上海设立电信机构，经营电报业务，使上海电报业务逐渐发达起来。

为改变外国电报公司独占市场的状况，清政府决定自办电报。1880年，李鸿章在天津设立电报总局，由盛宣怀主持，另在紫竹林、大沽口、济宁、清江浦、镇江、苏州、上海7处设分局。上海分局由郑观应任总办，经元善任会办。1881年12月28日，国内第一条长途公众电报线路津沪电路正式开通，上海电报局对外营业，收发官商电报，此为中国自办电信事业的开端。1884年春，电报总局由津迁沪，由盛宣怀任督办。此后，上海通向苏、浙、闽、粤及鄂、川等电报线路相继建成开通，国内电报通信汇接网初步形成，上海由此成为全国电报通信的中心。

此后十多年，电报在传递消息，流通情报，商量军国大事和外交贸易等方面的作用日益明显，且架设电线所需时间和费用并不是太多，在官方、民间和多种力量的共同努力下，中国在电线架设方面取得很大成绩。到1892年，东北可达吉林、黑龙江俄界，西北可达甘肃、新疆，东南可达福建、广东、台湾，西南则达广西、云南，遍布22个行省，到处可通电报。一些主要的交通枢纽和商业城市，已通过电线连成电报网络，"殊方万里，呼吸可通"。

上海电报局在晚清诸多洋务企业中，是经营比较成功的一家。考其原因，与沪局总办经元善善于学习、善于管理、廉洁奉公有密切关系。他于1882年被任为上海电报局总办，一直到1900年因事去职，在任18年，一直兢兢业业，为上海电报局的发展作出了重要贡献。

他严格管理制度。上海电报局在认真执行电报总局相关规章制度的同时，结合上海实际情况，加强对电报局的内部管理，制定了报房管理、电路管理、质量管理、设备维护管理、人事管理、经营管理等各项规章制度。

他重视任用精通业务、素质优秀的人员。电报局的骨干，很多有留学美国背景，为留美幼童归国人员，如牛尚周、卓仁志、陆德彰、唐露园等于1881年归国后，适逢中国发展电报事业，遂入局成为骨干。电报局技术人才，全部经过专业培训。1882年，电报总局设立上海电报学堂，招收学员，学习通报技术。电报学堂严格挑选外国技术专家充任教习，注意学生实际能力的培养，制定了比较完善的管理与考核章程。

他深通经营之道，在吸收、扩展电报用户、扩大电报服务范围方面，至为用心。他制订报费随行就市原则，在风气未开之时，华文报费减三分之二，只收原价的三分之一，以便吸引用户。一年以后，民用电报风气渐开，他才将华文报费增加到应有的价格。营业时间方面，他尽可能为顾客考虑，规定为每日早晨七点钟开报，晚至九点钟停止。在电报局利润分配方面，他主张多留积累，少分花红，增加股息，也奖励了职工，做到企业、股东和职工三方同时得益。

正是在经元善的积极经营下，上海电报局业务发展迅速，

魔都上海的

魔力与魔性

MODU
SHANGHAIDE
MOLIYUMOXING

132

经营业务不断扩大，电网布及全国和主要商埠，经营和收益都是当时洋务企业中最成功的一家。

民国时期，上海民营工业得到很大发展。民营企业家锐意创新，成就卓著。购买先进机器，聘请懂行技师，扩大生产能力，提升产品质量，是近代上海民族企业家共同的创新路径。吴蕴初所办民族化工企业、顾兆桢所办民族塑料企业、李允成所办之氧气工业，都是突出的代表。

吴蕴初（1891—1953），江苏嘉定（今属上海）人，青年时期在上海兵工专门学校学习化学、教授化学。1921年与人合办生产火柴原料的化学公司，走上创业之路。1922年对日本调味粉"味の素"进行化学分析后，获得廉价成批生产方法。1923年，参与创办天厨味精厂，任经理，以半机器半手工方式，生产"佛手"牌味精，物美价廉，销路日广。他懂技术，善经营，兼之其时抵制日货运动风起云涌，产品以"佛手"为商标，在市场上逐渐取代日本的"味の素"，先后在美国、西班牙、比利时等国际博览会上获奖，还获得英、美、法三国政府批准的出口专利保护权。此后，以发明费及技术抵偿费入股，改组成立合伙公司，扩大生产规模，产量从1923年的3000千克猛升到1928年5.1万千克。

延伸生产链，是产业创新的重要途径。为使生产味精的主要原料盐酸不再依赖国外进口，1929年天厨集资组建天原电化厂股份有限公司。取名"天原"，即为天厨提供原料之意。他斥资8万元，购进法国远东化学公司设在越南海防的生产盐酸设备——120只爱伦·摩尔式电解槽，又以1万银元的高额酬金，聘请该公司法籍工程师班纳负责拆运、安装、试车工作。1930年投产，产品有烧碱、盐酸、漂白粉，标志中国开始有了自己的氯碱工业，打破了英商卜内门公司垄断中国碱业市场的局面。1935年，为解决天原产品所需的耐酸陶器，又开办天盛陶器厂，产品有多种耐酸陶管、瓷板、陶器阀门和鼓风机等。为了利用天原厂放空的氢气生产合成氨，集资开办天利氮气厂。至此，经对生产链的上端、下端持续延伸，吴蕴初创办的天厨、天原、天盛、天利四个轻重化学工业企业，形成经济实力雄厚的"天"字号企业集团。

为了增强企业发展的内涵与后劲，吴蕴初在1928年创办中华工业化学研究所，自任董事长，聘请著名化学家、浙江大学教授程瀛章博士为研究所所长，招聘多名研究员，研究化学工业专门问题。研究所还设立清寒教育基金会，培养了一批化工人才。

抗日战争全面爆发后，吴蕴初组织"天"字号四家工厂内迁，在重庆、宜宾建成天原电化厂和分厂，生产后方所需的产品，并在香港设立分厂。抗战结束后，吴蕴初返回上海，恢复了上海"天"字号企业的生产。

顾兆桢（1886—1966），江苏苏州人，幼年丧父，青年时来上海一家专营妇女服饰的洋货号当学徒，满师后组织家庭手工业，进行仿制。民国初年，改做机器制袜行业，与人合办胜德织造厂，意为"胜过德国"，自任经理，生产丝结边和花边。

第一次世界大战期间，日本利用欧美列强忙于大战无暇东顾之际，竭力向中国倾销商品，上海商界掀起抵制日货运动。顾兆桢所经营的胜德织造厂，与三友实业社、景纶汗衫厂、达丰织染厂等15家国货工业企业，发起组织上海机制国货工厂联合会，提倡国货，推动上海民族工业的发展。

为了摆脱原料进口的被动局面，1920年他派人去法国学习考察人造丝制造技术，发现工艺简单、投资少、收效快，而当时日本尚未生产酚醛树脂。遂于1921年，在织造厂内设置赛珍部，与留法技师许觊吾等人共同努力，成功研制出浇铸型酚醛树脂，俗称"人造象牙"。自此，新型塑料工业遂在国内萌生。日后，他多次赴日本取经，购置设备，试制成功乳酪素、胶木粉和电玉粉等塑料新品种。1932—1937年间，胶木粉产量从每天

魔都上海的
魔力与魔性

MODU
SHANGHAIDE
MOLIYUMOXING

134

几百磅增加到年产1000吨，改变了国内完全依赖进口的局面。人造象牙筷等制品，在国内市场上占统治地位，还远销中国香港、新加坡等地，被誉为胜德织造厂赛珍部的全盛时期。1948年，他看到美货热塑性塑料价格便宜，外形美观，颇受市场欢迎，便另组胜德新艺厂，专门生产这种塑料。又向洋商订购新型机器，改进制造工艺，降低生产成本，提高产品质量，使胜德新艺厂成为国内首家生产热塑制品和自行开模的工厂，顾兆桢由此成为中国塑料行业的先驱者。他总结自己创业经验时说："创办国人还没有经营过的企业固然冒着很大风险，但正由于还没有人经营过，就给我以抢先占领市场的机会。尤其是在洋货尚未在我国市场扎根之前。先有了中国产品，更有利于以后之竞争。"[1]

李允成（1903—1953），浙江奉化（今宁波市奉化区）人，毕业于上海澄衷中学，进上海恒昌祥机器造船厂工作，得老板资助，去英国留学8年，获硕士学位，加入英国造船工程师学会和伦敦航海学会，为英国皇家学会会员。回国后，任恒昌祥造船厂工程师，吴淞商船专科学校轮机系主任、上海交通大学教授。1933年，创办中国工业炼气股份有限公司。其时，上海造船工业、机械工业所需之氧气和乙炔气，均由法商东方修焊公司垄断。中国船厂用气价格昂贵，且备受刁难，李允成遂谋自办炼气工业。他与多家民族企业联合创建中国工业炼气股份有限公司，自任经理。东方公司得知此事，企图予以劝阻，表示中炼公司如停建氧气厂，一切损失愿加倍补偿，李等严词拒绝。中炼公司采用德国设备，使国产氧气问世，乙炔充灌装置顺利投产。东方公司以削价倾销氧气，旨在挤垮中炼公司。李等改善经营，降低成本、提高质量、加强服务，在竞争中站稳脚跟。东方公司又雇用流氓，在深夜向中炼公司制氧车间投掷炸弹，进行威胁和破坏。李等及时报警。全厂职工同仇敌忾，加强巡逻，加紧生产。通过竞争，中炼公司名气大振，"葫芦"牌氧气畅销全

申新纺织一厂

国。其后，中炼公司引进国外先进设备，生产电石，替代进口，成为国内最大的氧气生产厂家。李允成由此成为中国氧气工业、电石工业主要创始人。

民国时期，购买国外新型机器提升生产能力，是上海企业家的普遍选择。荣宗敬曾将荣家企业发达的秘诀归之于"设备力求更新"。1930年新建的申新八厂，装备的4万纱锭细纱机，全部是英国泼辣脱大牵伸式最新产品，在国内民族资本棉纺企业中名列前茅。南洋兄弟烟草公司上海总厂在20世纪20年代，将原有100多台日本制造的旧式卷烟机悉数淘汰，代之以87台美制新式卷烟机，生产效率倍增。永安纱厂在30年代初，引进德式电气白金烧毛机，性能远胜当时日资纱厂所用之煤气烧毛机。30年代初，刘国钧、刘靖基经营的常州大成纺织染公司，以厂房作抵押，向上海银行借贷大额款项，用于更新设备，添置丝光车、烘燥机、轧光机等，大幅度提升民族工业生产能力，使得大成厂成为国内同类企业中的佼佼者。经济学家马寅初感慨地说："像大成这样八年增长八倍的速度，在民族工业中实是一个罕见的奇迹。"上海鸿章纺织染工厂、义和袜厂、物华中国第一电机绸厂、华商东方针织厂、中华凤记玻璃厂等，无不注重机器更新，尽可能使用国际同行最优、最新机器。1920年的上海海关报告称，该年上海进口机器价值总计1250万两，比上年增加

魔都上海的
魔力与魔性

MODU
SHANGHAIDE
MOLIYUMOXING

136

90％，品种涉及棉纺织、造船、卷烟等。1925—1935年，中国进口机器净值共达5亿多银元，其中很大一部分留在上海使用。二三十年代时，江海关曾对上海270家经营较好的工厂进行调查，发现其中有146家工厂拥有从国外进口的机器，有8家工厂置备由上海仿制的中外机器设备，只有39家工厂仍旧采用中国旧式设备，仅占七分之一。与外埠相比，上海企业设备往往较新也较先进，这使得上海企业在生产中通常能保持领先地位。

创新，也包括善于利用国外专门人才。民族企业家曾提出积极利用外国专家的意见，认为"利用客卿不足耻，有客卿而不能用或用之不得其道，乃可耻耳，美国工厂昔时多用欧人，日本工厂尤多暂种之足迹。此用客卿之明效也"。[2]他们强调，由于中外技术上的差距，中国企业不得不利用他人数十年之经验。一些目光远大的企业，大胆援用国外技术人员，推进企业创新，提高产品档次。著名实业家胡西园（1897—1981）创办的国内第一家电灯厂——中国亚浦耳电器厂，在引进外国技术人才方面就很成功。1921年，胡西园在实验室中试制成中国第一只长丝白炽灯泡，但一时还不能批量投产。他除了自己继续钻研，又盘买一家由德商经营的灯泡厂，聘请该厂德国技术人员奥本任亚浦耳电器厂工程师，聘用日本技术人员来改良产品。于是，亚浦耳电器厂生产的白炽灯泡质量快速提升，"亚"字牌灯泡成为足以同外货一争高低的国货新产品。1926年，胡西园又试制成国产充气灯泡，在与美国"奇异"牌灯泡的竞争中胜出。上海梅林罐头食品公司，鉴于以往国货食品同业机械设备不周、制炼不精，难以与舶来货抗争，于是购置德国最新机械，聘请德国技师与留学回国富有经验之技师，主持制造事宜，终于出品精良，不特与舶来品并驾齐驱，且有过之而无不及。[3]

创新，还包括引进国外先进的管理模式。这方面，穆藕初是典型。

美国著名管理思想家泰勒（1856—1915），对科学管理有丰富经验，进行过认真的理论研究，1909年发表《科学管理原理》，奠定其"科学管理之父"的地位。其管理方法包含4个基本原则：（1）用科学方法决定每一位工人应做的工作与工作的方法；（2）用科学方法选择与训练职工；（3）造成管理者与职工之诚意合作，以达到科学方法的实施；（4）管理者与职工均担负责任。通过实施这一科学管理，最终达到人尽其才事适其人、力无虚耗物无浪费、增加效率减低成本、劳资合作均担责任。[4]泰勒开创的这一科学管理思想，被管理学界认为是从小农意识、小生产的思维方式转变为现代社会化大工业生产的思维方式的一场革命。[5]穆藕初在留学美国期间，泰勒管理思想正风靡一时，普遍地被美国企业界接受与推行。穆藕初接触到这一思想，与泰勒及其弟子有所接触，并到实施这一管理精神的农场作过调查，深为折服。回国以后，他与同事合译了泰勒的名著《科学管理原理》，并以《工厂适用学理的管理法》为题，于1916年由中华书局出版。他身体力行，在自己创办或出人合办的德大纱厂、厚生纱厂、豫丰纱厂等企业中，将这一科学管理理论付诸实践。

泰勒倡导的科学管理的实质，是通过对工人进行科学选拔，进行科学的职业训练，科学地规定工人的生产指标，科学地决定一系列标准化指标，在单位时间内尽量减少投入而增加产出，去掉工人劳动过程中的不必要动作，有效地提高每个工人的劳动效率。穆藕初结合中国国情，创造性地将这一科学管理方法引进企业。他从教育工人起步，亲自教纺纱厂女工如何节约时间，提高工作效率。教会之后，他将原来由两个女工看管的装着400锭纱机的一条细纱弄堂，交给一位女工负责。他原以为一个人看管这么一条弄堂绰绰有余，谁知试验结果与穆判断相反，参加试验的女工表示工作太吃力，做不下去。为什么会这样？穆藕初通过调查发现，就事实而论，一个人管400个锭子，完全没有问题，但这么一来就要使许多女工因个人效率提高而失业。工人本来富有同情心，即使能力强的，也不

魔都上海的

魔力与魔性

MODU
SHANGHAIDE
MOLIYUMOXING

138

愿且不敢做较多工作，而导致其他同伴失业。发现这一隐情之后，穆藕初便不再在减少人工方面着力，而是将节约出来的精力，用于减少废花方面。他定出一个办法，按废花的减少程度来酌加工资，借以奖励工作的勤慎。结果，这项措施成功了，工人数量没有减少，可是棉花浪费的程度却减低了。

穆藕初还将管理改革的重点放在体制、机制上。当时中国企业管理普遍分文场、武场，文场相当于账房，没有直接经营管理权；武场负责生产经营，权力集中于工头手中，技术人员权限甚小。工头制是以经验和管理人员的主观判断为依据，属于比较放任自流的管理方式。这种管理，在工作时间、原材料消耗、工具设备的使用等方面存在巨大漏洞。穆藕初果断地废除文场、武场制度，改行车间、科室制，科室领导车间，科室、车间负责人由工程师和科技人员担任，负责制订生产操作、原材料消耗、设备工具使用维修等各种技术操作的规范程序和指标。这样就加强了管理层的专业技术含量。穆藕初制定了一系列厂纪、厂规，要求一切职工的奖罚都必须依厂纪、厂规办事，从而把工头对工人的"人治"变成企业对工人的"法治"。他制作各种统计报表，要求工头定期填写，迫使工头懂得生产，由外行变成内行。规定工人进厂必须经过考试，虽然允许工头推荐工人，但被推荐者同样必须通过考试，这就从根本上解除了工人对工头的人身依附关系。[6]

穆藕初推行的科学管理，实质是将管理从企业主那里剥离出来，使得管理专门化、精细化、协同化、集约化，体现的是分工、精细、敬业、相互协同的精神，而这些精神恰恰是中国农耕社会所缺乏的或不够发达的。这一创新，取得了很大的成功。穆藕初自称，他的企业在业务繁荣的年度会比别的工厂盈利更多些，在业务不那么景气的年份亏损的会比别的工厂更少些。1922年，上海出版的英文《密勒氏评论报》通过读者投票的方式，选举中国最有影响的大人物。工商界入选者凡13人，穆藕初以第二名当选。

科学管理思想在民国时期很受重视。商务印书馆、荣家企业等大型企业都在不同程度上推行科学管理方法，都取得了一定的实效。特别是项康原在他的上海康元制罐股份有限公司采用科学管理法，实行成本会计制度，制订产量质量标准，规定较为合理的工作标准，建立起一套有关生产计划、产品开发、成本核算、设备维修、营销策略等的合理化管理体系。项康原的改革，提高了企业的素质和生产效率，在当时上海以至全国工业界都有较大的影响。

2

错位发展，智慧竞争

善于把握大局，审时度势，采取人无我有、错位发展的策略，是近代很多企业成功的奥秘。陈光甫经营上海银行与中国旅行社，黄楚九经营大世界娱乐场，马应彪等人经营的四大百货公司，都是这方面典型。

从银行家到中国近代旅游业创始人

陈光甫（1881—1976），江苏丹徒（今镇江市丹徒区）人，1904年留学美国，1909年毕业回国投身银行业。1915年在上海创办上海商业储蓄银行（简称"上海银行"），任总经理。其时上海银行林立，强手如云，陈光甫经营的上海银行开办资本

魔都上海的
魔力与魔性

MODU
SHANGHAIDE
MOLIYUMOXING

140

只有10万元，但却发展神速，1916年增资到30万元，1919年达100万元。1935年，已拥有500万元资本、40多家分支行、1.4亿余元存款，存款总额约占全国私营银行存款总额的十分之一，遥遥领先于其他民族资本银行，成为全国著名的大型商业银行。那么，他是如何取得成功的呢？

其一，人弃我取，从小做起

1933年以前，中国货币不统一，银两与银元并用。银元易于鉴别，民众通常以银元进行交易，只有在大宗交易的情况下才使用银两，但传统钱庄却规定储户只能以银两开户，若以银元开户的话，则需要将银元折算成银两再开户，还要收取一定手续费，颇为繁琐。陈光甫对此进行改革，允许储户以银两和银元并用，既可以银两开户而用银元支付，也可以银元开户而用银两支付，且免收手续费。这种做法便利了客户，得到广大民众的认可。

当时银行多注重吸收金额较大存款，而忽略小额存款。陈光甫改变策略，巨细并收，特别注重吸收小额存款。上海银行提出，"不厌烦碎，不避劳苦，不图厚利，为人所不屑为，从小处做起"，特别开办以一元为起存点的小额储蓄，很快受到城市中下层民众的欢迎。上海银行从美国订购了多种储蓄盒，规定即使未满一元的，亦可领用储蓄盒，将零钱积存起来，积攒到一定数量再拿到银行储蓄。金融界同行认为开展这种业务得不偿失，认为如果每个存款人只存一块钱，而且存几天就提了去，那么银行必然无利可图。有人故意拿了100元来到上海银行要求开100个户头，上海银行工作人员对此毫无怨言，耐心地按其要求开了100个户头。没想到，这样的故事竟然效果极佳，广为传播，上海银行由此声誉鹊起。上海银行还首创零存整取、整存零取、存本付定活两便、子女教育储金、养老储金、储金礼券、小额贷款等各种灵活方式，方便不同层次、不同需求的顾客。

其二,服务社会,辅助农工

鉴于中国农业、民族工商业落后,陈光甫自觉地服务于农工。与其他银行有所不同,上海银行资金不投入房地产、股市等带有投机性质的领域,而是尽量放贷给民族工商企业,用于扩大再生产。1932年对国内工厂的押放款通计2300多万元,占全行押放款总数的34%以上,1934年这一比例上升到41%。20世纪30年代,上海银行国内工业放款在其全部放款中一直占三分之一左右,这个比重远远高于其他银行。1933年,上海银行设立农村合作贷款部,对各省较为完善的农业合作社发放贷款,后又资助设立农产储藏所、创办棉业试验场,设置奖学金以鼓励学生学习和研究农业经济。这些举动获得了社会的广泛赞誉。

其三,以人为本,顾客至上

上海银行注意将服务对象下沉到基层。所实施的小额存款业务,其对象便主要是城市中下层劳动者,如职员、教师、自由职业者、小工商业者等。他们还把服务网点办到学校与企业,为学校代收学费等业务,替企业代收各项费用。为了拉近银行与基层民众的心理距离,上海银行及其分支机构,力求做到门面朴素,不求奢华,让普通市民敢于、乐意、自如地走进银行。上海银行要求行员确立"顾客永远是正确的""顾客是衣食父母"的服务理念,仪容整洁,态度和气,绝不允许与顾客发生争执;不允许员工在营业时间内阅报和吸烟,怠慢顾客。

陈光甫经营上海银行的同时,发现中国旅游业有广阔发展空间,而这方面几乎全被外国旅行社垄断,诸如英国人经营的通济隆公司、美国人经营的通运银行旅行部等。其时,中国人要出国或到国内远处旅行,不得不依赖外国旅行社,且经常遭到歧视。陈光甫自己就有遭人冷落的经历。鉴此,他决定自辟蹊径。

1923年,陈光甫在上海银行下创设旅行部,以代售沪宁、沪杭两路火车客票起步,以后业务范围逐渐拓宽,包括代购

魔都上海的
魔力与魔性

MODU
SHANGHAIDE
MOLIYUMOXING

142

车船票、预订旅馆、派遣导游、代管行李、发行旅行支票等。1924年组织首批国内旅行团，从上海赴杭州游览；1925年组织首批赴日本"观樱旅行团"，又与日本国际观光局合作，共接待20余批日本游览团计3000余人。

1927年，旅行部从上海银行独立出来，更名中国旅行社，翌年在南京国民政府交通部核准，获得营业执照，标志着中国自己经营大型旅游业的开端。旅行社经营业务以客运为主，代售车船机票，代办国内外货物运输、报关、存仓、保险、外贸货物及进出口运输等业务。后又下设招待所，兴办游览事业，出版《旅行》杂志，培养专业导游等，其经营范围对外发展到欧美、苏联、日本、新加坡、菲律宾等地。旅行社十分注意服务质量，要求员工一律身着制服，到车站码头的接待人员须戴专门帽子，员工服务必须妥帖周到，绝不以貌取人、以财取人。其招待所不事奢华，但服务质量要高，员工必须做到：一要保持幽静，严禁喧哗，让游客能安心休息；二是所有被褥、枕套、毛巾等用品要卫生整洁，及时换洗；三要保证热水供应，让游客能洗个热水澡，解除旅途上的疲乏；四是要供应简便卫生的膳食，以解游客之饥。旅行社开头几年营业一直亏本，但陈光甫志不为屈，终于扭亏为盈，1936年盈利60万元。至1937年，旅行社分支机构和招待所数量达到87个，拥有近千名员工，形成一个遍布全国、辐射境外的旅行服务网络。中国旅行社终于成为中国旅游行业的翘楚。

从楼外楼到大世界

大型综合性游乐场所，是特大城市社会生活的内在需要。上海城市人口，到1930年已超过300万人。上海城市空前拥挤，也呼唤适应高密度、大型、综合性游乐场所的产生。

此前，上海张园已经具有一定程度上的综合性游乐场所的

号称"远东第一楼"的华懋饭店（今
和平饭店北楼）。图片由于吉星提供

特征。张园自1893年重修以后，就实行免费入园观赏，成为多
功能、综合性大型游乐场。娱乐项目有书场、滩簧、髦儿戏、演
说，有弹子房、抛球场、脚踏车，有茶楼、饭馆、照相馆，后来又
增加鲜花展览、绘画展览、焰火、武术比赛、高台冒险游艺车、
气球载人表演、物品展销会等。1893年以后至1912年以前，张
园一直是上海人口集聚度最高、项目最多、知名度最高的大型
游乐场所。但是，随着城市人口快速增长、市中心土地快速增
值，占地近70亩的张园日益显得奢侈。1912年以后，随着以楼
外楼为代表的室内游乐场的兴起，张园的地位便日渐式微了。

楼外楼的兴起，据说是受到日本游乐场所的启发。1912
年，上海著名文人孙玉声游历日本，看到东京的一些高楼顶层
被辟为花园，附设游艺杂耍，很受启发。回国后，他向当时经营
新新舞台的黄楚九（1872—1931）和经润三讲述这一新奇事
物，黄、经二人兴趣盎然，决定一试。他们在浙江路新新舞台的
五层楼顶建立楼外楼游乐场，当年11月24日开业。游乐项目有

魔都上海的
魔力与魔性

MODU
SHANGHAIDE
MOLIYUMOXING

144

杂耍、滩簧和大鼓等。为方便与招揽游客，楼外楼特地安装了通往楼顶的电梯。

高楼里设置游乐场所，最关键之点在于有无大型电梯。1852年，美国奥蒂斯发明了世界上第一部安全升降梯。1889年，美国制造出以直流电动机为动力的电梯，从此电梯对人类居住空间、对城市空间拓展，产生了巨大的影响。1908年，上海汇中饭店翻新时安装两部电梯，这是上海第一家使用升降电梯的高楼。汇中饭店并不面向普通民众，所以楼外楼安装电梯在当时上海虽不是最早，但依然是新奇之事，轰动一时。

除了安装电梯，楼外楼在入门处装有哈哈镜，可以把人照成千奇百怪的模样。电梯之装是奇，哈哈镜是怪，电梯与哈哈镜结合在一起，使得楼外楼成为上海滩奇怪的典型，闻所未闻，见所未见。每人花两毛钱，就可以腾空而起，令人惊奇，还可以奇形怪状，令人捧腹。于是，楼外楼一开业，即刻游客如云，名闻遐迩。

1917年，黄楚九建起规模更大的游乐场大世界。四层楼，钢筋混凝土结构，建筑多取园林景致，号称"大世界十大奇景"，有风廊、花畦、寿石、山房、雀屏、鹤廊、小蓬山、小访庐山诸胜，另有招鹤、题桥、穿梭、登云四亭供人游赏。1928年2月重建，面积更大，为中西结合的塔楼式古典建筑。入门即有12面哈哈镜，各楼分设共和亭、共和台、共和楼、共和阁和共和厅，加上原有的乾坤大剧场、文明新舞台、髦儿戏等12个场子，共6000余个座位。另有茶室、饮食部、小卖部、服务处等。每天中午12时开放，星期日从上午9时起游客买门票进场，即可任意去各剧场和活动室观赏游玩，不受时间、场次限制，可一直玩至夜场结束。娱乐项目极为丰富。戏剧类有京剧、滑稽京剧、提线京剧、越剧、沪剧、淮剧、婺剧、扬剧、淮剧、甬剧、锡剧、昆剧、绍兴文戏、电影、话剧、文明戏、皮影戏、木偶戏、滑稽戏。非戏剧类表演有大鼓、苏州评弹、本滩、苏滩、化妆苏滩、单弦快书、三弦拉戏、戏迷双簧、口技、鸟语口技、文明宣卷、太平歌词、小热昏、申曲、群芳会唱、连环春戏、魔术、杂技、幻术，等等；参与性游艺节目有秋千、飞船、升高轮、弹子房、剪影、骑驴、电子游艺机、射击、魔宫、梦幻小屋、碰碰车、西洋镜。此外，还有舞蹈、吉尼斯表演、看相、饮食、猜谜，可谓百戏杂陈，雅俗具备，游玩者各取所需。票价仅2角，十分适合普通市民。

大世界与楼外楼相比，更加适合五方杂处的移民口味。当时上海人口来自全国各地，尤以江、浙、闽、粤、皖等处为多。大世界所演地方戏，大多适合这些地方移民口味。移民在一个南腔北调、众声喧哗的场所，听到家乡口音家乡戏曲，会产生一种"年深外境犹吾境，身在他乡即故乡"的错觉，也会有一种"月是故乡明，人是故乡亲"的艺术满足。

大世界经营相当成功，吸引众多来游玩的人，每天可达万人，成为上海最著名的大众游乐场所，外地来沪游玩者必到之处，当时人说"白相了大世界就等于白相了大上海"。

1931年黄楚九病逝，大世界由帮会大亨黄金荣接办。其时，上海电影、跳舞、跑狗、溜冰等新的娱乐方式已很风行，大世界风光不似往昔，但作为上海最负盛名的游乐场，还是在持续地吸引各类游客，特别是外地游客。

四大百货公司在竞争中脱颖而出

上海四大百货公司，即先施（1917）、永安（1918）、新新（1926）与大新（1936），诞生的时间略有先后，但就上海城市发展阶段而言则大体相同，都诞生在上海城市高度繁华阶段，是上海富裕消费人群集聚的时期。四大公司相互之间也有竞争，但其共同特点相当明显，大体有四：

其一，大型化。先施楼高7层，建筑面积3万平方米，号称经

魔都上海的
魔力与魔性

MODU
SHANGHAIDE
MOLIYUMOXING

146

永安公司。图片由项慧芳提供

营环球商品多达万余种。1933年新建的永安大厦楼高19层，与原有大楼有空中走廊相通，气象非凡。永安经营的商品有三四千种，从英国的棉布、法国的化妆品、德国的玩具、美国的丝袜、瑞士的钟表、捷克的玻璃用品、瑞典的搪瓷到日本的毛巾，世界各地名牌产品，囊括殆尽，应有尽有。新新以倡用国货为号召，将经营宗旨定位在推销国货精品上，举凡上海及其他中国城市所产国货，琳琅满目，一览无余。

其二，多样化。商旅结合，集商业、旅游为一体。先施大楼内设有东亚旅馆、先施乐园游乐场、东亚又一楼餐厅、高级浴室裕德池等，演出节目有苏滩、本滩、大鼓、京剧与魔术等；永安经营天韵楼游艺场、大东旅社、大东舞场、永安摄影室、高级酒吧等，大东旅社起初有60多个房间，后来扩展到150间；新新游乐场附设许多剧场、戏院，舞厅、音乐厅等，七层为餐厅，后部是旅馆、美发厅等。大新五层是大新酒家和跳舞厅，六层以上是游乐场。

其三，时尚化。装饰豪华、舒适，电梯、玻璃橱窗、霓虹灯、暖气设备，为其共同时尚元素。先施销售多为外国名牌产品。永安的19层大厦，一度是南京路上的最高楼房，大厦顶部的霓虹灯在夜间璀璨夺目，红色的英文字、绿色的中文字，交相辉映，是上海标志性景观。大新最后落成，也最为时尚，商场中设冷热空调，冬暖夏凉，还开设上海最早地下室商场，最先设置供顾客使用的商场自动扶梯。"到大新公司乘自动扶梯"，为当时上海人追逐时髦的活动。四大公司经营方式都很时尚，所有商品明码标价，并出具购买商品的发票。这可以减少商店与顾客的冲突，增强顾客对商品和公司的信任感，也可减少单位顾客所消耗的购物时间，有利于顾客流动，提高经营效益。

其四，中心化。四大百货公司所在位置都在南京路，地处上海公共租界的商业中心，是交通最为便捷、人流最为密集、财富最为集中的地方。

四大百货公司问世以前，上海已有福利、汇司、泰兴、惠罗四家百货公司，但那些公司均以外侨为主要服务对象，对于中国富裕阶层关注不够。先施等四大公司正是看准这一商机，乘势而起。四大百货公司创始人与主要经营者，先施的马应彪，永安的郭乐、郭泉兄弟，新新的刘锡基，大新的蔡昌，都是广东香山人，都是从海外归来的华侨，都与欧美世界有广泛的联系，都对西方国家现代百货业了然于胸。四大百货公司的崛起，改变了上海城市的商业版图。此前，上海高档商品销售中心集中在南京路的河南路以东地段，那是福利、惠罗等公司集聚的地段。四大百货公司崛起以后，先施、永安等成为上海最高档、最时尚的百货公司，上海高档商品销售中心便转移到南京路、西藏路一带。

商机是发现的，也是创造的，更多的是发现与创造的结合。陈光甫经营的上海银行与中国旅行社，黄楚九经营的楼外

魔都上海的
魔力与魔性
————
MODU
SHANGHAIDE
MOLIYUMOXING

148

楼与大世界，马应彪等人经营的四大百货公司，都是发现与创造相结合的产物。他们将上海已有的银行业、旅游业、大型百货业，与上海城市特点、新时期的需求相结合，最终走出了自己的特色创新之路。

3

爱国思潮，洪波涌起

见贤思齐，地方自治

日常生活中，西方人主导的租界市政建设先进、整洁、卫生，中国人集聚的华界落后、逼仄、肮脏，这极易刺激中国人的耻感文化，刺激中国人见贤思齐的爱国情感。租界众多场所禁止华人入内，四大公园（外滩公园、法国公园、虹口公园与兆丰公园）在1928年7月1日以前均禁止华人入内，跑马厅、各色外国总会长期禁止华人入内。日常生活中，华人备受歧视。比如，外国人办花展，通常第一天都是外国人参观，以后才让华人参观。租界华人长时期只有纳税义务，没有参政权。诸如此类，都强烈刺激华人的爱国主义情感。这方面最突出的表现，便是清末上海地方自治运动的兴起。

1905年，上海地方士绅郭怀珠、李平书等，鉴于华界市政建设远远落后于租界的实际状况，创议设立总工程局，以进行铺路、筑桥之类市政建设，获得上海道台批准后便即刻投入行动。1909年，清政府颁布《城镇乡地方自治章程》，总工程局相

昔日上海县城内居民生活。图片由项慧芳提供

应改名为城厢内外自治公所。上海地方自治持续进行了9年，修
路100多条，筑桥60多座，建造码头6个，新辟、改建城门9座，
制订了各种各样市政管理条例。这对于改善华界的市政设施，
缩短华界与租界的差距，建立了卓越的功勋。这是上海居民自
强意识的表现。

　　领导这一运动的李平书有一段话，最能反映当时人的这一
意识："吾一言通商以后之上海，而为之愧、为之悲。愧则愧乎
同一土地，他人钟事增华，而吾则因陋就简也。悲则悲夫同一
人民，他人俯视一切，而吾则局促辕下也。要之，通商以来，上
海，上海，其名震人耳目者，租界也，非内地也；商埠也，非县
治也。岂非所谓喧宾夺主耶！抑非所谓相形见丑耶？而吾上海
之人，数十年来，处之夷然，安之若素，面不赧而心不惭。"[7]

抗日救亡宣传中心

　　上海移民人口与全国各地的血肉联系，使得上海人对发
生在全国各地的事件特别关心，使得上海人的爱乡与爱国浑然
一体，催化了上海人的爱国精神与天下情怀。上海人早已习惯

魔都上海的
魔力与魔性

MODU
SHANGHAIDE
MOLIYUMOXING

150

于将全国之事视为己事，在历次赈灾活动、拒俄运动、抵制美货运动、五四运动、五卅运动、抗日救亡运动中都一马当先。对于上海人的这种爱国特点，民国时期有人作过清晰的论述："上海有租界，而上海租界中洋人的气焰，更盛烈于其他各地的租界。中国人历年来受外人非分宰割，因为民众们尚没有什么直接的影响受到，往往不加注意；在上海，就不然。直接伏处在洋人势力之下，往往在一个极普通的去处，可以使你感觉到一种不安。它深切地告诉我们：国，是不可不爱的。试看：每一届的民众爱国运动，上海总是有热烈的表示，传播所及，使全国振荡。在无形中，上海社会确有一种领导其他各地社会的潜势力。"[8] 这一论述，从上海城市内部的华洋关系、上海与中国其他地方的比较入手，切实而精当。1919年，《申报》连续刊载20多篇文章讨论上海居民特性，其开头一篇的第一段话就是："上海为中国第一大埠。上海人民之动作，几乎可以代表全中国。"[9] 在近代爱国主义方面，称上海是全国的"领头羊""大本营"，毫不夸张。

日本帝国主义侵略上海的两次战争，即1932年的一·二八事变与1937年的八一三事变，直接轰炸、破坏的主要是华界地区，而租界地区则基本完好。自1853年以后，每遇战争，上海租界都处于中立位置，不受战争破坏。华界与租界，没有天然屏障，只是一路之隔、一河之隔。这样，日本帝国主义的轰炸、屠杀，就发生在中国人眼皮底下，近在咫尺。这种被辱、挨打、惨遭屠戮的在场效应，对于爱国主义的刺激，是任何远距离的纸质、广播的宣传所无法比拟的。所以自从1931年九一八事变以后，上海抗日救亡运动就是一波接着一波，一浪高过一浪。

单以那一时期抗日救亡音乐史为例，我们就会发现一个突出的现象：上海诞生、创作的抗日救亡音乐、电影、戏剧，数量特别多，影响特别大。最早的抗日救亡音乐，即黄自创作的《抗敌歌》是在上海产生的。影响广远的《九一八小调》并不是产生在九一八事变发生的东北，而是产生在上海。激越嘹亮的《大刀进行曲》也不是产生在宋哲元率领的第二十九军大刀队与日军激战的华北，而是产生在上海。一大批著名的抗日救亡歌曲、话剧，如《旗正飘飘》《义勇军进行曲》《毕业歌》《放下你的鞭子》等，都是在上海产生的。一大批从事抗日救亡运动的著名音乐人才，都是在上海活动，或从上海走向全国的，诸如黎锦晖（1891—1967）、田汉（1898—1968）、任光（1900—1941）、贺绿汀（1903—1999）、韦瀚章（1905—1993）、冼星海（1905—1945）、陈鲤庭（1910—2013）、陈田鹤（1911—1955）、聂耳（1912—1935）、麦新（1914—1947）、周巍峙（1916—2014）等。

4

红色文化，光明摇篮

最能体现上海社会在近代爱国运动中突出贡献的，是中国共产党在上海成立及其领导的革命活动，是上海人民在抗日战争中的杰出表现。这方面内容极其丰富，特点鲜明，可用阔、深、雄、奇四个字概括。

阔，广阔、丰富。从1921年至1949年的28年间，中国共产党共举行过七次全国代表大会，其中三次是在上海举行的，即第一次、第二次与第四次。另有六次中央全会是在上海举行的。28年间，中共中央领导机关有126个月设在上海。无产阶级革命家邓小平、聂荣臻、陈毅、蔡和森、向警予等是从上海

魔都上海的
魔力与魔性

MODU
SHANGHAIDE
MOLIYUMOXING

152

中共一大会址

登轮出发，留法勤工俭学的。《新青年》《共产党》《向导》等
革命报刊在这里创办，《共产党宣言》《反杜林论》等马克思
主义经典著作在这里翻译出版，《国际歌》在这里翻译，《义
勇军进行曲》（后被定为国歌）在这里诞生。共产党创办或领
导的革命学校外国语学社、上海大学等设在这里。共产党领导
的五卅运动、上海工人三次武装起义，在这里发动。中共中央
领导人陈独秀、瞿秋白、毛泽东、周恩来、刘少奇、邓小平、陈
云、李立三、罗亦农、任弼时，都在这里进行过英勇的奋斗。据
研究统计，上海留下的红色革命文化旧址、遗址，已经确立的
有612处。

　　深，深邃、深远。中国共产党发展史上许多重要的思想、
理念，是在上海酝酿、产生的，中共党史上许多具有重要意义、
深远影响的事件是在上海发生的。中国共产党诞生，以马克思
主义为指导，选择社会主义道路，批判无政府主义，这是最具
思想深度的实践。1922年在上海举行的中共二大，通过了中国
共产党第一部党章。这部党章规定了党内生活和党内关系的一
系列基本原则，标志着中国共产党从此有了自己的最高行为规
范。1922年，陈独秀与孙中山在上海最后商定国共合作原则，
这在国共合作历史上有相当重要的影响。1924年在上海举行
的中共四大，第一次提出无产阶级要掌握民主革命运动的领导

权问题，第一次提出工农联盟问题，第一次将党的基本组织由"组"改为"支部"，规定党员三人以上需成立一个支部，将党的最高领导人由委员长改称为总书记，各级党的领导人称为书记，这在中共党史上都具有里程碑意义。

雄，英勇、雄壮。1925年，中国共产党领导的五卅运动，对帝国主义列强展开勇猛无畏的斗争，沉重地打击了帝国主义的嚣张气焰，对中华民族的觉醒和国民革命运动的发展，起了巨大的推动作用，揭开了大革命高潮的序幕。1926—1927年，中国共产党先后在上海发动三次工人武装起义，第三次起义打败了盘踞在上海的军阀武装，打击了帝国主义和军阀的反动统治，建立了上海特别市临时政府，获得了短暂的胜利，显示了中国工人阶级的顽强战斗精神和强大的组织力量。这两次斗争，都是中国共产党以集体的方式展示其不畏强敌、敢于抗争、一往无前的豪迈形象。至于众多的革命先烈，如参与领导五卅运动的工运领袖刘华被敌人逮捕后，面对种种利诱、毒刑，始终坚贞不屈，最后从容就义。陈延年被捕后，虽酷刑用尽，但坚强如钢，大骂不绝，被刽子手乱刀砍死。赵世炎临刑前高呼"共产主义万岁"等口号，被刽子手砍头杀害。罗亦农就义前写下绝命诗："慷慨登车去，相期一节全；残躯何足惜，大敌正当前。"林育南、何孟雄等人经受住敌人的严刑拷打，临刑前高唱《国际歌》，高呼"打倒国民党""打倒蒋介石"等口号，最后被秘密杀害。电影《永不消逝的电波》里李侠的原型李白，在1948年底革命即将胜利的前夕，冒着生命危险，将关系渡江战役进程的国民党绝密情报发送出去。被捕以后，经受住敌人高官厚禄利诱与各种酷刑拷打，绝不吐露半点敌人想要的信息，最后被处以极刑。他的机智，他的坚贞，成功地赢得时间，使上海地下党的备用电台得以迅速启用。

奇，奇特、奇妙。中国共产党领导的革命斗争，利用上海政出多门、事权不一的特殊格局，创造了许多奇迹。中国共产党先

魔都上海的
魔力与魔性
————
MODU
SHANGHAIDE
MOLIYUMOXING

154

后9次在上海举行大会，由于隐蔽工作做得周密，基本没有出过大的危险。陈独秀作为共产党主要领导人，被法租界逮捕两次，都仅处以罚款而获释，一次罚款100元，一次罚款400元。1929年、1931年，任弼时和关向应先后被捕，二人在法庭上都不承认自己是共产党人，一称自己是无业人员，一称自己是普通教员，最后都在党组织营救下得以释放。1927年四一二反革命政变以后，党在上海的各级机关都以商店、住家、医院、写字间等形式出现，住留机关和来往机关人的穿着、语言、活动等都巧为化妆隐蔽。1937年，共产国际和苏联政府援助中国红军的巨款，经上海地下党周密安排，转移到延安。

1949年5月29日，新华社发表毛泽东同志亲自修改批准的社论《祝上海解放》，称赞上海是"近代中国的光明的摇篮"。社论论述了上海城市的独特性，"第一，上海是中国的最大的经济中心，上海的解放表示中国人民无论在军事上、政治上和经济上都已经打倒了自己的敌人国民党反动派；第二，上海是帝国主义侵略中国的主要基地，上海的解放表示中国人民已经确立了民族独立的基础。这两种情况，使得上海的解放在中国人民解放事业中具有特殊的意义"。社论认为，"上海是中国工人阶级的大本营和中国共产党的诞生地，在长时期内它是中国革命运动的指导中心。虽然在反革命势力以野蛮的白色恐怖迫使中国革命的主力由城市转入乡村以后，上海仍然是中国工人运动、革命文化运动和各民主阶层爱国民主运动的主要堡垒之一"。上述阔、深、雄、奇四个特点，是上海作为"光明的摇篮"的生动体现。

注 释

1. 顾卫丞:《我国塑料工业的先驱者顾兆桢》,《上海文史资料选辑》第48辑,上海人民出版社1984年版,第57页。

2. 《上海总商会商品陈列所报告书》下编,1924年版,第73页。

3. 参见潘君祥主编:《近代中国国货运动研究》,上海社会科学院出版社1998年版,第295—296页。

4. 王抚洲:《工业组织与管理》,上海商务印书馆1934年版,第3页。

5. 徐敦楷:《民国时期企业经营管理思想史》,武汉大学出版社2014年版,第144页。

6. 同上书,第151页。

7. 李平书:《上海三论》,载《上海导游》,中国旅行社编辑、国光印书局1934年出版。

8. 徐国桢:《上海生活》,上海世界书局1930年版,第27—28页。

9. 一之:《上海观察谈之一节》,《申报》1919年6月13日。

五

兼容并包，各得其所

　　人口众多、来源广泛，是上海魔都特性的突显之处。这可分为两个方面，一是华洋混处，外侨人口众多，来自世界各地，和谐相处，各得其所；二是五方杂处，国内移民来自全国各地，扶危济贫，守望相助。

1

外侨众多，各行其是

外侨概况

1843年，上海登记在案的外国人数为26人，1850年超过200人。1853年以前，上海比较严格实行华洋分居，租界发展不快，外侨增长缓慢。1853年以后，华洋分居变成华洋混处，租界城市化速度加快，外国人数也逐渐增多。1860年，上海外侨超过600人，1865年超过2000人，1895年超过5000人。1899年，上海英美租界改称上海国际公共租界，其后上海外国人数增加迅速，差不多每10年增加1万人，1905年超过1万人，1915年超过2万人，1925年超过3万人。20世纪20年代后期增加特快，1931年超过6万人，此后几年保持在6万～7万人之间。1937年八一三事变以后，大批日本人涌来，上海外侨总数迅速膨胀，1942年达到高峰，为150931人。第二次世界大战结束以后，日侨、西方侨民大批回国，上海外侨数量锐减，到1949年底还剩不到3万人。

上海外侨国籍，最多的时候达58个，包括英、美、法、德、日、俄、印度、葡萄牙、意大利、奥地利、丹麦、瑞典、挪威、瑞士、比利时、荷兰、西班牙、希腊、波兰、捷克、罗马尼亚等。1910年以前，一直是英国人最多，其次是美、法、德、日、葡萄牙等。1915年以后，日本人跃居第一。1942年，在沪日本人达94768人，超过所有其他外侨的总和。各国在上海侨民的最高数，除了日本外，依次为无国籍俄国人、美国、英国、法国，奥地

魔都上海的
魔力与魔性

MODU
SHANGHAIDE
MOLIYUMOXING

158

近代上海各国侨民人数最高年份表

序号	国籍	人数（人）	年份
1	日本	94768	1942
2	无国籍俄国人	14845	1936[1]
3	美国	9775	1946
4	英国	9234	1935[2]
5	法国	3872	1946
6	奥地利	3453	1946
7	德国	2538	1942
8	印度	2389	1935[3]
9	朝鲜	2381	1946
10	越南	2350	1946
11	葡萄牙	2281	1946
12	意大利	1048	1945
13	波兰	1042	1942
14	希腊	627	1946
15	捷克	581	1946
16	西班牙	493	1946
17	丹麦	468	1942
18	瑞士	407	1946
19	挪威	387	1942
20	荷兰	201	1946
21	瑞典	198	1946
22	乌拉圭	104	1915

资料来源：邹依仁《旧上海人口变迁的研究》，上海人民出版社1980年版，第145—147页。

利、德国、印度、朝鲜、越南、葡萄牙、意大利、波兰、希腊、捷克、西班牙、丹麦、瑞士、挪威、荷兰、瑞典与乌拉圭。这些数字中不包括犹太人。

　　来源广泛的外国侨民生活在上海，使得上海带上浓厚的国际气氛。人们这样形容民国时期的上海：

五

兼容并包，

各得其所

159

马路上各色人等。
图片由上海市历史
博物馆提供

　　在那里世界各地的人你都看得到，走在南京路上的时候，你会觉得好像在参加世界各族大聚会。路上走的有高高的大胡子俄国人、胖胖的德国佬。没准你一头撞上一个瘦小的日本军官，他显得趾高气扬，认为自己是优秀的大和民族的一员，征服整个欧洲都不在话下。老于世故的中国人坐在西式马车里，精瘦的美国人则乘人力黄包车。摩托车飞驰而过，差点撞到一乘帘子遮得密密实实的轿子，轿中坐的是中国的官太太。一个法国人在上海狭窄的人行道上向人脱帽致敬，帽子正好打在一名穿着精美黄色丝绸外套的印度人脸上。耳中听到的是卷舌头的德语夹杂着伦敦俚语。穿巴黎新款时髦衣衫的人旁边站着近乎半裸的穷苦小工。一对水手踏着双人自行车飞驰而过，两名穿和服、趿拖鞋的日本仕女转身避让，显得有点恼怒。着一身灰袍的和尚手肘碰到了一名大胡子的罗马传教士。出于对祖国的热爱而不是商人那种唯利是图的本性，一位俄国店主店里的商品标价一律用俄文书写，使人看了茫然。对面是一家日本人开的理发店，店主用生硬的英语写了些广告词，保证大家在此理发，价格低廉。4

魔都上海的
魔力与魔性

MODU
SHANGHAIDE
MOLIYUMOXING

160

外侨在上海，主要分布在公共租界，其次是法租界。1900年公共租界有6774人，法租界有622人；1935年公共租界有38915人（其中包括越界筑路地区11615人），法租界有18899人。其中，英、美、德、日、葡人主要居住在公共租界，法国人、无国籍俄国人主要居住在法租界，其他外国侨民在两租界都有居住。在公共租界里，由于苏州河以南先开发、以北后开发，日本人是稍后才大批涌来的，所以英、美人在苏州河以南为多，日本人则主要集中在苏州河以北，即虹口一带。

不同时期、不同国家的人，在上海职业分布很不相同，比如印度、越南人主要充当公共租界、法租界巡捕，但是无论什么时期均以商人为多。1850年，上海外侨共220人（210名英国人、10名法国人），其中洋行老板及其代理人大班最多，有111人，占总人数一半。其次是传教士13人，领事馆人员7人，新闻记者、医药师、建筑师、木工、面包厨师等11人，家属、小孩68人。1870年，上海外侨1666人（英国894人、美国255人、德国138人、葡萄牙104人、西班牙46人、法国16人、其他213人），除了从事航运业和水手（412人）、妇女儿童（358人）之外，商人仍然最多（226人）。1935年、1946年的统计都表明，上海外侨中从事商业活动的占40%以上。

英美侨民

近代最早来到上海的外国人是英国人，公共租界长期掌权的是英国人，租界制度的制订者主要是英国人。在相当长时期里，英国人是上海外国人的领袖，也是上海外国人的主体部分。1880年以前，英国人一直占上海外国人总数的一半以上。1910年以前，英国人在上海外国人中一直位居第一。

英国人在上海的作用，可以归纳为三大方面：

政治与市政管理方面：议定《上海土地章程》，设立上海第一个租界英租界;奠定上海租界一系列基本制度,包括土地永租制、纳税人会议、工部局、会审公廨、万国商团、巡捕、消防、卫生管理等;率先设立领事法庭、监狱,引进律师制度;引进煤气、电灯、自来水等市政设施。

经济方面:率先在上海设立怡和、仁记、宝顺等洋行,率先在上海进行鸦片贸易;率先在上海开设丽如、汇丰等外资银行;开设上海第一条铁路淞沪铁路;率先在上海开设邮政局;率先在上海发行纸币、邮票等;率先在上海开设欧洲食品厂,制造面包、汽水、糖果等,生产西人所需的食品。

社会与文化方面:率先开设仁济医院等教会医院,创办墨海书馆等近代出版机构,创办《北华捷报》等英文报纸,创办上海第一份中文期刊《六合丛谈》,创办上海第一份中文报纸《上海新报》,创办上海延续时间最长的中文报纸《申报》;先后开设上海三个跑马场(1850年、1854年、1863年),将赛马引入上海;率先在上海举行业余剧团演出,举行划船、板球、足球等比赛,开设上海第一个公园——黄浦公园。

在上海,美国人通常与英国人并提,习称英美侨民,这既因为他们同文同种,更因为自1863年以后,英、美租界合并后在市政、居住、娱乐等方面,难分彼此。

20世纪20年代以前,上海英国人通常是美国人的3~5倍。在租界社会文化生活方面,美国人处于英国人笼罩之下,多充当参与、附和、随从的角色。20世纪20年代以后,美国人有了自己的总会、学校等机构,在身份认同方面与英国人逐渐有明显区别。

英美在沪侨民的职业,大体说来,除了作为家属的妇女、儿童,第一是商业人员,包括银行家、洋行大班、雇员;二是领事馆人员,包括领事、职员;三是工人和技术人员,包括工程师及手工业、工业、丝茶检验人员等;四是自由职业、服务人员、佣工小贩等;五是警察;六是传教士。

上海外籍企业中,英美企业所占比重最大,英美商人在外

魔都上海的
魔力与魔性

MODU
SHANGHAIDE
MOLIYUMOXING

162

商中所占比例也最大。据统计，1843年上海共有5家洋行，1844年增加到11家，全部是英国人所开。1847年，上海共有24家洋行，其中21家为英国人所开，3家为美国人所开。1843—1859年，上海先后有洋行74家，其中44家为英国商人所开、英属印度帕西人所开14家、美国人所开7家[5]。1901年底，上海外籍企业增加到432家，其中英商194家、美商55家。1911年底，上海有643家外籍企业，其中英商258家、美商59家。

早期洋行经营主要是以鸦片、纺织品换取中国丝茶。随着进出口贸易的发展，一批造船业在上海兴起。1851—1852年间，上海地区设立6家修造船舶的工厂和行号，其中5家英商、1家美商。60年代，由英国人创办的浦东祥生船厂、美国人于虹口创办的耶松船厂，开办资本都高达10万两白银，为此前其他船厂所不及。

19世纪60年代以后，国际垄断资本开始在上海直接建立自己的销售机构和生产机构，其中包括美孚石油公司、美商亚细亚、美商德士古、英商卜内门公司等。1913年，英商茂成洋行在上海设立分行，销售榨油机、挖泥机、起重机等。第一次世界大战前，英国资本在上海占有绝对优势，其对华投资的一半集中在上海，约占上海外资的90%，控制了上海公用事业与房地产业。第一次世界大战期间，英国忙于战争，减少了对华商品输出。美国则利用这一契机，在上海连续开办一大批企业，包括慎昌洋行，专营美国商品，日后成为上海较大的外国洋行之一。第一次世界大战结束以后，英国资本立即返沪。到1936年，英国在上海有170家洋行，占西方外商洋行的30.3%；美国在上海有140家洋行，占西方外商洋行的25%。

与此同时，英美商人在上海还投资出口加工工业、印刷业、饮食业、制药业及制皂、火柴、榨油、卷烟等行业，比较知名的有怡和纺丝局、旗昌丝厂、墨海书馆、字林报馆、美华书馆、埃凡馒头店、老德记药房、科发药房、屈臣氏大药房、美查制皂

五
兼容并包，
各得其所

英商马立斯住宅。图片由尔冬强提供

厂、燧昌自来火局等。至19世纪90年代，上海四大外资纱厂中，英美资本厂家占其三，即英资怡和纱厂、老公茂纱厂和美资鸿源纱厂。20世纪初期，仅怡和洋行在上海就有包括汇丰银行、怡和丝厂、怡和纱厂、公益纱厂在内的14家企业，美商投资的大型企业有1902年开设的花旗银行、1903年设立的英美烟公司以及美孚石油公司制罐厂等。

到20世纪30年代，上海英商洋行逐渐形成四大集团，即怡和集团、沙逊集团、太古集团和卜内门集团，左右着上海的进出口贸易及航运、房地产、石油、公用事业等领域。美国则以慎昌、大来、美孚三大洋行最为出名。

1937年八一三事变以后，英美洋行在上海开始转移资金，收缩经营。太平洋战争爆发以后，英美洋行被日本军队占领接管。抗日战争结束以后，原属英美洋行被发还恢复经营。由于南京政府实行亲美政策，上海美商公司发展极为迅速，1946年底，上海有美商洋行256家，占上海洋行总数的48.9%，相形之下英商洋行大不如前。1947年以后，由于中国政局变化，上海

魔都上海的
魔力与魔性
————
MODU
SHANGHAIDE
MOLIYUMOXING

164

洋行大量减少，美商洋行减至182家。1948年以后，外国洋行逐渐撤走。1950年，上海尚有美国洋行60家。

在上海租界生活中，英美商人占有重要位置。相当一批洋行大班在租界事务中担当重要角色。和记洋行大班克鲁姆在1850年前后为上海商会主席，公易洋行大班马度夫是上海商会副主席，广隆洋行大班浩格是汉堡、不来梅等城市驻上海领事，宝顺洋行大班比利在19世纪50年代初担任葡萄牙驻沪领事和荷兰、普鲁士的副领事，琼记洋行大班斐伦是1854年上海第一届工部局董事。怡和洋行大班波斯乌曾任丹麦驻沪领事，另一大班凯瑟克是上海英国商会主席、英商上海电车公司董事、宏恩医院理事长、万国体育会基金保管会主席。

法国侨民

法国侨民在上海外侨中是自行其是、特色鲜明的群体。其特点有五：

其一，人数并不很多。上海法租界尽管设立很早，到民国以后范围很大，在1863年以前与英、美租界鼎足而立，那以后与公共租界相提并论，但上海法侨的数量并不很多。1850年，上海只有法侨10人，1862年约有100人，1865年增加到297人。直至1910年，在沪法侨仍只有766人。民国以后法租界大扩张，法侨稳定增长，1925年为1174人，1936年达到2554人，1946年达到最高点的3872人。居住在上海法侨的人口总数，在上海外侨人口中占第五位，前面四位依次为日本人、俄国人、美国人、英国人。

其二，早期法侨在工业方面投资较少，从事商业贸易的也不算很多。1843—1859年，上海法商洋行只有2家，1860年以后才有所发展。第一次世界大战期间德退法进，上海法资商业有所发展。第二次世界大战期间，由于法国与德、日等轴心国之间特殊关系，在沪法商洋行所受影响不大。1939年，上海有法商洋行35家，占上海洋行总数4.8%。1945—1949年，上海法商洋行有25家，占上海洋行总数6.8%。

在法商洋行中，最著名的是永兴洋行与信孚洋行。前者总行设在巴黎，1869年在上海设立分行，起初从事草帽、蛋品、毛巾、药材、猪鬃、滑石粉等贸易，后扩展到茶叶、颜料、矿水、钢材、五金、粮食等方面。后者开办于1898年前后，主要经营生丝、草帽等贸易。上海法国侨民在工业方面投资较少。1895—1911年间，法商开办的工厂有3家，分别是1896年设立的董家渡自来水厂、1906年开办的法商电车电灯公司和1908年开办的东方百代唱机唱片公司。

金融方面，最早在上海成立的法兰西银行上海分行设立在公共租界内，后因经营不善被华俄道胜银行兼并。上海法租界内，有1860年成立的巴黎贴现银行上海分行、1899年成立的东方汇理银行上海分支机构、1912年由法国侨民盘滕和法诺等创办的万国储蓄会。

其三，传教士活动比较突出。法国传教士在建立徐家汇天主教堂、公济医院、震旦博物院、徐家汇天文台、徐家汇土山湾印刷所、徐家汇藏书楼、圣芳济学堂、震旦学院等方面，作出了重要努力。

其四，文化活动突出。法国文化举世闻名。来沪法国人中，有相当一批人在文化方面有所贡献。1865年，曾经在伦敦担任皇家剧院院长的艺术家雷米扎在法租界成功地组织了一支交响乐团。1894年，著名建筑师肖洛主持建造了法国领事馆大楼。20世纪20年代，建筑师勒德罗、米努蒂等合作设计、建造了法国总会，在建筑样式、用料等方面都享有很高声誉，被称为"东方大都会最美丽的建筑物"。[6]此外，还有一些艺术家、教育家、科学家、医生、报人活跃在上海。主要由法国人控制的震旦大学，是上海最著名的天主教系统的大学，其医科教育、哲学教

魔都上海的
魔力与魔性
————

MODU
SHANGHAIDE
MOLIYUMOXING

166

育均相当著名。由耶稣会士创办的徐汇公学，是上海著名的天主教会学校，法文、拉丁文教育均很有名。

其五，相当一部分居住在公共租界。法租界实行的是领事独裁制，法国领事权力特大。一些酷爱自由的法国侨民不喜欢居住在法租界，宁愿居住在公共租界。这种情况并非发生在个别时段。1910年，居住在法租界的法国人为436人，居住在公共租界的法国人为330人；1925年，法租界法国人为892人，公共租界法国人为282人。当然，也有为数不少的英国、美国人居住在法租界，但他们是不受法国领事管辖的，看中的是法租界比较幽雅的环境。

法租界的管理方式、文化特点与公共租界有明显不同。公共租界与法租界，在西文中一称settlement，一称concession。两者租地方式不一样，前者系由各国侨商直接向中国原业主商租，后者则系中国政府将界内土地整个租与外国政府，再由外国政府将该地段分租与该国侨民。

由于英、法两国政治制度有异，文化传统不同，两租界对于上海的影响也有所不同。公共租界实行的是英国式自治制度，其税收均来自租界居民，其权力属于纳税人会议，具体事务由工部局处理，其实质是公共租界商人寡头掌权。法租界的事务管理归公董局，公董局董事会由纳税人会议选举，但总董由领事担任。公董局向法国领事负责，领事直接受制于远在巴黎的法国当局。

法租界居民一直比公共租界少。到1910年，法租界居民才11.6万人，经济很不发达。人口少，从业人员不多，法租界税收也就比公共租界少得多，只有靠对烟馆、赌场和妓院征税来增加收入。所以，法租界对这类买卖，管理较松。黄金荣、杜月笙、张啸林等青帮大亨的活动也就以法租界为主。

英、美推行的是自由资本主义，法国崇尚的是共和政治的文化价值观，在实行中央集权制的同时坚持整体利益原则，强调人人有权享受科技进步所带来的舒适生活。从1862年起，法租界就有计划地进行公共道路和堤岸的建设，在道路两旁种植了许多梧桐树，成排的树木烘托出西式住宅区的魅力。[7]

两个租界给上海带来的影响各有特色。公共租界给上海带来了市场观念、资本运作、现代科技和企业管理等全新的资本主义发展模式，法租界则提供了市政管理、城市建设、保护宗教和公共利益等典型的官僚主义统治样本。公共租界在外滩建立起远东最大的金融贸易中心，创办了许多现代工厂企业，法租界则在造就优越的人文思想和海纳百川的文化品格方面作出贡献。[8]中国国民党的创立，中国共产党的创立，都在法租界；孙中山及其战友，如戴季陶、廖仲恺、朱执信、胡汉民，陈独秀及其同志，如李汉俊、陈望道、施存统、俞秀松等，一段时间内都居住在法租界，便与此有关。

俄国侨民

俄国侨民是上海外侨中的重要群体，在近代上海都市文化中占有举足轻重的地位。上海俄侨有以下四个特点：

其一，人数众多。俄国人较晚才来上海定居。1865年，上海只有俄侨4人，1885年有5人。19世纪末，俄侨人数有所增加，1895年为28人，1900年为47人。1904—1905年日俄战争以后，上海俄侨数量增长较快。1905年，上海有俄侨354人，此后至第一次世界大战爆发的10年间，公共租界内俄侨人数稳定在360人左右。这些俄侨，以常态下到上海经商的商人为多，所设企业有华俄道胜银行、义勇舰队公司、东亚公司等，有几家将茶叶、丝绸等商品从长江中下游各地经上海转运到俄国的商行，还有几家俄国商号在沪设立的代表处或办事处。

1917年俄国十月社会主义革命爆发后，大批俄国贵族蜂拥抵沪。1918年人数最多的一批是12月4日由英国公司游轮所

魔都上海的
魔力与魔性

MODU
SHANGHAIDE
MOLIYUMOXING

168

20世纪二三十年代的南京路。图片来源：沈寂主编《老上海南京路》，上海人民美术出版社2003年版

载，计1000人。由于他们与被称为"赤俄"的苏维埃政权为敌，故称"白俄"。1922年秋，俄国最后一个反苏维埃政权阿穆尔河沿岸临时政府垮台，至1923年底先后有3236人抵沪；1929年，中国和苏联在东北地区发生武装冲突，又有1382名俄国人南下上海。20世纪30—40年代，是上海俄侨数量增长的高峰期。据估计，1936年上海有俄侨14845人，1942年上海包括白俄、苏俄在内的俄侨总数约21000人。

其二，以难民为主。上海俄侨多为由于战乱而逃至上海的难民。1924年3月，上海共有俄国"难民"7000余人，至年底失业俄人靠赈济为生者1350人，靠赈济津贴者2000人。30年代上海俄侨总数为1.5万~2万人，其中包括俄籍犹太人约4000人，多为难民。俄侨难民分为4类：一为旧俄海军人员；二为白军及旧俄政府雇员及其家属；三为士官武备学校学员，是第一次世界大战中俄军阵亡将士的遗孤；四为其他难民。大多数俄国难民尽管分文不名，但因他们受过良好的文化教育，律身甚严，情愿从事那些工作重、报酬少的正当劳动，而不偷不抢。据租界警务处和法院的统计资料证明，1923—1925年间，上海俄侨几乎没有什么严重的犯罪行为。

其三，杂处华人之中。俄侨散处在上海华人社会之中，较少有居高临下的殖民心态，与华人社会有较为广泛的接触。俄侨在上海的居住地，相对集中在法租界霞飞路（今淮海中路）、蒲石路（今长乐路）、福煦路（今延安中路）、格罗希路（今延庆路）、辣斐德路（今复兴中路）等地，主要在法租界。法租界比较有名的一批公寓，如培恩公寓、康绥公寓、新华公寓、泰山公寓、恩派亚大楼、亚尔培公寓等，居住着俄侨中比较有社会地位、有经济实力的人。但从总数上来讲，这些人占少数，绝大多数俄国侨民散处在上海众多的新式里弄里。这些公寓、新邨里，既居住着俄侨，也居住着众多华人。相当多俄侨从事的职业与华人有密切关系，比如女帽头饰业、女服童装制作业、男子服饰、面包房和西式食品、钟表和珠宝首饰业。为数众多的俄国餐馆遍布于大街小巷，使得俄国大菜很快风行起来。这些行业的服务对象有相当部分是华人。俄侨杂处于华人之中，俄人、华人朝夕相处，謦欬相接，对于俄罗斯文化与中国文化的交流有着重要的意义。

其四，文化水准较高，艺术人才突出。俄侨中相当一批人受过良好的文化教育，他们在上海立稳脚跟以后，其文化特长很快显示出来。至20年代末，上海一流医师、建筑师、工程师中俄侨已占10％以上。俄侨开业医师人数，在1920年还仅2人，到1930年已增至32人，1940年则增加到58名，另有50名牙医、7名兽医。

俄侨中有些人本是著名的艺术家，迁居上海后，他们的艺术才华很快令人刮目相看。20世纪20年代以后，公共租界工部局乐队成员的60％是俄国人。1926年成立的法租界公董局管乐队成员大部分是俄国人。1927年成立的上海国立音乐专科学校中，有扎哈罗夫、托姆斯卡娅等俄侨专业音乐人员担任教

魔都上海的
魔力与魔性
————
MODU
SHANGHAIDE
MOLIYUMOXING

170

员，其外籍学生几乎全是俄国人。二三十年代上海的音乐、话剧、舞蹈、美术及建筑设计界，活跃着众多来自俄罗斯的艺术家与学者。

德国侨民

德国侨民在上海的活动，明显地分为两个阶段，以1918年第一次世界大战结束为界碑。

德国人何时开始来沪，时间不详。1855年、1856年，上海先后有德国商人开办鲁麟洋行与禅臣洋行经营进出口业务。不过，那时的德国人都是作为普鲁士、巴伐利亚、萨克森等郡的商人，而不是作为德国国民出现的。1861年，普鲁士作为德国最大的郡和他们的领袖，与清政府签订《天津条约》，从中国获得治外法权。1866年，普鲁士战胜奥地利，1871年普鲁士战胜法国，此后中国从事实上承认德国是列强之一，德国商人、传教士、工程师、医生开始络绎来沪。1865年，上海公共租界有175名德国人，以后一二十年间一直维持100多人到200人的规模，到1895年增加到314人。1900年，公共租界有525名德国人，法租界可能还有一些。1910年，上海两租界共有959名德国人。

早期来沪德国人以商人为主，瑞记、礼和、美最时、泰丰等德商洋行竞相开设，1894年上海已有德国洋行85家，远远超过美国、法国。在进行进出口贸易的同时，德商在上海工业投资发展迅速，涉及面粉业、制冰业、纺纱、造船、机器制造等。到1911年，上海有德资企业103家，占上海外商企业总数的16%，仅次于英国。1915年，上海德资商店有202家，超过美国，与英国并驾齐驱。[9]

第一次世界大战爆发后，上海德侨纷纷回国，德资企业纷纷歇业。德国人在上海欧美侨民社会中被视为不受欢迎的群体，在上海外侨俱乐部遭拒绝，在工部局等机构被驱逐，一些非德资企业也不欢迎德国人。

1917年3月，中国断绝与德国关系，8月向德国宣战，德国在华享有的治外法权被宣告取消，德国侨民必须受制于中国法律。法国人鼓励公共租界驱逐德国人，并向中国政府施加压力，要求北京政府下令驱逐所有在华的德、奥侨民。但是，上海公众对此并不积极。不过，德国侨民在上海的社群活动受到一定限制，德文报纸被停刊，德国俱乐部被关闭，85家德国商行被扣押。

1921年5月，中国与德国签订《中德协约》，中国发还德国被扣押的财产，德国洋行陆续复业，俱乐部开放，学校开学，但德侨与英美侨民的关系没有完全恢复。此后，随着德国经济复苏，德商在上海又很快发展起来。到1936年，上海德商洋行增加到77家，占外国在沪洋行总数的11.4%，有德侨近2000人。

第二次世界大战期间，德国与日本同为轴心国，德国与苏联又签订了《苏德互不侵犯条约》，德国商品可以通过日占南满铁路及苏联西伯利亚铁路运到上海，德侨在沪人数也于1942年达到最高点的2538人。自1939年起，德国纳粹党一些负责人陆续来到上海，迫使上海的德国侨民服从柏林的政策，国际饭店里聚集着纳粹军事情报局的谍报人员及特工。[10]第二次世界大战结束后，德国在华企业按照敌产处理，在沪德国洋行大量减少，1946年仅剩下6家。德侨也相率离去，1946年有1496人，到1949年11月还有889人。

德侨在上海出版的德文报纸有《德文新报》，1887年创刊，是中国境内出版的第一份德文报纸，内容起初侧重于商业消息，读者对象为上海及远东的德国侨民，1907年增出《上海通讯》《商业通讯》两种德文附刊，1917年中国对德国宣战后停刊。由德国医生宝隆在1907年创办的同济德文医学堂，后来发展为同济大学，是德国人在上海创办的最重要的学校。

魔都上海的
魔力与魔性

MODU
SHANGHAIDE
MOLIYUMOXING

172

意大利侨民

近代来沪的意大利人，1900年以前不满百人，1910年为236人，1920年为226人，1930年为320人，1935年为395人，1945年为达到顶峰的1048人。他们主要分布在公共租界与法租界，以公共租界稍多，从事的行业有商业、金融、贸易、建筑、教育、宗教、艺术等。其中，近代天主教南京教区第一任主教罗伯济，曾任南京教区主教的赵方济，创办徐汇公学的晁德莅，民国初年担任中国银行顾问的白雪利，工部局乐队指挥、著名音乐家梅百器，都在近代上海史上留下了深深的印痕。上海最早的纪录片《上海第一辆电车行驶》《上海风景》，是意大利人阿·劳罗在1908年为上海摄制的。1933年无线电发明家马可尼访问过上海交通大学，并为该校即将兴建的无线电台树基。1936年创办、一度颇有影响的《大沪晚报》，是在意大利驻沪领事馆注册、由意大利人刚恒毅担任董事长，其宗旨之一是促进中意邦交，沟通中意文化，联络中意人民感情。极富盛名的上海红房子西菜馆，是意大利人罗威在1945年开设的。

葡萄牙侨民

上海在1850年有6名葡萄牙人，以后持续增加，1865年为115人，1875年为168人，1880年为285人，1890年为564人，1900年为978人，1905年为1331人，1942年达到1979人，最多的是1946年的2281人。

葡侨独立在上海开设的洋行很少，到1859年上海有62家洋行，没有一家属于葡侨。1936年上海有外商洋行561家，只有2家为葡萄牙人所开。[11]

葡侨在上海的职业，最高比例是职员。上海很多著名外商企业，如怡和洋行、天祥有限公司、法商电灯电车公司、上海电话公司、英商上海自来水有限公司、上海电力公司、美孚公司、德士古煤油公司、上海煤气公司、英商颐中烟草股份有限公司、慎昌洋行等，都活跃着众多葡萄牙人的身影。也有很多葡萄牙人在外商银行中任职，诸如汇丰、花旗、麦加利、安达、大通、有利、东方汇理及华俄道胜银行等。

葡侨职业分布很广，工业方面有工程师、技工、成衣工、刺绣工和工厂职员，商业方面有糖果商、乳品商、肉贩、厨师、理发师、指甲修剪师、香料商、各级经理人员、助理、进出口商人、餐厅业主、运货代理商、零售店店主和店员等，金融方面有银行经理人员和职员、掮客、买办等，其他还有会计、医师、牙医、律师、记者、神父、传教士、教师、护士、助产士、画家、乐师、演员等。

葡萄牙人多信天主教。1876年建成的虹口天主堂，位于南浔路，是上海葡侨重要的宗教活动场所。里面有葡萄牙教徒的包座，上面钉有铜边小框，框内写着葡萄牙某家某人的名字。20世纪30年代以前，葡侨的聚居中心在虹口一带。1937年以后，葡侨聚居中心南移至法租界一带，虹口天主堂的葡萄牙教徒逐渐减少。

犹太侨民

犹太侨民是上海外侨中的特殊群体。犹太人移居上海明显地分为两个阶段：

第一阶段，1937年以前为零星移入阶段。1900年前，上海有犹太人14人，1900—1904年为21人，1905—1913年为51人，1914—1919年为116人，1934年为1671人。这些人或来自中东，或来自俄罗斯，从总体上说规模不大。

魔都上海的
魔力与魔性

MODU
SHANGHAIDE
MOLIYUMOXING

174

最早进入上海地区的犹太侨民为赛夫拉迪犹太人，又称巴格达犹太人，早在19世纪中叶就由巴格达取道印度前来中国。他们多属富裕阶层，其中以沙逊家族为先驱。伊利亚斯·大卫·沙逊出生于巴格达一个著名商贾和社区领袖家庭，19世纪中叶将其业务扩展至中国及印度，1850年以上海为总部建立沙逊洋行，在上海发展成为远东最有权势的家族，极盛时有700人。其他著名家族有嘉道理、亚伯拉罕、沙乐门等。平民出身而在上海致富者也不少，其中最为著名的代表人物是哈同。另一部分犹太侨民为阿兹肯纳齐犹太人，又称俄罗斯犹太人，原居住中欧、东欧、北欧地区，20世纪20年代由俄罗斯取道哈尔滨抵达上海。俄国十月革命发生后，又有一批阿兹肯纳齐犹太人南迁，至1924年有800~1000人在上海定居。1931年以后，日本侵略东三省，在经济上排挤所有外国势力，原居东北的阿兹肯纳齐犹太人又有一些人移居上海。

第二阶段，1938年以后为突然增加阶段。1938年6月，上海犹太人激增至1.4万人，以后继续增加，最多时高达2万人。这时，纳粹德国加紧对德国、奥地利、波兰等国犹太人的迫害，使得大批犹太人背井离乡，上海作为二战时期世界上唯一可以不持护照允许进入居住的城市接纳了大批犹太难民。原居欧洲的犹太难民，先后通过海路和陆路抵达上海，海路时期在1938年底至1940年6月，坐船从意大利的里雅斯特到埃及亚历山大，穿过苏伊士运河或绕过好望角到达孟买、香港和上海；陆路时期在1940年6月至1941年12月，由于意大利参战，犹太难民无法继续从海路出发，只能穿越俄罗斯，经过西伯利亚进入中国，最后抵达上海。

相当部分犹太难民居住在虹口提篮桥、华德路、百老汇路一带。由于虹口地区房租低廉，食品等价格便宜，多数贫困犹太难民聚居于此。1943年2月，侵沪日军宣布对上海地区的犹太难民施行隔离政策，将所有犹太难民强制迁入虹口隔离区内。据1944年1月的统计数字显示，隔离区内犹太难民总数为14245人。在虹口隔离区内，犹太难民依靠自身努力勉强度日，开设了300多家店铺，包括服装店、餐饮店、旧货店、食品杂货店等。

聚集在虹口的犹太难民，因语言不通，平时与中国居民并没有多少往来，华、犹共处而未融合。1945年7月17日，美军飞机误掷炸弹于虹口，令数百名中外平民葬身瓦砾，其中死者250人、难民为31人；受伤者500人以上，犹太人居其半。在犹太医生设立的急救站里，受伤的中外居民得到及时救护。犹太难民迅速组织起一支护卫队。"上海居民也给那些受轰炸后无家可归的难民们送去食品，并向一些收容所捐款。原来客客气气但不来往的邻居，顿时由于患难与共而变得情意融融起来。"12

太平洋战争爆发后，日军进占公共租界，犹太难民生活状况进一步恶化。抗战胜利以后，在国际难民救援组织安排下，犹太难民陆续离开上海，前往以色列、美国等国家。

1938年以后，大批来沪的犹太人对于上海城市的关系，犹如空降部队，来时一大批，去时了无踪影。他们在上海时自成社区，与华人没有很多交往，也不像白俄那样散处在华人中间，从异质文化相互影响的角度来看，没有留下多少可供分析的资

上海犹太难民纪念馆

魔都上海的
魔力与魔性

MODU
SHANGHAIDE
MOLIYUMOXING

176

料。但是，由于这些人是在最困难的时期来到上海，以后分散到世界各地，事业有成的大有人在，他们饮水思源，上海便成为其记忆中的一片"绿洲"。

日本侨民

近代上海日本侨民的特点是来得晚，发展快，人数多，自成社区。

日本在锁国时代，国家不鼓励人民向外拓展。1868年，日本明治政府开始维新变法，放开对外贸易，百姓可以自由选择职业，并允许西洋船舶私有。这促进了日本人向海外的拓展。1871年，中日两国签订《中日修好条规》《中日通商章程》，规定两国所有沿海各口岸，彼此均应指定处所，准听商民来往贸易。此后，日本开始有人来上海发展，但人数不多，规模不大，20年间不到1000人。这些人多为小商贾、小职员，以及为外侨服务的侍妾、仆役等，对上海社会影响不大。中日甲午战争以后，上海日本人不断增加，1899年上海日本人为1088人。

历史进入20世纪以后，上海日本人增加迅速，1903年超过2000人，1905年超过4000人，约占当时上海外国人的三分之一，1906年超过5000人。1915年，居住在上海的日本人达11457人，超过上海英国人，居上海外国侨民第一位。1923年，上海至长崎定期航线开设，日本侨民来沪增加更快。1926年，上海日本人超过2万人。1932年日本发动一·二八事变，1937年发动八一三事变，疯狂侵略上海，上海日本人迅猛增加，1938年超过3万人，1939年超过5万人，[13]1942年高达94768人，超过当时所有其他外国人的总和。抗战胜利后，日本无条件投降，在沪日侨除少量技术人员被上海市社会局留用外，其余全部被遣返回国。

在大多数时间里，日本侨民职业占多数的是公司职员、银行职员、店员、事务员，其次是商品销售业，其他职业有家庭佣人、艺妓娼妓、官员及其雇员。其中比较富有的上层侨民是商社老板、银行分社长、分行长及高级官员、公司经营者，多居住在公共租界的中心地段或法租界。中间层侨民以在纺织公司、银行、商社中供职的薪给人员为主，大多数住在公司、银行或商社的住宅里。下层侨民包括从事小商业、家庭工业、饮食服务业、各类杂业以及无职业者等一般平民，主要居住在虹口和闸北一带。

世界各地的日本人内聚力都很强，上海日本人也不例外。上海日本侨民大部分居住在苏州河以北的虹口一带，特别是以吴淞路和北四川路为中心的公共租界北部边缘。这一带由于日本人密集，被习称为"日本人租界""日租界"或"小东京"。日本人在这里开日本商店，办日本学校，出日文报纸，开日本医院，开日本料理、旅馆，设日本公园、神社、寺庙等。1907年，日本侨民设立自治团体上海居留民团，在上海总领事监督下活动。日本人社区事实上成为租界中的"租界"，成为与外界相对隔绝的地区。日本人社区有一条俗称"东洋街"的地方，即今海伦路471~531号，全长约300步，日本味特浓。据回忆：当年，这个地段两旁都是典型的东洋式二层半小洋房，屋内设施全然是日本式的，铺着榻榻米，居住者均属日籍人士。"东洋街"的两头，各树立一座木栅门，只开一小门供行人通过。[14]

上海华人对上海日本人的看法，经历了从鄙视、漠视到仇视的变化过程。19世纪中后期，日本人在上海人数既少，从事的行业也多卑微，除了一些文化人受到一定程度的尊重之外，日本人在上海华人眼里多被看不起。"东洋女子面黄多，袖大腰粗木屐拖。云鬓尚留前汉制，衣裙宽博舞婆娑。"[15]言辞间露出鄙夷之意。

20世纪初，日本人在上海已经很成规模，但是由于日本人自成一体，与华人接触不多，所以一般人对日本人生活状况并

魔都上海的
魔力与魔性

MODU
SHANGHAIDE
MOLIYUMOXING

178

不熟悉，一般中文传媒对日本人也很少报道。"只有当日本帝
国主义的军队在该市打仗，或者抵制日货给每天的生活带来不
便的时候，报纸的大标题才会出现日本人的字样。但是即使这
种时候，也很少能有任何关于平民人数及其活动的实质性报
道。"16

中国人与日本人直接打交道的最重要场所是工厂。第一次
世界大战以后，日本人在上海设厂日多，中国人在日本人所开
工厂里工作的人日多，两国人接触开始日多，对日本人的感觉、
评论自然也多了起来。由于日本老板对中国工人多比较苛刻，
所以中国人一般对日本人少有好感。17 1931年特别是1937年以
后，日本侵略中国，先是占领华界，继而占领整个上海，相当多
的上海日本人，或直接参与侵略活动，或以各种方式支持侵略
活动，成为上海华人仇视的对象。

印度侨民

上海租界存在时期，印度是英国的殖民地，上海印度人
都是作为英国殖民地人而来的。1851年，上海有21名印度人，
1885年有56名，1895年为119名，1900年为296名，1905年为
568名，1915年为1009名，1935年达到最多的2341人。18

来到上海的印度侨民成分比较复杂。其一是来自次大陆西
北部旁遮普、西北边省的锡克人，多为巡捕；其二来自孟买管
区，多为商人。他们分属四个宗教团体，即印度教、伊斯兰教、
锡克教和袄教。早期在沪印度侨民所从事的主要职业是巡捕。
1884年，工部局警务处成立印捕股，从印度招募人员充当公
共租界内巡捕，首批从印度旁遮普邦招募来的锡克族巡捕有
16人。1885年，工部局招募的印籍巡捕49人及巡官1人。1907
年，工部局警务处有印籍巡捕476人，还聘用了一批专门为印籍
巡捕服务的人员如锡克教布道师、印籍医务助理。此外，上海

还有不少印度司阍等。1934年，工部局雇佣的印捕为634人。除了一部分家属之外，印籍侨民也从事香料买卖和经营特色的餐馆等。

印度锡克人身材魁梧，大胡子，扎头巾，多不通中文，以他们为巡捕或司阍，标志明显，不容易与被管理对象沆瀣一气，工资也不如西捕高。这是公共租界喜欢聘用锡克人为巡捕、司阍的重要原因。锡克人在马路上执勤均扎红头巾，所以上海人一般将印度人称为"红头阿三"。其实，锡克人并不全扎红头巾，他们初到上海包头巾的颜色，青、黄、赤、白、黑，五花八门，各色俱全，须等他们成为巡捕以后，才包起头巾来。红头是他们在特定场所执勤的制服，包括马路、大公馆、大商号、大栈房、大娱乐场，以及各级衙门大门口。如果派在外国监牢里服务，就一律包着蓝头。"蓝头阿三"平常看见的不多，所以"红头阿三"名称最为普遍。[19]

不同的印度人团体过着自律的生活，相互之间或与广大社会联系很少。印度人的分裂，与阶级和职业差别有关。同是印度人，一位祆教商业巨子和一个旁遮普穆斯林警察，尽管同住在上海，但他们没有共同语言，甚至旁遮普锡克人和穆斯林说同一种语言，通常也没有交往，并且双方还可能有潜在的敌意。上海印度人与中国人社会联系也相当有限，很少有人能说流利的汉语，很少与中国人交往。一些印度商人更多地致力于国际贸易或主要为欧洲顾客而做的某种特定贸易，他们与中国贸易团体并没有进一步的联系，同其他外国团体之间的关系也并未加强。除了几个富商之外，印度人与英国人主要是仆主关系，特别是锡克人警察主管与英国军官之间，锡克人警头与英国人警头之间，他们在兵营之外不会面。印度人与日本人或俄国人，其关系也限于经济层面。[20]

魔都上海的

魔力与魔性

MODU
SHANGHAIDE
MOLIYUMOXING

180

安南（越南）侨民

在沪安南侨民，几乎全部由居住在法租界的安南巡捕及其家属构成。1900年，义和团运动在中国北方兴起，上海租界局势紧张，法租界公董局对华捕人员不甚放心，决定雇佣安南东京的民团成员来上海协防，第一批来到上海的安南巡捕共30名。以后逐渐增多，并允许这些捕房人员携带家属。1910年，在沪安南侨民有207人，1925年为666人，1934年达980人，1946年达到高峰的2350人。安南人在上海相对集中居住在法租界，在马斯南路（今思南路）、树本路（今建德路）一带，设有学校、教堂等设施，被习称为"安南村"。安南学校于1917年10月开学，公董局聘用一名小学教员，为越南籍巡捕的子女提供教育。1918年，有安南学生28人，分成两组。1929年，学校附设越捕法文班，有71名越籍警官和巡捕参加学习。30年代，学校设托儿班、幼儿班、预备班、初级班、中级班、高级班和附加班。学校教育属小学程度，课程包括法文、安南文、中文、道德、算术、物体与卫生日常知识、绘画、缝纫（女生）、历史、地理以及体育等。1933年以前，学校属公董局警务处管辖，经费亦来自警务处，自1933年起转属教育处。学校按"印度支那"法—越小学官方教育大纲进行教学。1935年，第一次组织了为获取安南学校毕业证书的考试，所获文凭与在法国殖民地得到的文凭被同等接受。1936年以后，每年都举行这种考试。1940年，学生增加到95人，教员全为越南籍。

韩国侨民

上海韩国侨民是相当特殊的群体，上海韩侨的政治活动在韩国近代史上具有特殊的地位。

自19世纪70年代起，朝鲜政府和商业人士开始对上海城市产生兴趣。1883年，清政府与朝鲜政府商定，开通上海和仁川之间航线，加强上海和朝鲜之间的人员、物资往来。1888年，朝鲜官员赴上海购买织造机器。朝鲜偶遇米荒，亦求助于上海粮市，由在沪之商就近购运至元山，以资接济。经济贸易往来的日益频繁，使朝鲜人对上海的认识不断加深，有人通过这条途径抵达上海，成为最早在上海居住的朝鲜侨民。19世纪末，随着日本加紧对朝鲜的侵略，不断有失意的朝鲜达官显贵和富商流落上海。1910年，《日韩合并条约》签订，朝鲜半岛沦为日本殖民地，来沪韩侨人数剧增。1932年后，因虹口事件发生，日本驻沪总领事署派出大批密探、宪兵大肆逮捕在沪韩侨。韩国临时政府逐渐向内地转移，在沪韩侨人数锐减。在法租界的人口统计项中，韩侨人口被并入日本侨民计算。到抗日战争爆发以后，韩侨作为日本侨民迁居上海，人口数才有所上升。居住在上海公共租界内的韩国侨民，1915年为20人，1920年为46人，1925年为89人，1930年为151人。30年代后，韩国侨民人口统计合并入日本侨民项内计算，数量不详。1946年，上海有韩侨1988人。

上海城市的特殊环境，为韩国抗日爱国志士的活动提供了很大的方便。1919年3月，集结于上海的韩国志士鲜于赫、金澈、玄盾等，决定在法租界宝昌路329号设立临时事务所，推选玄盾为总督，并发表《独立宣言书》，进行抗日活动。同年4月10日，吕运亨、尹显振、玄盾等在金神父路22号举行会议，组织临时议政院，以李东宁为议长，孙贞道为副议长，并决定建立大韩民国临时政府。同月17日，韩国临时政府在法租界宝昌路321号挂牌揭幕，并依托租界的特殊环境进行了一系列工作。1919年10月7日，在日本驻沪领事馆的压力下，法租界公董局巡捕房封闭韩国临时政府办公处，并限令其在48小时内迁出。从此，韩国临时政府转入地下活动。

以大韩民国临时政府为核心的在沪韩侨，开展了一系列反对日本殖民统治的活动。其一，组织对日本高级官员的暗杀。

魔都上海的
魔力与魔性
————

MODU
SHANGHAIDE
MOLIYUMOXING

182

1921年，朝鲜爱国志士金益湘和助手吴成伦在外滩新关码头图谋刺杀日本陆军大臣田中义一未果。1931年，在韩国临时政府主要成员金九等人策划下，成立以暗杀日本要人为主要目的的韩国武装团体——韩人爱国团。1932年1月，其成员李奉昌从上海出发赴日本东京暗杀日本天皇未遂。1932年4月29日，韩人爱国团成员尹奉吉，在上海虹口公园日军庆祝"天长节"现场投弹，炸死日本侵华军总司令白川义则、上海日本居留民团团长河端贞次，炸伤日本海军中将野村吉三郎、日本第九师师长植田谦吉和日本驻华公使重光葵。此举震动东亚，影响世界，为韩国民族独立运动史上的光辉一页。其二，开展反日宣传。1919年8月，韩国临时政府在上海发刊机关报《独立新闻》，宣传临时政府的各项抗日独立主张，报道世界各地朝鲜人开展的反日独立运动。另有《新大韩》《大韩民报》《新韩青年杂志》等刊物。它们对揭露日本殖民当局的残暴统治，鼓舞朝鲜人民的反日独立斗争，起了积极作用。其三，组织各种社团，培养独立运动骨干。韩国临时政府先后选送优秀青年分4期共40人至黄埔军校学习。在法租界马浪路建立仁成小学，对旅沪韩侨青少年进行民族意识教育，并建立花郎社和上海韩人童子军。1930年，合组建立上海韩人青年同盟，并出版机关刊物《萌芽》。

由于大韩民国临时政府诞生在上海，其重要领袖居住在上海，宣传基地在上海，不少政治活动在上海酝酿、组织，上海遂成为韩国民族独立运动的圣地。

五方杂处，分中有合

上海国内移民来自全国各地。国内移民进入上海的方式，多属零散、自发、非组织性。就人口增加速度看，19世纪下半叶较为缓慢，20世纪上半叶比较迅猛。1843年开埠时，上海城市人口20余万人，到1900年增加到100万人，1915年超过200万人，1930年超过300万人，到1949年达到546万人，差不多每15年就增加100万人。

上海的国内移民主要来自江苏、浙江、安徽、福建、广东等全国18个省区。按1950年1月的统计，上海本地人75万人，占15%。此外，人数最多的是江苏（2393738人），占48%；第二位是浙江（1283880人），占26%，都在百万以上。第三至五位是广东（119178人）、安徽（118567人）、山东（109925人），均在10万以上。再次是湖北（38524人）、福建（23820人）、河南（19271人）、江西（17550人）和湖南（17525人），都在1万～4万人之间。[21]百万级、十万级与万位级，三个等级相差明显。此外，四川、广西、云南、贵州、陕西、甘肃、北京、台湾、东三省等地，也有一些，均不超过万人。从移民来源地与上海距离可以看出，距离越近比例越高，距离越远比例越低。只有一省比较特别，即广东省，距离较远，但移民较多，这是因为商业传统的缘故。这种同心圆式的结构，正是自发性、零散性移民特点的表现。

郑振铎这样形容民国时期上海五方杂处的特点：

魔都上海的

魔力与魔性

MODU
SHANGHAIDE
MOLIYUMOXING

184

上海好比是一所最复杂的、最奇特的、最丰富的博物院，在那里，什么样的人物都有，自吴鉴光、丁甘仁、哈同以至最新式的科学家；在那里，什么样的社会状况都有，自虹庙的烧香，哈同路某宅的宫廷生活，以至最新式的欧化的舞蹈与其他娱乐；在那里，什么样的交通器具都有，自独轮车、塌车、轿子、马车、人力车、电车，以至最新式的汽车；在那里，什么样的房屋都有，自江北舭舭船改造之土室、草房、平房、楼房以至设备得最新式的洋房。这其间相差相距，不啻有二十个世纪。时时的到街上去默察静望一下，见那塌车与电车并行，轿子与汽车擦"肩"而过，短服革履的剪发女子与拖了长辫子戴红结帽顶的老少拥拥挤挤地同在人群里蹿……这还不够你的鉴赏么？世界再没有一个博物馆有那样复杂完备的活的"陈列品"了。[22]

自主自立，相互包容

各地移民来到上海以后，绝大部分居住在两租界与新辟的闸北、沪西等地区。他们的聚集方式、生活特点，与城厢内本地居民有明显不同，与中国其他内地城镇也很不相同。中国内地无论城市乡镇，或客籍寄居，或出居土著，都不像上海租界这么混杂。在内地乡镇，左邻右舍一向熟悉，即使新来之户也会设法与原先居民熟悉起来。假如一家迁移过来，其于进屋之日，不论房屋是典质还是租赁而来，照例必须先向左右邻居自通乡贯，也有的新来人家是邀集邻居数家，设席相待，其有不办酒者，则以一糕一果，遍惠诸邻，邻人受此，亦必殷然垂询其家世事业，如此则十室之地，彼此互知，如欲连环具结，尚非难事。通过如此这般的风俗习惯，便将新来的陌生邻居改变为熟悉之人，社会仍然是熟悉人社会。但上海租界则截然不同，"品类不齐，五方杂处，今日寓东，明日移西，莫知定向"。他们各顾自家门户, 对于邻居信息毫无兴趣, 全不关心。因此, 他们虽然栉比鳞次而居, 但是如果要打听其邻居信息, 便全然不晓。"傥屋而居, 同为作客, 启户而出, 闭户而入, 人无我扰, 我无人知, 竟有同在一弄, 甚至同在一门, 而彼此姓名不知, 见面不识, 问以尔之邻何氏而茫然, 问以尔之邻何业而又茫然, 问以尔之邻共有几人, 而无不茫然。问此则此然, 问彼则彼亦然。"[23]

20世纪30年代, 上海原有城厢内外地区, 仅占上海城市总面积的二十分之一。也就是说, 上海城市90%以上的区域是近代新发展起来的。这些地区的居民, 全都生活在陌生人社会里。这种居民结构, 与中国传统城镇居民结构很不相同。中国传统城镇居民社会, 是一种小型的、同质的、相对静止的熟悉人社会, 而近代上海则是大型的、异质的、流动性很大的陌生人社会。即使原先的城厢内外地区, 亦早已变为五方杂处。

近代上海的这种人口特点, 对于上海城市品格形成带来至关重要的影响。

来到上海的各地移民, 离开了原先的家庭、家族、乡里, 也离开了原先的家训、族规以及乡土各种传统制度的拘束, 在五光十色的十里洋场, 成了一个个必须独立去拼搏的自由人, 形成了高度异质的都市陌生人社会。"人们有了择业的自由, 有了婚姻的自由, 有了居住和迁徙的自由, 有了宗教信仰的自由, 有了追逐前途的自由, 尽管这些自由仍然要受到各种主客观条件的限制, 却是人们过去从未享有过的。在传统的家族宗法制度中, 个人只是以血缘关系联结起来的伦常网络中的一个网结, 从来不是一个独立者, 他的生活和命运大体由等级秩序规则所决定。他们或者经由十年寒窗苦读通过科举登上仕途, 或者在窄小的土地上, '面朝黄土背朝天'度过一生, 职业、居处、婚姻、信仰, 自己都难以自由选择。而上海, 则给人们提供了成为独立的个人的宏大空间。"[24]

这种陌生人社会, 对于上海人的自立自强有着重要意义。

魔都上海的

魔力与魔性

MODU
SHANGHAIDE
MOLIYUMOXING

186

上海三山会馆

在上海，一个人的个人品质、学养、能力至关重要，而家庭背景变得不那么重要。考察近代上海很多成功人士，如徐润、郑观应、虞洽卿、朱葆三、叶澄衷、周祥生等，都没有显赫的家世，没有父、祖的余荫，都是从学徒做起，靠自己的勤奋、好学，一步一步踏上成功之路。相反，有些家境富庶的年轻人来到上海以后，由于自己不努力、不上进，好吃懒做，腐化堕落，将家业败光，亦非个别。

这种陌生人社会，对于养成上海社会的包容品格直接有关。所谓"包容"，从个人或群体来说，就是承认、容忍、尊重异质个人或群体的存在，承认、容忍、尊重人与人之间的差异。每一个自由自立的个体，对他人来说都可能是异质存在。财富多寡、出身贵贱、文化高低、品德优劣、信仰差异、习俗差异，甚至乡音的不同，都可能成为交往鸿沟。但是，生活在高度异质的陌生人社会里，每一个体或在某一方面同质的群体，如同乡、同业、同教（信仰同一宗教）等，相对于其他众多的个体或群体来说都是少数。这一社会结构决定了每一个体或群体，对于其他个体或群体，必须采取承认、容忍、尊重的态度。这种个体之间、群体之间的相互承认、容忍、尊重，在整个社会而言便是对于多样性、差异性的承认、肯定与尊重。这就是上海城市"海纳百川，有容乃大"城市品格形成的社会原因。

每个人或群体的自由自立，整个社会对各种不同个体、群体的高度包容，促成了尊重他人私人空间、不干涉他人个人自由的社会准则。"人人自扫门前雪，莫管他人瓦上霜"，成为这个社会心照不宣的信条。邻居可能互相不知道姓甚名谁，楼上楼下也可能从不来往。同治年间有竹枝词描述上海社会："香车宝马日纷纷，似此繁华古未闻。一入夷场官不禁，楼头有女尽如云。"[25]所谓"一入夷场官不禁"，说的是地方官府对于租界居民生活方面的事务不加干涉。其实，不光是地方官府，就是整个上海社会，都存在尊重他人私人空间、尊重他人隐私的习惯。一般说来，大城市居民对陌生人比较疏离、冷淡，没有乡村小镇人的热情，无论中外都是如此。大城市人口流动性大，活动空间大，事务繁忙，异质性高，陌生人之间可信度低。乡村小镇居民，活动范围小，接触人相对稳定，熟人比例高，相对空闲，容易热情。上海人尊重他人私人空间表现在很多地方，比如不喜欢打扰别人日常生活，不会不打招呼就随便串门，不打听别人私事，也不随便请人来家里吃饭等。

这么多来自全国各地的移民，分处在公共租界、法租界与华界三个区域，上面并没有一个统一的机构管理与协调他们的关系。移民来沪时所依赖的路径是投亲靠友，依赖的是亲缘、地缘与业缘，来沪以后所依赖的依然是由亲缘、地缘与业缘支撑起来的会馆公所。近代上海存在许多会馆、公所，1909年为57个，1922年为228个，1930年为历年最高256个。这些同乡组织，为在沪同乡寻找工作，排解纠纷，申诉冤屈，办理婚丧嫁娶之事，还设立义冢，建立殡舍，为在沪死去的同乡能魂归故里而提供方便。有些会馆公所还设立诊所，设立义学。他们开有

魔都上海的
魔力与魔性

MODU
SHANGHAIDE
MOLIYUMOXING

188

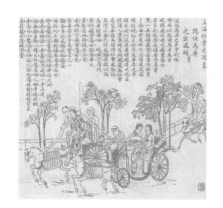

上海移民生活——乘马车出游。图片采自《图画日报》

适合同乡口味的饭店、菜馆,如粤菜、川湘菜、淮扬菜,设有上演本乡地方戏的戏院。大多数会馆、公所,供奉着各地的乡土神,岁时祭祀。四明公所供奉关帝,泉漳会馆供奉天后,江西会馆供奉许真君(东晋道士,住南昌),徽宁会馆供奉朱文正(朱熹,徽州人),湖南会馆供奉瞿真人(传说是明末清初长沙一位名医,医术高明,曾活人无算),山东会馆供奉孔子。

与此相关联,上海的各地移民在职业分布与居所分布方面,会出现相对集中的特点,某些职业、某些工厂或某一车间,来自同一个地方的人会比较多,某些小区、某些弄堂居住同一籍贯的人会比较多,比如虹口一带广东人较多,静安寺一带浙江人较多,杨树浦一带苏北人较多,安徽人在普陀、南市较多,湖北人在闸北、洋泾较多,山东人在提篮桥、南市、卢湾较多,湖南人在卢湾、虹口较多。于是,上海社会呈现分中有合的特点,即上海社会是由各方移民组成的,是为分;移民来沪以后,又有各地在沪同乡机构来维系,形成大而以省区分,如广东人、福建人、湖南人、山东人之类;小而以府县区分,如广肇人、宁波人、徽州人等,是为合。

这些移民的职业特点不同。如广东人做买办，经营洋广百货；福建人经营茶叶、木材等；宁波人经营金融、五金、水产杂货；湖北人从事水陆运输业；苏北人从事服务业，所谓"三把刀"，即菜刀（餐饮）、剪刀（理发）、修脚刀（浴室）。晚清文人吴趼人曾写过一篇《沪上百多谈》，专述上海五方杂处、百业汇聚、行为各异、万象杂陈、斑驳陆离的都市风情，与籍贯或地方特产有关的是：

> 衙门里师爷多绍兴人，剃头司务多句容人，典当朝奉多徽州人……虹庙内烧香多广东妇女……董家渡多无锡网船……卖土挑膏多广东人，卖熏肠熏腊多无锡人，卖拳多山东人，收纸锭灰多绍兴人，酱园多海盐人，药店多宁波人，酱肉酱鸭多陆稿荐，牙粉香油多日本货，茶食多稻香村，香粉多戴春林，剪刀店多张小泉，袜店多宏茂昌。[26]

来自五湖四海的移民，将各自家的乡风味带到上海，且精益求精，特色更为显著。于是，上海形成了各地名菜、名店汇聚一地的繁盛场景。

各地移民各奉其神，各操其音，各赏其乐，各品其食，一直和谐相处，相安无事，没有发生过什么区域群体之间的冲突。许多场合，各地菜肴、戏曲，共处一地，各展风采，互不干扰。比如，在新世界、大新、永安、先施、大世界等游乐场里，就有各种地方戏的演出，包括平剧、越剧、苏滩、本滩、甬滩、大鼓、扬州戏、昆曲、蹦蹦戏、滑稽戏、文明戏、双簧、清唱、魔术、口技、电影等，每个场子总是人山人海。也有一些专演地方戏的，爱多亚路有几个书场专唱申曲，望平街福致里公园书场专唱常锡新戏，恒雅书场、老闸大戏院、永乐书楼专演越剧。

魔都上海的

魔力与魔性

MODU
SHANGHAIDE
MOLIYUMOXING

190

众教并立，各美其美

　　近代上海在包容方面最突出的表现，当数不同民族、不同宗教之间的相互理解与尊重。

　　近代上海地区宗教活动相当繁盛，佛教、道教、伊斯兰教、天主教、基督教等都很发达。1949年以前，上海地区有佛寺100多所，有各种寺院近2000处，龙华、玉佛、静安为其著者。作为中国本土宗教的道教，据1943年统计上海有道院、道房117所，海上白云观、南市城隍庙为其著者，有道士约3000人。伊斯兰教在这里也颇兴盛，到1949年上海有清真寺20座，小桃园清真寺、福佑路清真寺、沪西清真寺为其著者，有掌教阿訇58人、穆斯林1.74万人。天主教自晚明就传入上海地区，鸦片战争以后上海更成为天主教在江南的传播基地，到1949年，上海教区共有19个天主教修会、427座天主教堂、信徒13万以上。开埠以后，上海地区又增加了一些新的宗教组织，包括外来的基督教新教、犹太教、东正教、祆教与锡克教等。基督教新教自1843年传入上海，到1949年上海地区基督徒达4.3万人、教堂280处。上海犹太教信徒是寓沪犹太侨民，分布在虹口、霞飞路、西摩路等处，所建犹太会堂有8处。上海东正教以寓沪俄罗斯侨民为主体，到1941年先后建成东正教堂10座，20世纪20年代在上海设有主教，1935年参加复活节晨祷的俄侨超过万人。祆教（琐罗亚斯德教），1845年开始传入上海，信徒为印度帕尔西族人，1866年在福州路建立祆祠。1915年在英国领事馆登记的印度祆教徒为31人。锡克教随印度锡克人来沪而传

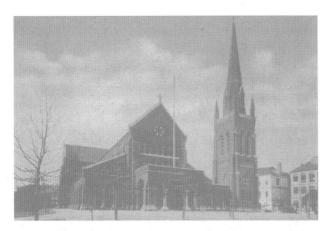

上海基督教圣三一堂

入，上海先后有4座锡克教谒师所。锡克教在上海的鼎盛时期为20世纪30年代，其时旅沪印度侨民有1300多人。

这些信仰系统来源各异、信奉对象千差万别、礼拜仪式形形色色的宗教，汇集在上海，真是众神毕至、各显神通、各呈异彩的名副其实的宗教博览会。世界各大宗教，多有唯我独尊的排他性，那么多宗教同处于上海一隅之地，却没有出现明显的宗教冲突。这是什么原因？我以为主要有3个原因：首先，那么多种类宗教在这里都有发展，都有组织与信徒，并不存在某一种或两种宗教特别强盛的局面，这对于宗教排他性而言，反而起到某种稀释与抑制作用。其次，上海两个信徒最多的宗教，即佛教与道教，在世界各大宗教中排他性最为薄弱。这种局面不利于其他宗教的排他性发酵。再次，近代上海并非某一宗教圣地，而主要是作为商业城市存在，来到上海的各地移民，其在沪主业是工商或其他世俗性业务，这也使得上海城市的宗教色彩不那么强烈。

特别值得一提的是，近代上海非但没有出现明显的宗教冲

魔都上海的

魔力与魔性

MODU
SHANGHAIDE
MOLIYUMOXING

192

突，而且在宗教共存、理解方面，还出现一些积极的努力。

其一，兼顾多种宗教信仰。一些多民族、多宗教人混处的学校、团体，在制定放假制度时便兼顾多种宗教信仰。比如，圣约翰大学就中西节日兼顾，在春节、端午节、中秋节要放假，在复活节、升天节、圣诞节也要放假。

其二，主张宗教对话，尊重他教。美国传教士李佳白创办、中外众多绅商参与的尚贤堂，1910年设一专门机构"中外教务联合会"，其宗旨便公开宣示：一、各教互相亲慕，尊重友谊，无尔我之见，无等级之分；二、开会时不可批评他教之教理，更不可毁谤他教及凌辱他教之人；三、倡导各教之间互相研究他教之道，协力同心以成善举。[27]本着这一宗旨，联合会通过举办演讲、出版报刊等多种形式，大力倡导不同宗教之间的互相理解、互相尊重。联合会从1912—1926年共举行151次演讲，主要围绕各教之真理、各教对人世之益处、各教与人性之培养、各教之间如何相互尊重等议题展开，各大宗教全部涉及，其中佛教27次、儒教（含孔教）23次、基督教新教与天主教20次、伊斯兰教16次、道教10次、犹太教7次、婆罗门教3次、波斯教1次，其中综合讨论人类宗教以及宗教之间问题的最多，达44次。[28]重要演讲者有：美国纽约协和神道大学霍尔博士，美国传教士孙德兰，英国传教士、上海广学会总办李提摩太，澳大利亚传教士裴凡，孔教会积极分子陈焕章、姚菊坡、沈曾植，中华佛教总会上海分部正会长释仰西，日本本愿寺布教使水野梅晓，东印度佛教之传教师达摩波罗，普陀山锡麟下院了余禅师，哈同花园讲经主任月霞禅师，江西龙虎山道教嗣汉天师张晓初，上海白云观道士赵秋水，伊斯兰教阿訇马宜之、马昆山、马维常、王裕三，回教俱进会北京总部会长王浩然，北京清真寺教长张子文，还有华盛顿大学戈尔德博士、俄国寇赛林伯爵、印度学者魏杰、印度邦贝大学撒卡博士。很多演讲都强调各宗教之间和谐相处。

演讲中，联合会特别注意各教之间的沟通和调和。1913年4月4日，为纪念复活节，联合会举行特别会议，除了邀请基督教张葆初演讲"论耶稣复活之理暨各教之互证"，还邀请伊斯兰教马维常、孔教姚菊坡、道教朱啸筠、佛教仰西禅师等，分别演讲各教与耶稣复活问题。

在尚贤堂所办杂志上载文讨论宗教和谐这一问题的，除了上述演讲者，还有上海圣约翰大学校长、美国传教士卜舫济，德国传教士卫礼贤，日本学者渡边哲信，中国社会著名人士伍廷芳、沈敦和、张元济、林纾、狄楚青等。

尚贤堂开展的关于宗教相互尊重、和谐相处的活动，受到社会各界的广泛关注，也吸引到越来越多的宗教界人士加入。据说演讲时，往往是"地板上坐满了男性观众，走廊里拥挤着女士们，还有数百人连大门都进不去"[29]。

宗教是异质文化人群相遇以后惯常面临的重大问题，也是全球化时代人们都会遇到的重大问题。近代上海由于多种因素错综复杂的作用，率先面临了这一问题，也为解决这一问题提供了先驱性的地方性经验。

近代上海没有统一的政权管辖机构，没有统一的社会控制机构，没有统一的文化管理机构，没有统一的意识形态，这从文化生态学的角度看类似于文化原生态，来自世界各国、各个民族具有不同地域特点、历史传统的文化，在这里比较自发、从容、平静、理智地会面、碰撞、理解与融合，从而积累了可供借鉴的经验。

不同宗教同处一地，最易发生冲突，这在古今中外历史上不知道发生过多少血案。近代上海不但没有冲突，而且很早便考虑、谋划如何做到宗教和谐。李佳白等人倡导的宗教和谐，视野何其宏大，思考何其深邃！这堪称上海文化包容性结出的硕果。

魔都上海的
魔力与魔性

MODU
SHANGHAIDE
MOLIYUMOXING

194

4

自辟蹊径，别开生面

作为长时段、大面积的华洋混处、五方杂处的社会，近代上海所遇到的某些文化问题前所未有。上海社会在这方面有自己独创性的应变之道与独特性的解决方案，突出表现在混血儿问题与跨文化语言交流问题方面。

跨种族婚姻与混血儿问题，是上海社会华洋混处以后带来的一个突出社会现象。

中国人大范围与欧美白人接触以前，双方都有悠久的文化传统，在文化上都很自信。鸦片战争以后，中国人虽然在战场上失败了，但是内心深处的文化优越感并未失去。来沪的英、法、美等国白人，更以文化上的优等民族自居。两者相遇后从总体上说，双方都是排斥与对方通婚的。在英国人和许多其他欧洲人的圈子里，都有一条不成文的规则，某人如果与中国女子结婚，就会立即被驱逐出社交圈。但是，上海还是出现了一些非正规的跨种族婚姻，以及与其相伴的混血儿问题。

笔者搜索过相关档案与资料，据估计1843年开埠以后至1949年的106年中，发生在上海的汉族人与欧美白人之间的经过结婚登记的正式婚姻，不会超过100例，其中绝大多数是男外女中，即男方是外国人，女方是中国人。但是，中外非正式婚姻并不少见。

由于上海外侨社会男多女少，到20世纪初期，妇女人数通常只有成年男子的三分之一，外侨中有许多单身男子，他们有很多机会与中国妇女接触，这使得欧美白人与中国妇女不可避免发生许多非正式婚姻。那时，外国人娶一个中国的姜，大概40来块钱就够了。[30]非正常婚姻通常被认为属于私人生活领域，留下的资料极少。但是，与此相关联的混血儿的资料，却比较丰富。从档案看，上海混血儿在很长时间里身份比较尴尬，中外都不认可，较难申请到国籍。但是，上海外侨社会为解决这些混血儿的教育、工作问题，开创了一些办法。1870年，西人就在虹口为欧亚混血儿开设了一所学校，即上海尤来旬学校（Eurasian School, Shanghai）。这所学校是英国寓沪富商汉璧礼资助的，他本人便是一名混血儿的父亲。1889年，这所学校由工部局接管并改称汉璧礼养蒙学堂，1914年分为男校和女校。学校日后迁到沪西，即今市西中学前身。工部局还为安排成年混血人的工作想了一些办法，万国商团中亦有以混血人为主的连队。

洋泾浜英语是近代上海社会的一项重要创造，是不通中文的西人与不通英文的买办、仆人乃至中国商人之间相互沟通的语言。

洋泾浜英语，英文作pidgin-English。Pidgin的词源，学术界一般认为是business的汉语谐音，pidgin-English意为商业英语。洋泾浜原是上海县城北面的一条小河，英、法租界相继辟设以后，成为两租界的界河。洋泾浜两岸及其桥上，逐渐成为商品贸易的场所。一些口操蹩脚英语翻译人员，成为牵合中外商人、促成交易的重要中介。从事这项活动的，开头是随洋行从广州到上海的买办，多为广东人，尤其是香山人，后来逐渐本土化，形成上海露天通事，规范了上海的pidgin-English，洋泾浜英语由此形成。

洋泾浜英语是一种混合语言，其特点：一是词汇较少，往往一词多义，如my除了其本义之外，还是I、we、mine、our、ours的同义词，Makee涵盖make、do、cause、become等，Plopa至少代表proper、good、right、correct、nice

魔都上海的

魔力与魔性

————

MODU
SHANGHAIDE
MOLIYUMOXING

196

5个词的意思,How fashion?至少代表下面3句话的意思 what for? why? What is the meaning?二是音序简化,一般只有3个元音,即[i]、[a]、[u],辅音系统也大为简化,所以sheep与ship一概读作sip,knife读为naifoo,English读为Inkeli,sorry读作solly。三是语法简单,没有数、性、格、人称、时态、语态等词形变化,有不少是按照汉语词序来表达的,如Long time no see you(很久没有见到你了)。

洋泾浜英语形成较久,语源复杂,包括英语、葡萄牙语、印度语、广东话等。同治年间,出身于上海广方言馆的杨勋曾作《别琴竹枝词》百首,将洋泾浜英语编成顺口溜,既好记,也颇有趣。比如:

清晨相见谷猫迎(谷猫迎,good morning),

好度由途叙阔情(好度由途,how do you do)。

若不从中肆鬼肆(肆鬼肆,squeeze,敲诈),

如何密四叫先生(密四,mister,先生)。

"谷猫迎"是读音,"清晨相见"是说这句话的场景。"好度由途"是发音,"叙阔情"是讲这句话的用意。"肆鬼肆"中的"鬼"字,而不用"贵""归"等字,隐含这个词的贬义。

洋泾浜英语流传相当广泛,使用时间很久,也很有生命力。这是不同语言族群最初接触时的普遍现象。试想,两个完全不懂对方语言的人初次接触,在没有任何以往的知识可以支撑、没有任何工具书可以借助、没有任何翻译人员可以帮忙的情况下,那么他们怎么交谈呢?那一定是将对方零星、片断的语言纳入自己的语言系统中,一定是从比较具象的事物开始,然后进入比较抽象的内容。甲指着天上的月亮说:"这是月亮"。乙说"This is the moon"。以后,甲说:"这是Moon",乙说"This is月亮"。由此生发开去,逐渐演变为洋泾浜外语。

洋泾浜英语,是操两种以上语言的人群、达到一定数量、使用较长时间以后才有可能形成的语言，是一种典型的自发秩序。这种语言以"洋泾浜"为名，正反映了上海在这种语言形成过程中的基础性地位。

5

扶危济贫，守望相助

近代上海是富人少、穷人多的城市，或者说是以穷人为主的城市。

按照联合国世界粮农组织提出的标准，恩格尔系数在59%以上者为贫困，50%~59%为温饱，40%~50%为小康，30%~40%为富裕，低于30%为最富裕。据研究，1922—1934年间中国农村人口的消费支出中，食品、衣着、房租、燃料灯光、杂项所占比例分别为59.9%、7.1%、4.6%、10.4%、18.0%，恩格尔系数已达到60%，临近绝对贫困状态，可见当时农村居民基本上是贫民。[31]依此标准，则中国农村除了地主、富农以外的广大农民，包括中农、贫农、雇农在内，均属贫穷人口。研究中国农村问题的学者在30年代写道：农村"十家人家有八九家没有饭吃，凄苦的情状惨不忍睹，土匪到处涌起，日复一日的急速增加，人口流离，死亡率增高，灾域扩大，农产品减少，田地集中于地主，大多数农民沦为佃农，即无天灾人祸，也难养活自己"。[32]20世纪二三十年代，《东方杂志》曾对相关农村社会结构做连续性系统调查，结果显示江浙一带地主比例远远没有十分之一，上海附近地主仅占农民总数的1%，武进占

魔都上海的

魔力与魔性

MODU
SHANGHAIDE
MOLIYUMOXING

198

农民1.4%，句容占2%，靖江占3%，浙江鄞县占5%，松江竟然是0%，只有太仓最高占10%。[33]

近代上海急遽增长的人口中，绝大多数是贫民。1935年，上海华界贫困人口，包括农、工、劳工、家庭服务、学徒、佣工、无业人员，共占总人口的80.9%；公共租界贫困人口占总人口的80.0%。[34]如果加上一定数量的贫穷商人，则无论华界还是公共租界，穷人的比例都超过80%。城市并非农民逃荒避难、谋求发展的唯一选择，但城市是他们最主要的目的地。1936年的一项调查报告显示，全国22个省中举家外迁逃难、做工、谋生、住家的四项合计，以城市为目的地的占59.1%，而以别处乡村为目的地的占36.9%。其中，青年人以城市为目的地的比例更高，达到64.9%。[35]

穷苦农民进入城市以后，无论是工作还是待业，其身份都发生了改变。近代上海以下各类人员，基本上是由农民直接转化或稍加培训以后转化而来的，即工人、农业人口（农业、林业、花果、畜牧、渔业）、交通运输（服务于一切舟、车邮电行业）、劳工（人力车夫、肩夫工人）、家庭服务、学徒、佣工、杂役（理发、镶牙、扦脚、擦背）、无业（流浪汉、捡垃圾、乞讨、废疾、无正当职业者）。就比例而言，工人最多。1894年，上海工人已有5万人。1949年，上海全市工人122.5万人，占总人口四分之一。[36]

近代上海工业以轻工业为主，劳动密集型为主，技术含量较低，其工人绝大多数是刚刚进城的农民。1930年，曹家渡230户中，男工与男童工中的58%是文盲。1935年，上海印刷工人的79%由农民直接转化而来。上海某纱厂的男工60%目不识丁，能读自己姓名的占40%，能写自己姓名的占20%。同一纱厂的女工，目不识丁的占85%，能读自己姓名的占15%，能写自己姓名的仅8%。[37]诚如研究者所说："在农业危机压力下离开土地的农民，都是在农村里不能再生活下去的农业劳动力和小土地所有者，长江北岸的江苏地区，那里的生活很苦，蕴藏着大批劳动力经常不断地供应上海、无锡和长江口的其他工业中心。许多棉纺织工人、缫丝工人、人力车夫和码头工人都是从那里来的。"[38]

仅次于工人群体的是家庭服务业人员与佣工，再其次是无业人员，包括失业者、无业者以及纯粹操持家务者。从1930—1936年，上海华界此类人员占人口的16%~18%。1946年，此类人口97万人，占总人口33%。1949年，此类人口近126万人，占全市人口25%。[39]

以上三类，即工人、家庭服务业人员与佣工、无业人员，都对文化要求与职业门槛要求不高。就经济收入与生活程度而言，多属贫穷。这些人可以分为三种情况，即比较贫穷（工人）、非常贫穷（人力车夫、码头工人）与极端贫穷（无业人员）。城市接纳了他们，使他们改变了现状，改善了生活。

哪怕是极端贫穷的无业人员，进入上海以后情况也有所改善。那么，他们何以为生呢？其中，有一些人靠拆迁废旧房屋为生，被称为"三光厂"的人。他们成群活动，为的是拾捡一些遗弃的木材废品。[40]另有一些人靠卖艺乞讨，其场所便是所谓的"露天舞台"。闸北宝山路、永兴路口，虹口的红江庙、下海庙，沪西的曹家渡、小沙渡、新闸路的空地上，都有此类场所。法租界的南洋桥、安纳金路，大世界东南的一些街区及八仙侨，则是民国上海最大的露天舞台。有些人以种种方式在街上乞讨，包括告地状、赶猪猡、说好话、打鼓、口技、吟诵八股文、鞠躬行礼等。[41]据研究，拾荒、拾煤的儿童，每天可得三角左右，拾垃圾约月入五六元。[42]拾荒者，走街串巷，收拾破烂，卖到旧货摊上，每天可得二三角钱；码头丐，即专候在码头上帮人扛包抬货，生意好时每天能得七八角钱；拾香烟头丐，将拾到的香烟头汇拢起来卖给人家，每天所得之钱也能免除饥饿。[43]

此外，还有相当一部分流浪者进了收容所，或者流浪街头，

魔都上海的

魔力与魔性

————

MODU
SHANGHAIDE
MOLIYUMOXING

200

居无定所。从晚清开始，上海租界、华界就陆续建立了一批收容所、庇寒所之类机构，收留流浪者。各种同乡组织也有一定的收容功能。1927年，上海对各种收容、慈善事业进行统计，施医695752号，施药89686元，设义务学校25所，有学生4677人，习艺所4所，学生215人；收养贫病3734人，收养贫儿511人，教养游民120人，留养迷拐妇孺358人，留养妇孺587人，养老213人。[44]上海残疾院的功能是收容残疾人，中国救济妇孺总会则收容落难妇女。

民国时期，上海社会局曾分析上海游民何以如此之多的原因，将其归纳为三点："上海固工商业发达之区，而亦游民荟萃之处。盖以工商业发达，四方之慕名而来者众，以上海一隅之地，势无以应各方之所求，于是谋业而不得者，不久而为游民矣。又以上海缅中外交通之枢纽，道出是途，流连繁华，任情挥霍，囊用皆空而流落者，胥皆一变而为游民矣。此外如自甘堕落，以及工商业衰败，失业为游民者，又更仆难数。"[45]除此之外，还有一个原因，就是与上海收容流民的能力有关。流民的源源不绝与城市收容能力有相互刺激的关系。流民越多，收容呼声越大，收容努力越多，则收容能力越强。收容能力越强，对于外地流民的吸引力又越大。这是包括乞丐、流浪者等在内的上海流民越来越多的原因之一。晚清时期，有传教士提议公共租界专门设立收容乞丐等流民的机构，被工部局董事会断然否决，其理由是一旦有了这样的机构，就会吸引越来越多的流浪者来到租界，到头来将不可收拾。[46]收容的实质，就是包容。

近代上海作为中国特大城市，是多重集聚的叠合。其中，最基本的是产业集聚、人口集聚与财富集聚。产业集聚带动了人口集聚，制造业、交通运输业的集聚，吸纳了众多的人口，于是将那么多的农民变成了产业工人。人口的持续集聚，刺激了商业、金融业、房地产业的发展，刺激了饮食、旅馆、理发、浴室、环境卫生保护等各种服务业的发展，于是又将那么多的农民变成了第三产业的工作者。产业集聚、人口集聚，加上由于租界存在带来的上海城市的安全因素，使得全国各地富人麇集上海，促进了上海的财富集聚。

人口高度集聚，刺激了分工，促进新的行业发展。在上海，捡垃圾者、缝穷婆、推车丐、拾香烟头、掏大粪者、算命打卦者，都可以维持最低生计，都能自成一行。这种行当，只有在人口集聚到一定规模的时候，才有可能被分化出来自成一业，在人口稀疏的乡村或只有两三万人口的小城镇是很难形成的。

任何行业、阶层人员的高度集聚，都会带来三大效应：

一是凸显自身存在的实体效应。乞丐多了，就能形成乞丐团体，理发师、命理师、掏粪工都能自成组织。两三个乞丐，你可以不在乎他们的存在。有三五十个乞丐、甚至三五百个乞丐结成一个团体，有组织，有头领，社会、政府对他们就不能视而不见。人员集聚，行业形成，各种业内分工、行为规范就会出现，就会将分散变为集中，将无序变为有序，将无机变为有机，就能提升本行业的生存能力与活动能力。

二是人员个体素质的提升效应。城市人口高度集聚，异质文化共处，导致人际空间的接近性，使得商品交换与思想交流更加方便，使得城里人较乡下人更见多识广，更容易具有现代性。兹以女性素质为例。相关研究表明，上海女性更具有独立性，更具有现代意识，职业女性尤其如此。1932—1934年上海离婚案件统计表明，无论哪一年份，女方主动提出离婚的案件都远远高于男方主动提出的案件，最高的是1933年，女方主动者占10.1%，男方主动者占1.4%。这一现象与乡村正好相反，反映的是女性自主个性的崛起及权利意识的觉醒。[47]

三是与其他个人、团体、机构对话、竞争时的实力效应。在上述实体效应与素质提升效应的基础上，各种体现本行人员的经济、社会乃至政治方面的诉求，就能被集中、提炼出来，本行人员的各种能力就能被聚合起来，从而形成集体意志与群体

魔都上海的
魔力与魔性

MODU
SHANGHAIDE
MOLIYUMOXING

202

力量。人力车夫群体就是如此。从晚清到民国，从租界当局到上海地方政府，都在限制、取缔人力车方面进行多次的努力，但是由于人力车夫已是一个颇具规模与实力的群体，也有比较强的对话能力，从而在整体上维护了这一群体的利益。尽管到1955年这一行业最终从城市里消失，但人力车夫的个人与群体权益，从晚清到民国再到新中国，都是受到重视并基本得到保障的。[48]

集聚在上海的那么多穷人，除了进工厂当了工人、进商店成了店员、进机关成了职员之外，他们并不属于某一个行业，也没有经过高度的整合。但是，他们生活在上海这个有限的空间里，集聚在闸北、南市、杨树浦与浦东一带，还是在一定程度上体现了上面所说的三个效应。近代上海穷人集中的地区，无论在闸北、南市，还是浦东，都有廉价的饮食，廉价的茶馆，廉价的医院、学校与娱乐场所，从而成为虽然贫困但又相对自洽的贫民社区。这就是聚合效应的典型表现。

与充满活力的上海社会大系统紧密地联结在一起，贫民集聚会给贫民催生出向上浮动的期待。因为，在他们身边就有从贫民区走出的众多成功人士。

贫民集聚的一个后果，就是使得贫民问题凸显，引起社会各界重视，迫使政府下大力气去解决。同样死亡十个人，十个人横尸街头，与十个人抛尸荒野，其信息呈现、媒体关注、社会关心的程度会有天壤之别，前者可能成为重要社会新闻，后者则可能根本无人知晓。媒体高度发达的上海与信息极不发达乃至为信息死角的乡村，其间的差异更大。这是集聚效应的另一种表现。

城乡贫困信息呈现的不均衡性，使得城市贫民问题容易引起政府特别的重视。以棚户区为例：贫民集聚的产物之一，是棚户区大量出现。这在晚清已经相当严重，到1930年上海棚户已达3万户以上，遍布租界四周及浦东地区。上海专门组织了筹建平民住所委员会，至1931年先后建成全家庵路、斜土路、交通路三处平民住所。1935年，又成立平民福利事业管理委员会，综合解决贫民问题，先后建成中山路、其美路、普善路、大木桥路四处平民村。这些平民住所在抗战期间，历经兵燹摧毁，损失奇重。抗战胜利后，政府又派员接收、管理、修复。上海贫民问题之所以受到重视，就是与贫民集聚有关。同时期，全国各地乡村的贫穷问题，不知道比这要严重多少倍！穷人不集聚，问题不凸显，就不会受到当局的特别重视，也就更加难以解决。所以，单从解决贫穷问题的角度来看，贫民集聚也有其正面价值。

贫民生活在上海，尽管很多方面不如人意，但是这个城市的一些综合型设施与优势，还是可以让他们在一定程度上沾其余沥。以对传染病的预防与救治能力为例，民国时期大城市的能力强于小城市，小城市的能力强于乡村。在上海、南京、北平这些大城市，由于自来水厂的设立、饮用水的安全、城市排污系统的建设等，由于卫生防疫措施的制定实施和保健工作的推行，天花、痢疾、伤寒、肺病、霍乱等传染病已经得到有效的控制，但在同时期的乡村，这些设施、措施仍然缺少，这些疾病依然是农村人口死亡的最重要原因。据研究，1931—1933年上海、北平、天津、青岛、杭州、南京、汉口、广州8个城市中，普通死亡率14.17‰，同期中国农村人口的普通死亡率为27.1‰。[49]农村人口死亡率几乎是大城市的2倍。[50]

再退一万步说，集聚在上海的穷人，即使到了山穷水尽的地步，比起乡村来，上海有钱人多，慈善机构多，好心人多，新闻媒体多，对于穷人的发现与救济也比乡村要好得多。哪怕死在上海，也还会有同乡组织或其他慈善机构帮其入殓安葬，而在乡村则可能连这点死后待遇也没有。这是上海贫民宁愿在上海受苦受穷，也不愿意返回家乡的根本原因。

综上所述，尽管也有人是到上海以后才由富变贫的，但从

魔都上海的
魔力与魔性

MODU
SHANGHAIDE
MOLIYUMOXING

204

总体上说城市的贫民主体部分是从乡村迁移而来的，是先贫而后入城，而非入城以后变贫。乡民进入上海以后，相当部分变成了产业工人、商店职员、家庭服务人员与劳工，也有人成了无业者、流浪汉。在城市社会中，产业工人、商店职员、家庭服务人员的经济收入与社会地位，较之他们此前在乡村都有所提升。劳工与流浪汉，生活虽然极端困窘，但较之完全破产之农民，处境依然有所改善。

近代贫民在上海的高度集聚，为贫民群体向上移动提供了营养与动力，提升了贫民群体抵抗风险、应对灾难的能力，增强了这一群体在上海生存的耐力。美国学者格莱泽所著《城市的胜利》，讲印度、拉美国家大城市贫民窟问题，认为不是城市让人们变得贫困，只是城市吸引了贫困人口；贫民问题从根本上说是乡村破产的缘故，是整个社会的问题；大城市贫民窟的出现，说明城市对这些人的吸引力。[51]这一结论，对于我们分析近代上海城市包容贫民的问题很有参考意义。

近代上海还将慈善的温暖播向全国。以赈灾为例，近代上海民间赈灾机构众多，每遇各地发生大的灾荒，上海绅商就通过这些机构参与赈灾活动。1877年河南大灾，经元善等人成立"上海公济同人会"，专办赈灾工作，后来扩展为上海协赈公所，作为上海赈灾的常设机构，并在全国各地乃至海外设立相应机构。至1879年，由上海协赈公所解往直隶、河南、陕西、山西4省灾区的赈款，就有白银近50万两。1883年，山东发生特大水灾，黄河漫溢，近百万人受灾。上海协赈公所联络国内各处绅商，在全国各地与海外共设131处赈捐代收处，分布于江、浙、闽、粤、桂、云、贵、皖、赣、湘、鄂、蜀、鲁、辽、晋、豫、京、津、香港、台湾，以及国外的仰光、新加坡、槟榔屿、东京、横滨、神户、长崎、伦敦、华盛顿、柏林。这样，就形成了以上海为中心、江浙为基础、辐射全国、影响全球的赈灾网。到1893年，上海协赈公所通过这一网络，为各灾区募款达数百万两白银。

富商朱葆三参与救济赈灾活动无数,积极参与著名赈灾组织华
洋义赈会的创办与活动,他还因为冒着酷暑到医院巡查染病逝
世。盛宣怀一生参与和组织的赈灾活动有63次,累计捐款白银
一百几十万两,堪称"赈灾巨人"。他被清政府任命为第一任中
国红十字会会长,也是鉴于他在慈善方面的卓著功勋。

　　1946年,苏北发生水灾,又发生战争,出现大批难民。上
海苏北同乡会积极开展救助工作,在上海虹口、杨树浦一带设
立了5个难民收容所,收容苏北难民近6万人,收容来自其他地
方的难民2万人,发放面粉近3000袋。本乡人对本乡事最上心,
每一活动,由本乡人发起、组织、鼓动、宣传,经过传媒众多的
上海城市的集聚、发酵、放大,就产生了具有全国甚至国际的
影响。

会馆公所整合华人社会

　　上海会馆公所在整合华人社会、沟通官府与民众等方面,
发挥了极其重要的作用。比如,1874年与1898年先后发生的两
次四明公所事件中,投身其中的宁波人,不只是居住在法租界
的,而是全上海范围的。第二次四明公所事件中,为反对法租
界强占公所,上海宁波人举行罢工、罢市。投身其中的宁波人,
有居住在法租界的,也有居住公共租界与华界的;有陆地居
民,也有船上水手。

　　再比如,1897年上海爆发小车工人抗捐事件。此前,上海
并没有一个小车工人组织,也没有小车公所。抗捐事起,上海
成立了一个通瀛公所。这是上海第一个以小车工人为主的公
所,因小车工人来自南通与崇明为多,故名。通瀛公所成立后,
承担起管理车夫的职能。他们在小车工人中设立车头12人,管
车寓数百家,"各车寓乃各保所寓车夫,自安生业,无作非为,
到加捐时不敢违抗生事"。[52]从此,散漫无归的车夫被公所组织

魔都上海的
魔力与魔性
————
MODU
SHANGHAIDE
MOLIYUMOXING

206

起来，形成一个颇具势力的群体。

会馆公所的一个重要职能，是为所属成员排解难事、代理各类事务。有些会馆规条规定，同乡中若有人被欺负或无端受牵累，会馆会参与共同具禀保释事项。1902年耶松船厂的4名广东木工，因事被租界当局逮捕。有关公所董事就此进行斡旋，先后与木工首领、会审公廨、外国船厂老板接触，并向道台寻求帮助，最终使他们获释。1905年12月，上海人大闹会审公堂案件中，因为被诬拐卖人口的黎黄氏是广东籍已故官员黎廷钰的妻子，所以广肇公所、潮州会馆在联络广东人方面起了带头与关键作用。1923年，宁波人乐志华在一英国人家里为佣，被主人诬陷偷钱，关进牢房，被巡捕打得遍体鳞伤，结果屈打成招。此事为张元济所知，他通过宁波同乡组织呼吁社会援助，向法院提起诉讼。官司打了5个月，冤情终于得到昭雪，6名肇事巡捕被革职查办。

近代上海关于同乡相互帮衬、同乡关系为革命活动提供方便，有很多生动的故事：

1919年12月，向警予、蔡畅、蔡和森与母亲葛健豪从湖南长沙来到上海，准备赴法勤工俭学。抵沪以后，发现船票涨价，原先所备经费不敷使用。情急之中，葛健豪想到蔡家有个远房亲戚聂云台正在上海经营恒丰纱厂，财大气粗，何不向他借款资助呢？于是，他们找到聂云台。聂云台是曾国藩外孙，时为上海著名资本家，乐善好施，尤其对家乡父老，相当慷慨。葛健豪说明来意后，聂二话没说当即资助800银元。这才解决了4人旅费问题。蔡和森等人登船离沪时，聂云台还亲至码头送行。

董必武、李汉俊、陈潭秋在上海相识，由湖北同乡成为同志，是上海作为移民城市在整合同乡资源方面的典型。董必武是黄安（今红安）人，李汉俊是潜江人，黄安、潜江相距甚远，董、李在家乡时并不相识。1919年3月，上海湖北人成立同乡团体湖北善后会，董必武和李汉俊被公推为驻会主持。其时，李

五四运动期间,上海市民参与爱国运动。图片由项慧芳提供

汉俊也在上海。湖北善后会的会址设在渔阳里南面,李汉俊住在渔阳里北面。于是,他们在渔阳里相遇相识,成为至交。李汉俊几乎天天前来善后会,和正在读《新青年》《每周评论》的董必武等人,讨论俄国革命和布尔什维克的情况,还把带来的马克思主义和关于俄国革命的外文书籍介绍给他们阅读。董必武由此逐渐认识了俄国革命和布尔什维克党,认识到中国的独立必须走俄国十月革命的路。上海湖北同乡组织,成为联系这两个湖北籍马克思主义者的纽带。董必武与陈潭秋,也是在上海湖北善后会结识的。1919年6月中旬,陈潭秋作为武汉地区五四反帝爱国运动的主要领袖之一,来上海参加全国学生联合会成立大会。会后,他来到湖北善后公会,结识了董必武。陈潭秋比董必武小整十岁,资历、学识都比董必武为浅。他诚恳地拜董必武为师,董必武则悉心地引导陈潭秋走上马克思主义的道路。两年后,董必武、陈潭秋作为武汉代表出席了中共一大。

魔都上海的
魔力与魔性

MODU
SHANGHAIDE
MOLIYUMOXING

208

上海会馆公所是沟通官府与民众的重要机构。近代上海城市许多事务，是以前中国城市所未曾有的。诸如道路桥梁建设、市政管理、医疗卫生、文化教育、垃圾处理、水质污染、火灾消防、疾病防治、居民纠纷、中外交涉，这些或者是以前不曾遇到的，或者是以前虽有但没有这么繁难的。上海在开埠以前，作为县一级的机构，官员人数很少，仅设知县一人，总管一县之治理。下置县丞、主簿、典史各一人，分掌粮马、征税、户籍、缉捕、狱囚诸职。政府机构极为简单，经费更是奇缺，完全不能适应近代城市管理需要。其结果，导致在政府与居民之间，会馆公所这样的非政府、非民间的机构发展。

会馆公所对于华人社会的整合、沟通官府与民间作用方面有一个很典型的事例，是上海民众在五四运动中的作用。众所周知，五四运动的爆发与德国人在青岛的权益有关。本来，德国在第一次世界大战中失败，其先前在青岛侵占的权益应归还中国。不料，巴黎和会却要将其转给日本，这激起了中国人民的强烈抗议。五四运动的怒火首先从首都北京燃起，最后形成燎原之势，迫使北洋政府拒签和约，并罢免曹汝霖、陆宗舆与章宗祥三人，很关键因素是上海罢课、罢工与罢市，即所谓"三罢"斗争。其中，冲在前面、发挥关键作用的是山东人。山东会馆是上海资格最老的会馆之一，也是凝聚力最强的会馆之一。还在4月底，巴黎和会开始不久，山东会馆就召开过两次会议，致电北京政府，要求捍卫主权，物归原主。5月4日，北京学生上街游行后，上海山东会馆立即响应，连日举行盛大游行，要求释放学生、惩办国贼、拒签和约。旅沪山东人积极联络全国各地山东籍的军官，包括湖北督军王占元、湖北暂编第一师师长孙传芳、北洋陆军第三师师长吴佩孚、淞沪护军使卢永祥，请他们支持爱国运动。6月5日以后，"三罢"斗争在上海如火如荼展开，上海山东人走在前面，积极参与。其时，卢永祥是上海华界最高军政长官，正是在他的默许、支持下，上海学生没有遭受残酷镇压，上海各界要求罢免曹、陆、章的要求得以传递到北洋政府。五四运动中，上海山东人的斗争表现为时间长、范围广、方法多、决心强四个特点，其联系网络就是山东会馆、山东同乡会等组织。

寓居上海的各地移民，大多保持对上海与家乡的双重认同。在家里，或与同乡在一起，说家乡话，吃家乡菜；到街上，到外地去，说上海话。当他处人称赞上海人、赞美上海货、艳羡上海城市时，他认同上海人身份。当他处人批评上海人、诅咒上海社会风气时，他会摇身一变，突显自己的家乡身份，以苏州人、宁波人、广东人等自居，甚至附和对方一起批评上海人、诅咒上海风气。近代上海出版的许多杂志、小报，如《礼拜六》《新上海》《海风》《海燕》等，年复一年地以批评上海人、诅咒上海风气为能事，查一查那些编辑，大多是在上海生活已有较长时间的移民，称得上"老上海"了。但是，他们批评上海人、诅咒上海风气时，毫无心理障碍。计划经济时代，由于外地输入上海人口流动停止，上海人变成相对稳定的群体，其城市主体性有所稳定与增强，但双重认同特点仍然存在。很多上海人都有这样的经历：与外地人相处，外地人对他最好的评价每每是："你真不像上海人！"[53]此上海人通常不以为忤，反以为荣。

注 释

1. 无国籍俄国人在公共租界的人数，取1935年数字。
2. 1935年英国人在沪人数，以公共租界的6595人，加上在法租界的人数2639人（取1934年的2630人与1936年的2648人的平均数）。
3. 印度人在法租界的人数，取1934年（47人）与1936年（50人）的平均数。
4. Gascoyne-Cecil, *Changing China*, pp.104-105.转见卢汉超著，段炼、吴敏、子羽译：《霓

虹灯外——20世纪初日常生活中的上海》，上海古籍出版社2004年版，第31—32页。
上海对外经济贸易志编纂委员会编：《上海对外经济贸易志》上册，上海社会科学院出版社2001年版，第53—57页。
5. （法）居伊·布罗索莱著，曹胜梅译：《上海的法国人（1849—1949）》，载《上海的外国人》，上海古籍出版社2003年版，第108页。
6. （法）白吉尔著，王菊、赵念国

魔都上海的

魔力与魔性

MODU
SHANGHAIDE
MOLIYUMOXING

210

译：《上海史：走向现代之路》，
上海社会科学院出版社2005年
版，第104页。

8. 张仲礼序言，见（法）白吉尔著，
王菊、赵念国译：《上海史：走
向现代之路》，上海社会科学院
出版社2014年版，第4页。

9. 上海对外经济贸易志编纂委员
会编：《上海对外经济贸易志》
上册，上海社会科学院出版社
2001年版，第93页。

10.（法）白吉尔著，王菊、赵念国
译：《上海史：走向现代之路》，
上海社会科学院出版社2005年
版，第257页。

11. 上海对外经济贸易志编纂委员
会编：《上海对外经济贸易志》
上册，上海社会科学院出版社
2001年版，第62页。

12. 葛壮：《宗教和近代上海社会的
变迁》，上海书店出版社1999
年版，第327页。

13. 此段上海日本人数，参见高纲
博文《上海的日本人居留民》，
载熊月之等选编《上海的外国
人（1842—1949）》，上海古籍
出版社2003年版，第152—153
页。

14. 杜绍文：《虹口"东洋街"之
忆》，见上海市政协文史资料委
员会《上海文史资料存稿汇编》
第11册，上海古籍出版社2001
年版，第345页。

15. 颐安主人：《沪江商业市景
词》，见顾炳权编《上海洋场竹
枝词》，上海书店1996年版，第
136页。

16.（法）安克强著，邵建译：《上
海的"小日本"：一个与外界隔
离的社区》，载熊月之等编《上
海的外国人（1842—1949）》，
上海古籍出版社2003年版，第
178—179页。

17. 见朱邦兴等编：《上海产业与
上海职工》，上海人民出版社
1984年版，第34页。

18.（法）克洛德·马尔科维奇著，
彭晓亮译：《中国的印度人社团
（1842—1949）》，载熊月之
等编《上海的外国人（1842—
1949）》，上海古籍出版社
2003年版，第310页。

19. 汪仲贤：《上海俗语图说》，上

海书店出版社1999年版，第157
页。

20.（法）克洛德·马尔科维奇著，
彭晓亮译：《中国的印度人社团
（1842—1949）》，载熊月之
等编《上海的外国人（1842—
1949）》，第318页。

21. 参见邹依仁著：《旧上海人口变
迁的研究》，上海人民出版社
1980年版，第116—117页。

22. 郑振铎：《上海的居宅问题》，
《文学周报》1927年第4卷。

23.《论上海办保甲之难》，《申
报》1883年7月16日。四年后的
1887年7月9日，《申报》载《严
保甲以靖匪徒说》，又重复了这
一看法。

24. 姜义华：《上海：近代中国新
文化中心地位的形成及其变
迁——兼论边缘文化的积聚及
其效应》，《学术月刊》2001年
第11期。

25.《前洋泾竹枝词》，《申报》
1872年6月13日。

26. 顾炳权编著：《上海风俗古迹
考》，华东师范大学出版社1993
年版，第478—479页。

27. 尚贤堂所立之中外各教联合
会宗旨，载饶玲一著：《尚贤
堂研究（1894—1927）》，复旦
大学历史学博士论文2013年。

28. 此处数据，据饶玲一著：《尚贤
堂研究（1894—1927）》第二
章《中外教务联合会讲演一览
表》统计。

29.（英）李提摩太著，李宪堂、
侯林莉译：《亲历晚清四十五
年——李提摩太在华回忆录》，
天津古籍出版社2005年版，第
342页。

30.（美）布鲁纳、费正清、司马
富编：《赫德日记（1835—
1911）——步入中国清廷仕
途》，中国海关出版社2003年
版，第198页。

31. 乔启明：《中国农民生活程度之
研究》，《社会学刊》1930年第
1卷第3期。

32. 陈醉云：《复兴农村对策》，
《东方杂志》1933年7月30卷
13号。

33. 调查所列项目有地主、自作农、
半佃农、佃农、雇农五项，没有
"富农"一项。参见王先明《20

世纪前期乡村社会冲突的演变及其对策》，《华中师范大学学报（人文社会科学版）》2012年第4期。

34. 邹依仁：《旧上海人口变迁的研究》，上海人民出版社1980年版，第106—107页。

35. 《农情报告》，1936年7月4卷7期。

36. 此段数据据《上海工运志》编纂委员会编：《上海工运志》第1篇第1章《上海工人阶级的形成与发展》，上海社会科学院出版社1997年版。

37. 刘明逵编：《中国工人阶级历史状况》第1卷第1册，中共中央党校出版社1985年版，第551页。

38. （法）谢诺：《中国工人运动（1919—1927）》，转见刘明逵编《中国工人阶级历史状况》第1卷第1册，中共中央党校出版社1985年版，第169页。

39. 邹依仁：《旧上海人口变迁的研究》，上海人民出版社1980年版，第111页。

40. 陈伯熙：《上海轶事大观》，上海书店出版社2000年版，第12页。

41. 邵雍：《晚清上海乞丐初探》，载邵雍《社会史视野下的近代上海》，学林出版社2013年版，第75页。

42. 吴元淑、蒋思壹：《上海七百个乞丐的社会调查》（稿本），1933年。

43. 邵雍：《晚清上海乞丐初探》，载邵雍《社会史视野下的近代上海》，学林出版社2013年版，第76页。

44. 《民国十六年慈善事业统计》，《申报》1928年11月16日。

45. 《一千四百余游民问话的结果》，《社会月刊》1929年第1卷第4期。

46. 邵雍：《晚清上海乞丐初探》，载邵雍《社会史视野下的近代上海》，学林出版社2013年版，第78页。

47. 忻平：《无奈与抗拒：20—30年代上海转型时期的社会问题》，《学术月刊》1998年第12期。

48. 孔祥成：《现代化进程中的上海人力车夫群体研究——以20世纪20—30年代为中心》，《学术探索》2004年第10期。

49. 陆汉文：《民国时期城市居民的生活与现代性（1928—1937）——基于社会统计的计量研究》，华中师范大学博士论文2002年，第60页。

50. 葛剑雄主编，侯杨方著：《中国人口史·第六卷（1910—1953年）》，复旦大学出版社2001年版，第576页。陆汉文：《民国时期城市居民的生活与现代性（1928—1937）——基于社会统计的计量研究》，华中师范大学博士论文2002年，第60页。

51. （美）爱德华·格莱泽（Edward Glaeser）著，刘润泉译：《城市的胜利》，上海社会科学院出版社2012年版。参见该书第三章《贫民窟有何好处？》。

52. 《通瀛公所董事张寿怀、沈嵩龄、章定劻、应朝纲致书濮来德先生阁下》，上海档案馆藏公共租界总务处档案，1897年小车工人抗捐事件。U1-5-73，第65页。

53. 兹举两例："比如就有一种出于至真至诚的对上海人的表扬，不知多少上海人在文章里提到过，网上也有许多朋友的帖子里写到过：上海人与北方人交朋友，谈到情投意合、相见恨晚之时，北方人往往会拍着上海人的肩膀真诚地夸上一句：'你真不像上海人！'这每每令上海人疑惑不已，继而啼笑皆非：像上海人又怎么啦？阿拉从生下来就是上海人呢！"王谦著：《别拿上海人说事儿》，中国友谊出版公司2003年版，第7页。"董怡立接受采访的时候说话很慢。关上录音机，他才告诉我这样是为了把普通话说准确，让人不得不佩服他的细心和耐心。有一个流传很广的玩笑，就是如果你要夸奖一个上海人，就应该很夸张地跟他说，'你真的不像上海人哎！'但是对董怡立却说不出这样的话，有条不紊，踏踏实实，他就是很典型的很务实的上海人。"李宇宏：《耶鲁的青春岁月：21名耶鲁大学中国本科生访谈录》，中国青年出版社2006年版，第215页。

六

从蓄势待发到主动开放

1

闭关时代的开放努力

1949年中华人民共和国成立后，由于世界范围内两大阵营的对立，抗美援朝战争的爆发，美国等西方国家对中国采取敌视、封锁政策，上海城市的外部环境、经济结构、社会结构、文化特点都发生了重大变化，上海对外开放的形势也发生了根本性变化。

中华人民共和国成立后，外资企业或被撤走，或被接收，或被合并，外侨基本撤走。在美、英等国支持下，联合国对中国实行禁运，先前依靠进口原料才能运行的许多上海工业，或者转而依靠国内市场，或者改行，或者迁移内地。上海与外部世界特别是欧美世界广泛而密切的联系，因历史的巨变而断裂、阻滞，上海的海外市场也发生了根本性变化。

到1956年，经过系统的社会主义改造，国营工商业、合作社营工商业、公私合营工商业已经占98%以上，私营商业仅占1.8%以下。所谓公私合营企业，除了还存留有一定数量、名义上的私方管理人员，以及原来的私营企业主还享有一定期限的"定息"之外，国家已经对其有着完全意义上的所有权和支配权，无论是在企业资源的调配上，还是生产计划的安排上，这些公私合营企业都与真正的国有企业没有什么本质的区别。企业的领导由国家有关部门委派、任命，企业的生产、经营听命于国家主管机关的指令性计划，生产什么、经营什么、如何生产、如何经营，均按国家制定的计划进行，企业生产、经营所需的资金、设备、原料、物资，由国家按计划调拨，企业的利润上

魔都上海的
魔力与魔性

MODU
SHANGHAIDE
MOLIYUMOXING

214

缴国家。国家可以通过各级行政公司，自由调动企业的生产设备、生产人员，可以自由地决定企业的归并、裁撤。上海原有的私营工商企业，已经从原来市场经济体制下的独立自主的经营法人，完全转变为计划经济下的国家生产、供应和物资分配部门。至此，难计其数的民营企业完全从城市发展的动力系统中消逝。在计划经济体制下，特别是1958年城市人口严格控制以后，上海与内地的社会流动也基本停止。

上海在1949年以前，对于外地人口的移入没有任何限制，来去自由。中华人民共和国成立以后，上海实行计划经济，外地人口的移入逐渐受到限制。1951年，公安部颁布实施《城市户口管理暂行条例》，将全国城市居民户口统一管制起来。尽管当时这个制度还不完善，还没有严格施行，但城市人民已不能像以前那样自由选择居住地。1955年，国务院发布《关于建立经常户口登记制度的指示》，规定全国城市、集镇、乡村都要建立户口登记制度，开始统一全国城乡的户口登记工作。1958年，《中华人民共和国户口登记条例》颁布，国家以法规形式对人口流动、户口迁移尤其是由农村迁往城市、农业人口转为非农业人口、小城镇迁往大城镇，做了严格限制，将城乡有别的户口登记制度与限制迁徙制度固定下来，实现了国家对人口迁徙的主动控制权。此后，国家出台一系列政策和规定，将户口制度与住房制度、粮布油糖等基本生活用品定量供给制度、教育制度、人事劳动制度以及社会福利制度等捆绑在一起，在农村和城市之间构筑了一道无形的高墙。[1]这些制度的确立，加上物质匮乏的背景，使得城乡壁垒森严，难以逾越。就户籍人口而论，自1955—1978年的24年间，上海只有7年迁入人口高于迁出人口，其余17年迁出人口均高于迁入人口。至于没有得到政府批准的人口流动，即所谓"盲流"，更是难以想象。一个农村人，如果不将户口登记地改变为城市，便不可能自说自话地长期在城市立足。这便彻底堵死了农民流入城市的通道，堵死了外地人口流入上海的通道。在此情况下,上海先前的所谓"海纳百川"精神,自然无从谈起。

这样,上海对国际、国内开放的两扇大门都被关上。但是,上海作为具有开放传统的中国最大城市,依然保持着一定的中外交流规模,接待过数量可观的外宾,有一定规模的国际贸易与文化交流。

上海在接待来访方面,中华人民共和国成立以后的最初几年,来访的主要是苏联和东欧、亚洲各人民民主国家的各类代表团组,以及国际和平组织和世界各地区从事和平民主与民族独立运动的人士。50年代的头几年,每年来上海访问的外国客人有1200人左右,日内瓦会议召开的1954年有2000多人,到1959年增至近6000人。苏共中央第一书记赫鲁晓夫、印度总理尼赫鲁、缅甸总理吴努、朝鲜首相金日成等都访问过上海。60年代,中苏关系恶化,苏联来访骤减,但一些友好的社会主义国家与亚非拉国家来访依然很多。1960—1969年,共有25个亚非拉国家的国家元首或政府首脑、议长来访上海。同时,英、日、法、德等国各界人士来访渐多。1964年上海开通中国—巴基斯坦空中航线后,来访人数逐年增多,1965年已有12900多人。

进入70年代,随着中美关系开始走向正常化,中国与英国(1972)、日本(1972)等国相继建交,日本、欧美各国人士来访迅速增多。1972年有近千美国人访问上海,到1978年(中美建交前一年)已逾万人。同一时期,共有59个亚非拉国家元首、政府首脑来上海访问。

1971年4月,美国乒乓球队应邀访华,至上海参观访问并进行友谊比赛。1972年2月21日,尼克松总统和夫人一行从上海入境,在虹桥机场稍事停留后飞往北京。2月27日上午,尼克松总统一行278人在国务院总理周恩来等陪同下,自杭州抵达上海进行为期一天的访问,参观上海工业展览会与上海市少年

魔都上海的
魔力与魔性

MODU
SHANGHAIDE
MOLIYUMOXING

216

宫。中美双方于次日就联合公报最后达成协议，并发表《中美上海联合公报》。2月27日，基辛格于锦江小礼堂举行了记者招待会。

文化交流方面亦有一些。50年代初期，苏联和各社会主义国家、欧亚各人民民主国家，所派来华文化代表团，大都来到上海访问。1955年万隆会议后，亚非国家文化团体来访增多。应中国人民对外文化协会之邀，法国、英国、意大利等西欧国家的文化代表团，也络绎来访。60年代，亚洲、非洲、拉丁美洲国家来访的文艺团体，比以前有所增加。日本和法国、英国、瑞典、瑞士、卢森堡、新西兰等西欧、大洋洲国家来访的艺术团体，也有所增加。其中首次来访的大型艺术团有日本的前进座剧团、话剧团、蕨座民族歌舞团、齿轮座剧团，瑞典的皇家歌剧院芭蕾舞团，法国的古典芭蕾舞团等。1973年，美国首次访华的大型艺术团体费城交响乐团至上海访问演出和进行艺术交流。此后，欧美艺术团体来访增多。1973—1979年，先后来访的有英国伦敦爱乐管弦乐团、澳大利亚罗斯尼儿童合唱团、联邦德国斯图加特室内乐团、挪威钢琴家拜克伦、加拿大多伦多交响乐团、芬兰弦乐四重奏、由世界著名指挥小泽征尔率领的美国波士顿交响乐团、法国里昂交响乐团、英国伦敦节日芭蕾舞团、澳大利亚青年交响乐团、挪威文艺演唱团、美国小提琴家艾萨克·斯特恩、希腊国家剧院、英国"老维克"剧团、瑞士伯尔尼弦乐四重奏等。

与来访相对应，上海陆续派出各类文化团体出访各国，派出各种艺术家参加国际多边交流活动。1955年，钢琴家傅聪参加第五届肖邦国际钢琴比赛，获第三名，并获演奏《玛兹卡舞曲》最优奖。1956年，上海杂技团访问罗马尼亚、民主德国，进行巡回演出；上海京剧院院长周信芳，率上海京剧团赴苏联访问演出，历时64天，演出53场。1957年，音乐家杨嘉仁，应邀担任第六届世界青年联欢节音乐比赛评委，女钢琴家顾圣婴在联欢节钢琴比赛中获金质大奖。1958年,上海昆剧表演艺术家俞振飞、言慧珠等,随中国戏曲歌舞团赴法,参加"巴黎国际艺术节",演出昆剧《百花赠剑》等,并随团至西欧七国演出。1959年,由上海越剧院二团组成的中国越剧团,赴越南访问,在河内、南定等9个城市演出《红楼梦》等剧目。60年代,上海文化艺术工作者不断参加国际交流活动。交响乐指挥家黄贻钧,出访芬兰和苏联,担任著名柏林交响乐团和苏联国家交响乐团的指挥。音乐家丁善德,先后担任第六届肖邦国际钢琴比赛评委、比利时伊丽莎白王太后国际钢琴比赛评委。上海音乐家多次在国际乐坛比赛中获优胜奖。其中,李名强在第一届埃涅斯库国际钢琴比赛中获一等奖,殷承宗在维也纳第七届世界青年联欢节钢琴比赛中获金质奖,顾圣婴在日内瓦第十四届国际音乐比赛中获女子钢琴演奏最高奖。从1973—1979年,上海先后共派出杂技、京剧、交响乐、民族音乐、木偶剧、评弹、儿童艺术团等艺术团体13个,访问亚、欧、大洋洲19个国家和中国香港地区。

　　以上这些交往,无论是来访或出访,都是在政府层面或由政府支持的。政府层面的迎来送往,有人进出,对于信息的沟通、眼界的开阔,对于城市发展来说,多少有些裨益,但影响有限。衡量一个城市或地区开放度的最重要指标,是个人的自由迁徙与流动。这方面,计划经济时代的上海,向国际开放、国内开放的两扇大门都是封闭的。

魔都上海的
魔力与魔性

MODU
SHANGHAIDE
MOLIYUMOXING

218

2

主动开放渐臻胜境

中国自1978年12月党的十一届三中全会以后，实行改革开放政策，逐渐对内搞活，放宽对市场经济的束缚；逐渐对外开放，拓展中外联系。这为上海恢复与世界各国广泛的经济与文化联系，与全国各地的社会流动，提供了重要的制度保障。上海海纳百川的开放传统逐渐恢复。

40多年间，上海开放历程可分为四个阶段：第一阶段为1978—1989年，以"虹桥、闵行、漕河泾"三个重要开发区建设为起点，开始了对外开放探索；第二阶段为1990—2000年，以浦东开发开放为重心，逐步建成全面开放的国际化大都市；第三阶段为2001—2011年，随着中国加入世界贸易组织后，上海加快推进"四个中心"建设，2010年举办世博会为对外开放写下浓墨重彩的一笔；建立起经济发展全球化格局，提升金融、航运、贸易功能，着力打造亚太地区乃至全球范围内高能级主体的集聚地与资源配置中心；第四阶段为2012年以后，上海以转型促创新，按照党中央当好"全国改革开放排头兵、创新发展先行者"的要求，稳步前进。以上四个阶段，环环紧扣，上海开放大局几乎每十年就跃上一个新的台阶，一步步迈向高度开放的全球大都市。

对外大门徐徐打开

1979年以后，上海努力拓展对外贸易。1980年7月5日，上海第一家中外合资公司——中国迅达电梯有限公司成立，走出新时期吸引外资的新路。此后，上海联合毛纺织有限公司、上海福克斯波罗公司、上海贝尔电话设备制造公司等一批中外合资企业相继成立。[2]1983年以前，上海已相继与联邦德国、日本等20多个国家建立新的贸易关系，并根据不同商品、不同地区、不同客户的要求，采取定牌、数量折扣等国际市场上通用的贸易做法，主动灵活地开展对外贸易。

1984年，上海被列为14个对外开放的沿海城市之一，在对外开放方面获得了一些优惠政策。1985年2月，国务院批准上海提交的第一份《上海经济发展战略回报提纲》中，对上海开放战略提出明确的指示："上海应成为利用外资、引进外技的主要门户，以及消化吸收后向内地转移先进技术和管理方法的桥梁；成为全国商品集散地和重要的外贸口岸，成为全国最重要的金融市场和经济技术中心。"此后，上海相继出台鼓励外商投资、鼓励中外合资经营企业的政策，通过利用外资来改造城市基础设施，建设作为对外开放试验区的闵行、虹桥、漕河泾等经济开发区。

与此同时，是对外交流规模不断扩大，上海派遣出国访问和开展交流合作的团组、人员不断增多。1980—1989年派赴各国从事经贸、科技、文化等各种专业交流活动和留学、进修，以及参加双边、多边国际性会议的人员，累计11万人次，年均1.1万人次。其中赴美国、日本的占40.3%左右。1980年，上海开始派遣文艺团体赴国外进行商业性演出。1986年，国家文化主管部门对上海下放对外文化交流的部分审批权限。除按国家间签订文化协定所进行的交流活动外，上海自行邀请或应邀与国外互派文艺团体的数量大增。80年代，上海共有165个文艺团组计3889人次，分别至各大洲的32个国家和中国港澳地区访问演出和进行艺术交流。

公民因私出国的人口更是急速增多。1979—1985年，上海

魔都上海的
魔力与魔性

MODU
SHANGHAIDE
MOLIYUMOXING

220

获准出国2.6万余人，年均3700余人；1986—1993年增至28.7万余人，年均约3.6万人。其中，前往美、欧、日本和澳大利亚、加拿大等国的人员，占总人数的70%以上。因私出国人员除去所往国家探亲、会友、旅游或定居者外，1986年前出国自费留学的人数近20%，1986—1991年间出国（主要赴日、澳）就读语言学校与打工的人数超过50%。

1990年，党中央决定开发浦东，对于推动上海开放有重大意义。浦东开发的战略定位是，"开发浦东，振兴上海，服务全国，面向世界"，清晰地释放了浦东开发的开放品质。浦东开发的每一步，都在丰富着上海对外开放的内涵。

2001年，中国正式加入世界贸易组织（WTO），这对上海城市发展有重要推动意义。上海此前围绕"四个中心"的建设，在一定意义上可以说就是为了适应WTO的要求，加大开放的力度，加入了WTO以后，落实WTO的条款也在实际上推动上海更快开放，更好地实现"四个中心"。

2010年，上海世博会成功举办，彰显了上海与世界的广泛联系。2010年，来沪国际旅游人数达851.12万人次，其中驻留上海的达733.72万人次；外国驻沪领事机构达到69家；到访重要贵宾中，国家元首和政府首脑103批，议长和副总统、副总理级代表团79批，部长级代表团349批，政党代表团77批；在沪外国媒体机构凡78家，涉及19个国家，有112名常驻记者；在沪举办的各类大中型国际会议100多个。[3]获得居留许可的外国人，2005年为95384人，到2010年增加到159303人。[4]这标志着上海已是对外开放程度相当大的城市。

文化节展璀璨夺目

很能彰显上海开放特点的，是上海举办了多种国际文化节展活动，其中影响比较大、持续时间比较长的，按创办时间依次有上海之春国际音乐节、上海电视节、上海旅游节、上海国际电影节、上海国际艺术节、上海艺术博览会与上海国际音乐烟花节。

上海之春国际音乐节，源于1959年国庆10周年的"上海市音乐舞蹈展演月"，后演变为国际音乐节，定名"上海之春"，一年一届。"文化大革命"期间中断，1978年恢复。自1988年起邀请外国音乐家参加，2001年与上海国际广播音乐节合并，定名"上海之春国际音乐节"。到2019年已举办36届。主要活动有音乐舞蹈新人新作展演、国际广播音乐节目"金编钟奖"展播及评选颁奖活动、国际及国内音乐舞蹈祝贺演出、国际音乐学术报告会、国际音像制品博览会等。

上海电视节，1986年创办，初为上海国际友好城市电视节，1988年第二届升格为国际性电视节，是当时亚洲最大的国际文化交流活动。内容有电视节目交流、播映、交易、评奖，所评国际电视节目奖定名"白玉兰奖"，是中国第一个国际性电视节目评奖。自1996年第六届开始，活动程式基本稳定，包含白玉兰奖评选、白玉兰优秀电视节目展播、国际影视市场交易与项目创投，电视市场、国际新媒体与广播电视设备市场、白玉兰电视论坛、"白玉兰绽放"颁奖典礼等。2019年第二十五届上海电视节，共收到来自全球52个国家和地区的近1000部报名作品，评出4个单元共17个奖项。上海电视节已成长为亚洲规模最大、最有影响力的综合性国际电视节活动。

上海旅游节，1990年创办，起源于上海黄浦旅游节，1996年升级为上海旅游节。以"人民大众的节日"为定位，以"走进美好与欢乐"为主题，通过丰富多彩的上海各区县节庆活动，吸引社会各界的广泛参与。活动从每年9月的一个周六开始，历时20余天，涵盖观光、休闲、娱乐、文体、会展、美食、购物等几个大类40多个项目，向海内外集中展现上海都市风光、都市文化和都市人文魅力。其传统活动有花车巡游暨评比大奖赛、浦

魔都上海的
魔力与魔性

MODU
SHANGHAIDE
MOLIYUMOXING

222

江彩船巡游、微游上海等。活动已成为上海建设世界著名旅游城市节庆盛典的标志，每年吸引游客超800万人次。2019年的旅游节，来自25个国家和地区的3支表演团队、25辆主题花车参加。

上海国际电影节，1993年创办，是中国第一个获国际电影制片人协会认可的全球15个国际A类电影节之一。到2019年已举办22届。宗旨是增进各国、各地区电影界人士之间的相互了解和友谊，促进世界电影艺术的繁荣。首届于1993年10月7—14日举行，主会场设在上海影城，大光明等8家电影院为分会场，有来自世界各地的1100名来宾。评委会主席由中国著名导演谢晋担任，美国好莱坞著名导演奥立弗·斯通、日本导演大岛渚等电影界名人出任国际评委。"金爵奖"是电影节核心，是电影节赋予优秀电影人最新作品的最高荣誉。电影节广邀国际买家，推动中外多元电影内容产品的交流与交易。国际电影展映是电影节的重要活动，每届都会展映数百部来自世界不同国家和地区的优秀影片，成为最受大众热捧的观影嘉年华。

上海艺术博览会，1997年创办，每年一届，展期4天，到2019年已举办23届。该博览会在世界与上海、大众和艺术之间，架起了具有亲和力的桥梁。自创办以来，来自法国、德国、俄罗斯、瑞典、意大利、荷兰、比利时、挪威、冰岛、瑞士、英国、奥地利、西班牙、卢森堡、摩纳哥、丹麦、日本、韩国、新加坡、马来西亚和中国台湾、香港、澳门地区的40多个国家与地区的1000多家画廊或艺术经纪机构参展。众多世界大师的原作，通过上海这个平台在国内甚至亚洲首次亮相，如毕加索、马蒂斯、伦勃朗、赵无极、齐白石、徐悲鸿、张大千、傅抱石等的名作；有9万多件艺术作品参与了展示与交易；有40多万人次的中外观众观摩。

上海国际艺术节，1999年创办，每年一届，是中国最高规格的对外文化交流节庆活动之一。艺术节以吸收世界优秀文

2016 年第十九届上海国际电影节

化、弘扬中华民族艺术、推动中外文化交流为宗旨，时间一般在
11月1日—12月1日，内容包括舞台艺术演出、文化艺术展览、
群众文化活动、剧目和各类艺术品交易等，参演内容均为各国
家、地区相关领域的艺术精品。到2019年已举办21届。每次艺
术节都是国内外艺术同行交流、切磋艺术的盛会。历届节目各
有侧重，各有特色。首届参演团体有英国皇家歌剧院等单位，
第二届有来自39个国家和地区的1600多名外宾参加。第五届
展示活动有15项，为历届之最。

上海国际音乐烟花节，2000年创办，每年一届。于每年9月
30日、10月3日和10月6日晚，在上海世纪公园举行，每晚有场
内、场外观众逾10万人。每届"音乐烟花表演赛"共举行6场比
赛，邀请不同国家和地区的专业音乐烟花燃放公司参加比赛，
形成一个中国队与5个外国队同场竞技的比赛格局。从2011年
起增设"烟花产品锦标赛"。在广大烟花生产企业的积极参与
下，历届"烟花产品锦标赛"都取得了圆满成功，每届都展示了
一批制作技艺精良、设计创意新颖、更加安全环保的烟花新
品，成为国内烟花生产企业交流技艺、提升形象的重要舞台。

这些国际文化艺术节展活动，为上海打开了一扇了解国际
文化艺术的大门，提供了一条与国际文化交流的通道，极大地
丰富了上海人民的文化生活。历届上海国际艺术节，来自国外的
剧目占一半以上，评奖活动的评委均来自世界各地，评奖标准、
评奖方式将按国际通行办法。这也有效地提高了上海在国际文

魔都上海的
魔力与魔性

MODU
SHANGHAIDE
MOLIYUMOXING

224

化艺术界的地位。

这些国际文化艺术节展活动相关联，上海的文艺团体、艺术家也积极走出国门，赴海外交流。从1997年以后连续多年，上海东方电视台与中央电视台，联手打造由一流艺术家同台献艺的方式，到世界各大城市进行演出，包括美国好莱坞碗形剧场、俄罗斯克里姆林宫、伦敦千禧宫、希腊雅典哈罗德古剧场、南非约翰内斯堡曼德拉国家剧院大舞台。上海艺术界还通过与外国同行合作，共同编演节目，促进文化交流，诸如中日合作演出芭蕾舞剧《鹊桥》、大型舞剧《杨贵妃》；中国与意大利艺术家合作演出歌剧《阿依达》《奥德赛》《波西米亚人》等；中国与美国艺术家合作演出中文版音乐剧《我爱你》；中国与法国艺术家合作演出芭蕾舞《花样年华》；中国与英国合作拍摄电影《伯爵夫人》、合作演出歌剧《茶花女》。

对内逐渐开放

1979年以后，国家改变了农村原先的经营管理体制，逐步解散人民公社，对农民流动的束缚也逐渐放松，上海也因自身发展的需要，对于外来人口的限制一点一点、一步一步地开始松动。1990年秋，首批2600余名非上海籍大学生被批准进入上海有关单位工作。时任中共上海市委书记兼市长的朱镕基提出，上海要防止人才的近亲繁殖和地方化弊端，尽可能多地招收和安排外地籍大学毕业生在上海工作。上海对内开放这才有了历史性突破。

随着浦东开发开放，上海放宽外地企业和人员入沪限制，对投资浦东新区建设的外地来沪人员给予户口优惠政策，对投资人民币500万元以上、开业满两年、经济效益显著的外地投资企业，允许申请若干名常住集体户口或常住户口指标。

1992年以后，上海建立由市政府15个部门组成的"上海市外来流动人口管理协调小组"，颁布了30多个民工使用和管理的制度。

1994年，上海试行"蓝印户口"政策，对投资者、购房者或作为特殊人才引进的外地人给予优惠，拥有者基本上可以享受正式户口的待遇。这相当于国际通行的"技术移民"和"投资移民"。同年，对外地来沪打工的民工实行"劳工许可证"制度，当年发放"劳工许可证"2万多张。计划经济时代的户籍制度，是传统体制中最难突破的堡垒，集中体现了计划分配、计划就业和职业终身制的弊端，限制了人员流动，妨碍了人才优化组合。"蓝印户口"对计划体制是个重要的突破。到2000年底，上海共批准"蓝印户口"近3万人。

1999年，上海取消对外地大学生进沪数量的限制，大学毕业生只要找到接收单位，并符合上海市人才引进方向的，则基本可以留沪工作，办理上海正式户口。这一年，全国毕业留在国内工作的研究生，有14.05万人到上海工作，在各省市中名列第一。2000年，进入上海而非上海生源的高校毕业生有6.7万人。

2002年，上海推出居住证制度，替代"蓝印户口"政策，规定具有本科以上学历或特殊才能、以不改变其户籍或国籍的形式到上海工作创业的国内外人员均可申请。此前取得"蓝印户口"满3年的外地人员，在上海有合法固定住房，每一年度复验均合格，可以申请转为常住户口。

自2004年起，上海对非本市生源高校毕业生进沪就业者实行"打分制"，满足一定条件可以在上海居住；允许在沪就业但未能办理上海市户籍的非上海生源高校毕业生申请办理上海市居住证。

2005年起，上海每年发布一次《上海市重点领域人才开发目录》，为集聚和培养上海紧缺急需的高层次人才提供依据。

2009年，上海发布《持有〈上海市居住证〉人员申办本市常住户口试行办法》，规定持有《上海市居住证》满7年、参加上

魔都上海的

魔力与魔性

MODU
SHANGHAIDE
MOLIYUMOXING

226

海市城镇社会保险满7年、依法纳税、拥有中级及以上专业技术职务或技师以上职业资格、无违法记录者可申办上海市常住户口。

2010年,上海公布了《上海市引进人才申办本市常住户口试行办法》,允许11类在上海工作稳定、专业(业绩)与岗位相符的引进人才申办上海常住户口,在上海行政区域内注册的用人单位引进上海紧缺急需的国内优秀人才也适用该办法。

当然,更多的来沪工作者并无上海户口,但因计划经济时代对于流动人口的限制已被冲破,计划经济时代特有的生活用品定量供给制度、人事劳动制度等已成明日黄花。因此,由各种渠道进入上海工作的外来人口逐年增加,成为上海常住人口中的重要组成部分。1998年,在上海居住半年以上、没有上海户籍的外来人口为158万人,占上海常住人口(1464万人)11%;2000年,这一人数上升到286.97万人,占上海常住人口(1608.6万人)18%;2010年为890.34万人,占上海常住人口(2302.66万人)的39%。[5]2018年为961.40万人,占常住人口(2423.78万人)的40%。[6]

3

世博会绽放开放之花

上海世博会于2010年5月1日开园，10月31日闭园，历时184天。这是上海也是中国第一次举办如此大范围、高规格的注册类世界博览会，是上海城市第一次以如此全面的形象直接地展现在全世界面前。这是一届精彩难忘的开放盛会，极为成功的博览大会，创造了世界博览会史上多项纪录。

首先，参展规模最大。参加的国家和国际组织246个（189个国家、57个国际组织），打破了2000年德国汉诺威世博会保持的177个国家和国际组织参展纪录，改写了历届世博会国际参展方数量的历史。非洲大陆53个国家中有50个参展，其中约五分之一的国家从来没有或已多年没有参与过世博会。他们欣然前来，并成为上海世博会参展成员的一大特色。

其次，参观力度最强。外国政要莅临开、闭幕式或各国国家馆日，是历届世博会的惯例，上海世博会参展国创下历史纪录。莅会的外国国家元首、政府首脑达100人，副总统、副总理、议长、王室成员、政府部长、政党领袖360多批，进园区参观境外贵宾5470批10.7万多人次，重要贵宾团组872批，展期内吸引海内外7300万人次参观。上海世博会以最广泛的国际参与度载入世博会史册。

再次，展区面积最大，展馆最多，举办活动最多，中外媒体记者最多。上海世博园区总面积达5.28平方千米，横跨黄浦江两岸，展区内外国自建展馆有42个。参展国家中，159个申报了237个国家馆日活动；参展国际组织中，30个申报了15个荣誉

魔都上海的

魔力与魔性

————

MODU
SHANGHAIDE
MOLIYUMOXING

228

日活动。文化演艺活动节目总数超过800个，总场次17000多场，平均每天演出100场。展期中，欢乐盛装大巡游每日必演。参与报道的中外媒体记者达1.4万人，其中境外媒体人员超过3400人。这些数据，均创历届世博会之最。

上海世博会秉承"理解、沟通、欢聚、合作"的理念，充分展示丰富多彩的人类文明成就，汇集全球探索城市发展的共同智慧，成为人类文明的盛会，是世博会历史上最具影响力的一次盛会。

通过举办世博会，上海城市管理水平、城市文明程度、市民素质全面提高，城市国际影响力显著提升，上海城市品格得到了空前的淬炼与彰显。

突显以会强市的综合经营模式

大型国际会议通常会具备五要素，即国际影响、国家使命、有意义的主题、优质的服务（包括宾馆、会场、翻译等）与万无一失的安保系统。这类会议对承办城市有很高的硬件与软件要求，同时也带来难得的发展契机。上海就是在历次承办大型国际会议中，获得很好的发展契机，形成了以会强市的综合经营模式。

上海世博会举办以前，上海已经在2001年承办过第一届上海合作组织峰会与亚太经济合作组织第九次领导人非正式会议，两次会议承办对上海城市发展都很有帮助。

通过承办上海世博会，上海经济结构得到了优化，旅游业获得空前的发展良机。2002年世博成功申办以后，上海旅游行业连续八年在国内外共举办近700多场世博旅游宣传推广活动。世博会期间上海入境游客人数达480万人次，同比增长49.5%。其中，来沪过夜入境游客数达425万人次，同比增长56.3%。上海住宿行业客房平均出租率达79.8%，比2009

上海世博会中国馆

年同期增长22.6个百分点，其中星级饭店客房平均出租率达78.3%，比2009年同期增长26.8个百分点；其他饭店客房评价出租率80.2%，比2009年同期增长21.5个百分点。

世博会的举办，进一步改善了上海城市的软硬件设施，提升了上海城市的国际品牌形象和综合服务能力，也为上海会展业留下了主题馆、世博中心和演艺中心等一批会展场馆，有效地缓解了上海会展场馆不足。2000年，在上海举办的国际展览会项目只有208个，总展出面积200万平方米。到了2010年，上海举办国内外展览项目448个，总展出面积770万平方米。2011年，上海国际展已达到300个左右。世博会后，上海已建立和在建展览馆11所，可供展出总面积近达37万平方米。

以会强市，通过主办、承办大型国际会议，集中解决城市发展中的一些难题，提升城市竞争力，扩大城市影响力，是上海在城市发展中走出的一条特别的路径。

魔都上海的

魔力与魔性

———

MODU
SHANGHAIDE
MOLIYUMOXING

230

突显上海开放品格

一场上海世博会，就是一张上海名片。上海世博会举办的184天，每天都在向全世界宣传上海。世博会越成功，上海形象就越亮丽。世博会的成功举办，极大地突显了上海城市文化软实力。

这种软实力可以分为显性与隐性两种。显性软实力是指那些通过视觉、听觉可以直接感受得到的，如世博展区错落有致的建筑，快捷便利的交通，浦江两岸那些或历史久远、或新建不久的标志性建筑，目不暇接的海派节目，品尝不尽的上海美食。隐性软实力则是通过上海人行为方式所显示出来的优秀品德，大街小巷的整洁，井井有条的秩序，甚至烈日下长时间排队也不挤不乱，都在显示出上海的特有气质。

最能突显上海城市文化软实力的是志愿者的出色服务。世博会运行的184天、上海迎世博行动600天，上海筹备和举办世博期间，累计有79965名世博园志愿者提供服务，服务总量约1000万小时，服务人次超过4.6亿。城市服务站点有100228名志愿者，服务总量超过600万小时，服务人次超过2436万。还有来自34个国家和地区的近251名境外志愿者在园区服务，近309名境外志愿者在城市服务站点服务。上海世博会志愿者人数为世博会历史之最。园区志愿者以青年为主，以在校大学生为主，他们青春、微笑、彬彬有礼，无处不在，被游客亲切地称为"小白菜"。

"世界在你眼前，我们在你身边"，是世博会志愿者最热情和自信的誓言。伴随着上海世博会的筹办和举办，"志愿者"渐渐成为上海这座城市最亲切的称呼、最时尚的身份。诚如国际展览局秘书长洛塞泰斯所说，"与志愿者接触"，已成为参观者体验世博会的重要组成部分，在与志愿者的接触中参观者能真正感受到上海城市的精神。

上海世博会主体的遴选与阐释，是上海城市软实力的另一种呈现。

上海世博会主题的遴选，是由国内著名的决策咨询研究机构、大学和科学研究机构等多方面的知名专家经过近两年的深入研究后完成的。"城市，让生活更美好"这一主题，是世博会历史上第一次采用，表达了全人类追求未来更加美好生活的共同愿望，体现了新世纪经济和社会发展观的重大创新，需要各国人民在交流、合作、共存、互动中积极实践。

对于世博会主题的遴选，上海市政府发展研究中心专门成立了主题研究组进行研究。研究组搜集了自1933年以来历届世博会的主题及其背景介绍，结合世界发展趋势和中国、上海的发展实践，提出了主题遴选的九大原则，即体现时代特征、体现国家特色和地区特点、可参与度高、可展示性强、具有可塑性、能与节庆相结合、能融入主办单位的意图、主题词具有广告语色彩、举办城市具有一定的优势等。根据这一原则，研究组进行了四轮比较与筛选，最终确定上海世博会的主题为"城市，让生活更美好"（Better City，Better Life）。

按照国际展览局的要求，也为了弥补主题表述过于简单而不能被人充分理解的缺陷，研究组对主题进行细化，提出五个副主题，即城市多元文化的融合、城市新经济的繁荣、城市科技的创新、城市社区的重塑、城市与乡村的互动。在副主题的基础上，又提出新的概念框架，即"城市人""城市""地球""足迹""梦想"，前三个概念立足于空间维度，后两个概念立足于时间维度，前三个概念与后两个概念组合搭配，便构成了人类城市发展的历程。

世博会主题的遴选，五个副主题的阐释，都体现了主办者的睿智。上海世博会筹备与举行时期，正是中国城市化快速发展的时期，也是世界城市化历史性转折时期。2010年，世界城市化率已超过50%，更是世界城市化面临众多挑战时期，包括

魔都上海的
魔力与魔性

MODU
SHANGHAIDE
MOLIYUMOXING

232

污染问题、两极分化问题等，以"城市"作为世博会主题关键词，既有中国自身特点，也有人类普遍关怀，更有人类21世纪的时代特点。尽管以往所有世博会都是在城市举办的，但却没有一届世博会以"城市"为关键词，上海世博会如此决断，多方兼顾，人皆称善。

上海是中国最大的城市，最为开放的城市，也是最富有梦想的城市。以"城市"为关键词，最切合上海的东道主身份。由此，足可看出上海城市软实力之不同凡响。

4

从华交会到进博会

发展会展经济，建设国家会展中心城市，是上海建设国际贸易中心的重要举措。华交会、工博会、跨采大会、上交会，是上海发展会展经济的重要平台。

华交会，全称"中国华东进出口商品交易会"，1991年创办，是由商务部支持，华东六省三市联合主办，每年3月1—5日在上海举行，是中国规模最大、客商最多、辐射面最广、成交额最高的区域性国际经贸盛会。到2019年已举办29届。参展的国家与地区、参展客户数量逐渐发展，第一届展位数只有900个，参展企业只有617家，成交额只有10.23亿美元。以后逐年增加，2018年第二十八届，参展企业5000余家，出口成交总额近50亿美元。境外展商分别来自日本、韩国、意大利、澳大利亚、马来西亚、埃及、波兰、尼泊尔、巴基斯坦、印度、印尼、越南、泰国、克什米尔等15个国家和地区。

工博会，全称"中国国际工业博览会"，1999年创办，前身是上海国际工业博览会，由国家经贸委、外经贸部和上海市人民政府共同主办，每年一届，从2006年起更名中国国际工业博览会。这是中国唯一国家级大型工业博览会，以高新技术装备为交易、展示主体，立足于"国际化、专业化、市场化"的办展方向，其发展愿景是成为中国装备制造类最有影响力的国际品牌展，与德国汉诺威工博会齐名。2019年第二十一届工博会，在人工智能、高端制造、大数据服务展会等方面呈现出新的特点。

跨采大会，全称"中国上海国际跨国采购大会"，始于2002年，2006年升格为商务部和上海市人民政府主办的国家级展会，每年一届，是中国规格最高、规模最大的国际跨国采购盛会。大会吸引五大洲著名企业的买家和海内外供应商，展品范围广泛，有工业品、消费品。2018年、2019年，跨采大会有效地分享中国国际进口博览会溢出效应和叠加效应，实现两展资源对接、优势互补。

上交会，全称"中国上海国际技术进出口交易会"，2013年创办，是专门为技术贸易而设立的国家级、国际性的专业展会，也是中国技术贸易领域级别最高、规模最大、最具影响力的综合性展会，每年一届。第二届有900余家参展商，来自30个国家和地区，其中海外参展商125家。2019年第六届有939家知名科技企业和交易服务机构参展，分别来自20个国家和地区，以及境内各省、直辖市、自治区和计划单列市，首次设立主宾城市展区，以"智慧城市"为主题，境外部分共有27家来自挪威、希腊和日本的研究机构、大学和企业参展。上交会坚持服务国家战略，聚焦科技创新，通过整合海内外科技力量与创新成果，已成为促进技术供需对接、资本与技术对接的重要平台。

魔都上海的
魔力与魔性
————————
MODU
SHANGHAIDE
MOLIYUMOXING

234

中国国际进口博览会。图片来自网络

　　进博会，全称"中国国际进口博览会"，2018年创办，由商务部、上海市人民政府主办，旨在坚定支持贸易自由化和经济全球化、主动向世界开放市场。这是以进口为主题的唯一国家级博览会，是国际贸易史上的一大创举，也是中国主动对世界开放市场的重要举措，每年一届。到2021年已经举办四届，每届均于11月5—10日举办。国家主席习近平连续四次出席进博会开幕式并发表主旨演讲（前两届亲自莅会，后两届以视频方式出席），体现了国家对这一博览会的高度重视。

注 释

1. 王道勇：《民生中国：中国农民工的未来》，云南教育出版社2013年版，第23页。

2. 中共上海市委党史研究室、上海市现代上海研究中心编：《上海对外开放》，上海人民出版社2004年版，第18页。

3. 《上海年鉴》编纂委员会编：《上海年鉴》，2011年。

4. 上海市统计局编：《上海统计年鉴（2011）》，中国统计出版社2011年版。

5. 《上海年鉴》编纂委员会编：《上海年鉴》，2011年。

6. 《上海年鉴》编纂委员会编：《上海年鉴》，2019年。

七

创新激发不竭动力

　　创新是城市发展的不竭动力。上海在创新方面有多层次表现,包括城市发展思路创新、城市功能创新、相关制度创新,以及科学技术与知识创新。就实现方式而言,创新可分单体创新与组合创新,前者成果表现为单一性,后者表现为复合型。凡创新含量大的工程,几乎都是组合创新的成果。

1

集中优势组合创新

组合创新,是指对生产要素优化组合后实现的创新。各取所长,组合创新,是社会主义制度的优势。1949年以前,上海工业已有一定基础,但是大多数企业规模较小,设备落后,技术含量较低,同质性、重复性较高,技术攻关实力有限,优质产品还不是很多。计划经济时代,上海按照国家的需要,一方面在国家战略急需的重工业方面进行集体攻关,如研制万吨水压机、世界首台双水内冷发电机、重型机器制造业、航天工业等;另一方面,在满足人民群众日常生活需要的轻工业方面,对原有企业进行重组,扬长避短,梳理、改组、合并,集中力量进行技术革新,从而生产出一大批质量卓越的产品。这在纺织、食品、交通、医药、玻璃制品、保温容器、搪瓷用品、电光源、办公机械、照相器材等行业相当普遍,涌现了很多名牌产品,诸如"永久"牌自行车、"凤凰"牌自行车、"英雄"牌钢笔、"上海"牌手表、"海鸥"牌照相机、美加净牙膏、"如意"牌洗手碗、大白兔奶糖等。内以"永久"牌自行车、"上海"牌手表、"飞人"牌缝纫机、"蝴蝶"牌缝纫机、红双喜乒乓球与大白兔奶糖,最为闪亮。

改革开放以后,集中优势组合创新成为上海发展过程中的常态,几乎所有重大工程,诸如南浦大桥等一批跨江大桥建设,密如蛛网的地铁开通,金茂大厦、环球金融中心、上海中心大厦、虹桥枢纽中心、洋山深水港等建成,都是众多部门组合创新的杰出成就。

魔都上海的
魔力与魔性

MODU
SHANGHAIDE
MOLIYUMOXING

238

在社会科学方面，组合创新成就也不胜枚举，其中耗时最久、影响最大的当属《辞海》与《中国历史地图集》两大大型出版工程。

万吨水压机

1958年5月，毛泽东采纳煤炭工业部副部长沈鸿建议，决定由中国自主制造万吨水压机，并将任务交给上海。

万吨水压机是当时世界上最高一级自由锻造水压机。1893年，美国建成世界上第一台万吨水压机，其后万吨级水压机便成为发达国家竞相发展航空、船舶、重型机械、军工制造等产业的关键设备。到第二次世界大战结束以前，美国拥有量已超过10台，苏联拥有4台。这是国家发展工业的核心装备，也是国家工业实力的重要象征。新中国第一个五年计划期间，经济建设发展迅速，电力、冶金、重型机械和国防工业都需要大型压力设备，然而到50年代后期，中国尚未制造过大型水压机，所需大型锻件均依赖进口。当时曾考虑利用东北已有条件自行设计制造一台万吨级锻造水压机，但这个设想很快被否定，理由是"要造万吨水压机，首先得有万吨水压机"。东北当时虽然已有一个重型机器制造厂，但只有6000吨水压机。万吨水压机的四根支柱要用200吨大钢锭来锻制，非用万吨水压机不行。因此，要想自己制造万吨水压机，前提是要进口一台万吨水压机，建设万吨级重型机器厂，然后才能自己制造万吨水压机。

1959年，江南造船厂成立万吨水压机工作大队，开始建造工程。万吨水压机有两大特点：一是大和重，机身高30多米，机上有13个特大件，3座横梁重量100~300吨，像一座小山；二是精密，要求加工的零件具有高精度，否则就安装不起来。要完成万吨水压机的建造任务，必须闯过"金、木、水、火、电"五道大关。"金"是金属切削；"木"是大摆楞木阵，供起重运输；"水"

是水压试验关；"火"是热处理关；"电"是特大件电渣焊接关。制造这种设备，必须具有特重型铸压、加工、起重运输等技术装备与能力，但这些条件上海都不具备，上海技术人员与工人迎难而上，群策群力，艰苦奋斗，一丝不苟，逐一解决这些难题。1961年12月，中国第一台万吨水压机进行了总体安装，半年后终于获得成功。这是我国自力更生进行制造安装的第一台12000吨锻造水压机，它的试制成功，使我国成为继美国、苏联、英国、联邦德国和捷克斯洛伐克后，世界上少数拥有制造万吨级以上大型锻压设备技术和能力的国家。这台水压机先后为秦山核电站、30万千瓦成套火电设备、万吨巨轮、航空工业等，提供了大量的优质大型锻件，为我国国民经济建设立下了汗马功劳。

万吨水压机是勇于创新、组合创新的结晶。开始时，除了总工程师沈鸿曾在苏联见过万吨水压机，其他设计人员很少甚至连见都没见过，可谓一无资料，二无经验，三无设备。设计人员跑遍全国各地水压机车间，考察和了解设备的结构原理及性能，拿出第一张设计草图，然后做成各种模型与模拟实验机。为了做到万无一失，他们先造一台1200吨的试验水压机进行各种试验，成功后将其放大10倍，这才把万吨水压机蓝图设计出来。

万吨级水压机在原理与结构方面并无太深奥秘，难处在于其零件巨大，制造它所需的设备也特别巨大。那时，我国还没有生产那么巨大零件的设备，但是比较有基础的是，对于新的焊接方法即电渣焊已经成熟掌握。于是，技术人员用拼焊方法，集小成大，将那些不能一步到位的零件先做成较小部件，然后通过电渣焊拼合起来。这是一项了不起的技术革新，更是一个关键性突破。

有效控制地面沉降

早在1921年，就有科学家观测到上海存在地面沉降现象。

魔都上海的

魔力与魔性

MODU
SHANGHAIDE
MOLIYUMOXING

240

这一情况，引起各界的关注。1961年，上海专门成立地面沉降研究小组，开展防控工作。到1962年，上海市区最大沉降量达到2.63米，照此速度上海用不了几十年就会沉到海平面以下，这给上海发展及市民生活带来潜在威胁。一些上海的研究人员认为上海的地面沉降是由抽取地下水造成的，苏联专家却坚信这不是主要原因。上海研究人员利用有限的条件，在最短的时间内调查了全市1200口深井，研究了几千份水样、土样，翻阅了几百万字的文献资料。最后，研究人员终于证明上海科学家的最初推断是正确的，大量开采地下水造成了上海的地面沉降。在1964年的上海地面沉降专家会议上，这一结论得到与会专家的一致肯定。鉴此，上海市委、市政府果断决策，采取封存部分深水井、人工回灌水等措施控制上海地面沉降。1965年，第一批封存600口深井，同时回灌400万立方米自来水，整个灌水工程历时5个月。1966年，上海的地面平均回升6毫米，最高的地方回升38毫米。"6毫米"虽然只是很小的数字，但却是将一座巨大城市抬起的高度，预示着上海的地面沉降开始得到控制。1970年11月23日，周恩来总理在人民大会堂向全世界宣布：上海成功控制地面沉降！

　　自从19世纪末，人为因素造成的地面沉降在日本新潟被首次发现以来，这个问题始终困扰着全世界许多大型城市。中国继上海之后，北京、天津等城市也陆续发生地面沉降。作为成功案例，上海解决地面沉降的方式，对那些受到地面沉降影响的地区来讲是一个有益的启示。美国、日本等国家纷纷派出代表团来上海考察。一名意大利科学家直接写信给毛泽东主席，希望来上海参观考察。为此，周恩来总理指示，要上海方面将控制地面沉降的经验写成论文，到国际地质会议上去交流。1972年，《论中国上海地面沉降的控制》一文，经周总理批准成为中国代表团向国际地质大会提交的论文之一。之后，上海又首创控制地面沉降储能技术。该项技术采用"冬天灌水、夏天用水"的方法，使得回灌自来水的防控手段在控制地面沉降的同时又能节约能源、创造经济价值。1979年9月，由联合国教科文组织发起，在墨西哥城召开的国际地面沉降专题研讨会议上，这项技术引起国外同行的广泛关注。

火箭研制

火箭研制是衡量一个国家综合国力的重要标志，更是一个高难度的科研项目。中国在1956年制订的《1956—1967年科学技术发展远景规划》中，就将火箭技术列为重点发展的项目之一。1958年11月，中央将这一任务交给了上海，上海随即成立机电设计院，把研制小型探空火箭作为首要任务。1959年12月6日，中共中央总书记邓小平在上海视察火箭试制和总装情况，当他了解到"探空5号"火箭是在没有苏联专家帮助之下，完全靠上海自主研究出来的时候，非常高兴，说"你们干得不错，搞得不错"。1960年2月19日，在上海市郊南汇老港镇一片空旷的沙滩上，我国第一枚液体燃料探空火箭——探空7号模型（T-7M）发射成功，火箭升上蓝天。

探空火箭的成功发射，为研制大型运载火箭打下了理论和实践基础。1969年，周恩来总理代表党中央、国务院，要求上海研制大型运载火箭。上海对此格外重视，命名为"七〇一工程"，意为1970年上海1号工程。科研人员不畏艰难，攻克了一个又一个技术难关，从总体方案提出到两级火箭地面试车，只用了十几个月时间。1972年8月，试射型火箭首次发射成功。1975年7月26日，在甘肃酒泉卫星发射中心，由上海研制的"风暴一号"运载火箭，成功地将我国第一颗重量超过一吨的重型卫星，送入预定轨道。6年后，"风暴一号"又成功地将3颗卫星送入各自的预定轨道，使中国成为世界上第三个掌握"一箭三星"技术的国家。

魔都上海的
魔力与魔性

MODU
SHANGHAIDE
MOLIYUMOXING

242

随着运载火箭及卫星相继问世，需要在远地点对这些航天器进行跟踪测控。1965年，周恩来总理提出要建造远洋靶场测量船。1968年6月，"远望号"研制计划得到党中央批准。自1970年起，江南造船厂组成30余人的班子进行设计，1977年12月正式交船。远洋测量船"远望号"的建成，使我国成为继美、英、法之后，世界上第四个拥有远洋测量船的国家。

"永久"牌自行车

计划经济时代，自行车制造是上海轻工业的一大优势行业。这一优势是靠组合创新确立的。

上海自行车制造业，1949年以前已有一定规模。1949年底，上海自行车行业共有190家，职工2500人，是年自行车产量为4373辆。1952年，上海自行车产量达到40118辆。第一个五年计划期间，上海自行车企业实行公私合营。其后，针对上海自行车行业小厂多、生产条件差和技术设备落后的状况进行改组，建成35家中心厂，使生产组织趋向合理，促进产品质量提高。1953年，上海自行车开始出口。1955年试制成全部采用公制的标定自行车。1953—1957年，上海自行车行业学习苏联模式，以推行作业计划为中心，全面加强企业管理，建立"四师一长"（总工程师、总工艺师、总设计师、总机械师和生产长）制，协助厂长具体负责全厂生产技术业务。建立流水生产作业，加强产品检验和技术管理，加强技术后方建设，促进了工艺技术水平的提高。1958年，裴轮、鸿昌等厂合并组成上海自行车二厂，生产"幸福"牌自行车（后因发展摩托车，于1964年划归上海市机电局，改名上海摩托车厂）；上海市铁床车具生产合作社、中华五金医疗器械生产合作社和同昌车行制造厂、亚美钢圈厂等合并，组成上海自行车三厂，生产"凤凰"牌自行车。1960年，上海自行车产量超过到83万辆，为1957年的近3倍。

"永久"牌自行车

1961—1963年，上海大力开展技术革新，研制成功51型和91型载重车、机动脚踏两用车和平把结构的新型轻便车等新产品。1964—1965年，制造成功较高水平的SC65型和SC66型赛车、赶超国际先进水平的PA14型高级平车，16英寸小轮车也开始供应市场。

"永久"牌自行车是上海所产自行车中最著名品牌。上海永久自行车厂，前身是1940年日商小岛和三郎创办的昌和制作所，生产"铁锚"牌自行车。抗战胜利后被国民政府接管，继续生产自行车。上海解放以后，由人民政府接管，重新设计新商标。当时中苏关系密切，新商标起初定名"熊球"，造型是一只立在地球顶端的熊，象征苏联领导世界，大概因为"熊球"这两个汉字组成的名词不大雅驯，改用"熊球"的谐音"永久"。1952年，"永久"牌自行车年产已达到28767辆，占全国自行车产量的三分之一强。1955年，标定车在上海永久厂研制成功，这是中国第一辆标定型自行车。这款自行车统一了国内自行车零部件的名称和规格，为自行车零部件的互换和通用创造了条件，也标志着中国自行车工业走上自行设计、自行制造的道路。标定车由上海永久厂研制，标志着本厂在全国同行业中的龙头和中心地位的确立。此后，"永久"牌轻便车、公路赛车、载重

魔都上海的
魔力与魔性

MODU
SHANGHAIDE
MOLIYUMOXING

244

车、军用自行车陆续生产,引领着中国自行车行业一直向前。

计划经济时代,上海所产自行车,以质量卓越、外形美观广受用户好评,特别是"永久"牌、"凤凰"牌自行车,长期供不应求,各地均凭票供应。

"上海"牌手表

2008年,中国载人航天飞船"神舟七号"飞向太空,宇航员翟志刚佩戴的一块航天表,其机芯来自上海表业有限公司。上海表业有限公司前身是上海手表厂,其品牌产品"上海"牌手表一度被公认为"中国第一名表",在国产手表中引领风骚。

手表体积虽小,但工艺至为复杂,能否生产手表,手表质量如何,是衡量一个国家工艺水准的重要指标。1949年以前,上海有生产挂钟、座钟的钟厂,但没有能够生产手表的工厂。1954年,国家把生产手表的任务交给了上海。1955年,上海开始研制细马手表。"马"是手表的心脏零件,分粗马和细马,粗马结构工艺简单、精度差,通常用于闹钟、秒表、定时器类产品,而精度和耐久性高的细马手表,是由上海市第二轻工业局与上海钟表同业公会从中国钟厂等20家单位抽调人员,组成手表试制小组研制而成。制造手表的材料、工具,都是从零开始。第一批计划试制12只仿瑞士"赛尔卡"细马防水手表,150只零件由各参试单位和人员分头制造。第一块中国制造的手表,是由做琴用的音簧铜片、雨伞的钢丝骨,还有缝衣针等原料加工而成。钟表师傅以旧货商店的几台造钟、修表的旧机器和几把挫刀,拼凑成一台工作机。每装一只零件,都靠挫刀挫、手工磨,韧劲加巧劲。至于关键部件"马",工程师自己设计铣床,自制铣刀,经过两个月摸索,才制成一只完整的、准确的"马"。1955年9月26日,18只长三针17钻的"细马"手表试制成功,掀开了中国手表工业史上划时代的一页。1958年,上海手表厂正式建成,当年生产"上海"牌手表1.36万只。获悉"上海"牌手表投产,周恩来总理无限欣喜,以120元的市场价买了一只,从此一直戴在手上,直到去世后才被中国人民革命军事博物馆收藏。

到1965年,上海手表厂先后设计开发591型机械自动手表,611型、631型、657型机械中型男表,以及A641型24钻高级机械男表等。1968年,"上海"牌手表产量突破100万只,1970年又提高到228万只。

计划经济年代,圆头白面的"上海"牌手表,一直是紧俏商品。100多元的售价,相当于普通职工3个多月的收入,并不便宜,但还是供不应求,需要凭票证才能购买。上海姑娘结婚,理想的嫁妆是"三转一响",三转之一就是"上海"牌手表。

上海产缝纫机

上海缝纫机工业,起源于1900年浙江奉化(今宁波市奉化区)人朱兆坤开设的美昌缝纫机商店,主要从事缝纫机修理,1922年改为协昌缝衣机器公司,1940年开始生产"金狮"牌(后改为"蝴蝶"牌)家用缝纫机。解放后,国外缝纫机不能再进入中国市场,上海缝纫机行业获得发展良机。到1952年底,上海缝纫机行业有260家。1956年后,上海缝纫机一、三厂重点发展JA型、JB型、JH型家用缝纫机,牌号有"蝴蝶"牌、"飞人"牌。到1964年,初步形成以上海缝纫机一厂、惠工缝纫机厂(后迁往陕西省)、协昌缝纫机厂、远东缝纫机厂为主体的比较完整的专业化生产及协作体系。上海生产的工业缝纫机,有"上工"牌工业平缝机系列、"双工"牌包缝机系列。协昌厂生产的JH14-2型家用多功能缝纫机,以造型新,有缝纫、绣花、包梗、包边、锁钮孔、钉钮扣、双针缝纫之功能,成为赶超美国胜家"298"多能机的产品,1985年经鉴定达到国际标准,成为市场畅销产品。

魔都上海的
魔力与魔性

MODU
SHANGHAIDE
MOLIYUMOXING

246

"蝴蝶"牌缝纫机　　　　　　　　"飞人"牌缝纫机

　　上海缝纫机一厂与"飞人"牌缝纫机是上海缝纫机行业的名厂与名牌产品。上海缝纫机一厂先后仿制出17种"飞人"牌家用和工业缝纫机。1956年研制出15-566型（后改名为JA3-1型）缝纫机，速度快、针脚细、质量优，投放市场后很快打入国际市场，远销苏联、加拿大、英国等国。该厂还陆续开发多种型号的特殊用途缝纫机，包括鞋底机、高频塑料缝纫机、水稻育秧拉线纸缝纫机等。

　　上海生产的"蝴蝶"牌、"飞人"牌与"蜜蜂"牌三个牌号的家用缝纫机，性能优越，质量稳定，1980年均被国家机械委员会定为名牌产品，"蝴蝶"牌JA1-1家用缝纫机获国家银质奖章。"蝴蝶"牌缝纫机在国内外风靡一时，供不应求，零售市场在1972年开始凭票购买。

　　自行车、手表与缝纫机，都是计划经济时代上海名牌产品，都是在整合原有小型、分散行业基础上，集中优势、组合创新的结果。

红双喜乒乓球

1959年，容国团在第二十五届世界乒乓球锦标赛上获得男单冠军，这是新中国体育界第一个世界冠军。对于素有"东亚病夫"之称的中国来说，意义何等重大！由此，乒乓球被定位为"国球"。那年，北京获得第二十六届世乒赛的举办权，全套符合国际标准的乒乓赛事器材包括球台、球、裁判器械便在上海设计成样，并获得国际乒乓球联合会的认证和批准。周恩来总理对此极为高兴，亲自提笔将上海制作的乒乓球命名"红双喜"，其寓意有二，一是建国十周年，二是容国团夺冠。

　　红双喜乒乓球是上海乒乓球厂会同四川泸州化工厂、上海塑料研究所等单位，在1959年联合研制成功的。20世纪20年代，上海举行的乒乓球比赛用球，靠英、日、德三国进口。到1927年，由大中华赛璐璐厂乒乓球车间生产出了第一只乒乓球。1937年，该厂研制成功"连环"牌乒乓球，后被上海乒乓球联合会批准为比赛用球。1946年，华联乒乓球厂成立，后改名上海乒乓球厂。1959年，中国获得第二十六届世乒赛的举办权，于是研制了包括乒乓球在内的比赛用品。经国家体委鉴定，质量已达到国际比赛用球标准。国际乒乓球联合会曾委托瑞典SKF轴承试验室对日本、瑞典、西德、英国和中国五个国家9种牌号的国际比赛用球进行测定，"红双喜"质量总分名列第一。1960年，红双喜乒乓球被正式批准为国际比赛用球，并在第二十六届世界乒乓球比赛中正式采用，以后30年中一直保持着国际用球的荣誉。1986年，亚洲乒乓球联合会指定红双喜乒乓球为1986—1990年唯一的亚洲乒乓球锦标赛用球。

大白兔奶糖

　　上海冠生园食品总厂生产的大白兔奶糖，前身源自1943年上海爱皮西糖果厂。该公司的商人尝试过当时英国的牛奶糖之后，认为味道不错，便仿制出自家品牌的国产奶糖。包装使用红色米奇老鼠的图案，名为"ABC米老鼠糖"。售价比舶来品便

魔都上海的
魔力与魔性

MODU
SHANGHAIDE
MOLIYUMOXING

248

宜，广受民众喜爱。50年代，该糖果公司被收归国有，质量方面
精益求精，改进配方。外观方面，鉴于米老鼠来自外国，有崇洋
嫌疑，于是包装图案改成大白兔，并于1959年作为中华人民共
和国国庆十周年的献礼产品。这种奶糖，以新鲜牛奶、优质奶
粉、纯奶油、特级葡萄糖、精选蔗糖等为原料，采用科学配方和
新颖工艺技术精制而成。其特点是：乳白色，入口柔软、润滑、
不粘牙，质地细腻，富有弹性，奶味浓郁，香味纯正，不添加色
素、香精，包装美观、紧密、形态完好。据说以6粒奶糖便可冲
成一杯牛奶，因而名声大噪。

冠生园食品厂在生产"光明"牌大白兔奶糖时，十分讲究
质量，对产品实行全面质量管理，采取"五定"，即定原料、定
车间、定设备、定人员、定工艺，确保质量。凡进厂的蔗糖、葡
萄糖、乳制品等原料，由专职检验员检验分析，不符合标准的
不投产。在确保质量的同时，还不断改进工艺。通过对乳制品
的处理，使产品更加细腻润滑，采用低温真空溶胶法，明显地
提高了奶糖的弹性，增加水质处理工序，保证了水质的洁净。
根据消费者的习惯和心理，厂家不断发展新花色，派生出10多
种口味、造型和包装不一的系列产品。口味有奶香型、清凉型、
可可型和果味型等；造型有方形、枕形、条形；包装有听装、盒
装、袋装、条装等不同规格。不但畅销国内市场，在国际市场更
受欢迎，在马来西亚和中国香港、澳门等地区久享盛誉，并行
销美国、加拿大、日本、丹麦、联邦德国等40多个国家和地区。
1972年，美国总统尼克松访华，其随行人员先行来到上海，觉
得大白兔奶糖很好吃，就推荐给了尼克松。尼克松也非常爱吃，
于是周总理批示将大白兔奶糖作为礼物送给尼克松。当年，听
装大白兔奶糖就成了美国人民复活节期间争相购买的礼品。

从科技含量角度看，大白兔奶糖并没有什么高精尖的内
涵，但是它是上海糖果业美味、精致的象征。如今，在许许多多
年过古稀的中国人记忆中，大白兔奶糖已经成为他们童年美好

生活的标志性元素：大白兔奶糖是人们最爱的糖果，它伴随着无数的人们度过了快乐的童年。人们记住它的原因不仅是因为香醇的奶味，还有那个简单的名字。到现在，"大白兔"不仅是中国名牌，在世界上也有盛誉。给孩子吃大白兔糖几乎已经成为父母应该的事情了。曾几何时，大白兔奶糖能出现在婚礼上是多么有面子的事情。[1]

大型工具书《辞海》编纂

1957年，毛泽东接受1936年版《辞海》主编舒新城提出的对《辞海》和百科全书进行修订的建议，并将《辞海》修订任务交给上海。1958年5月，中华书局辞海编辑所成立。1959年成立《辞海》编辑委员会，成员有吕叔湘、陈望道等一大批学者和夏征农、陈翰伯、罗竹风等一批政界、出版界领导，这是当时中国出版界最为豪华的阵容。新修《辞海》按照舒新城对1936年版《辞海》的"剃、梳、篦、增"四字修订意见，强调应使"外行看得懂，内行说不错""有意识地选择政治上能鼓舞人或生活上有意义的事例作证"的目标、原则。1960年3月，《辞海》试写稿问世。1961年10月，按学科分类编排的16分册试行本在内部出版发行。1965年5月《辞海》(未定稿)在内部发行。1979年，新修三卷本《辞海》正式出版，5000多名专家用20余年完成了夙愿，向国庆30周年献上一份厚礼。2020年，《辞海》(第七版)彩图本正式上市，并同步推出网络版以满足新时代广大读者需求。

《中国历史地图集》编绘

1954年，毛泽东提议编绘一部历史地图。次年春，应历史学家吴晗的推荐，谭其骧被借调到北京，负责改绘清末民初

魔都上海的

魔力与魔性

MODU
SHANGHAIDE
MOLIYUMOXING

250

《中国历史地图集》

杨守敬编绘的《历代舆地图》。由于工程过于浩繁，1957年初谭先生回到复旦大学，组织班子进行《中国历史地图集》的编绘工作，1959年成立中国历史地理研究室。1973年完成初稿，1974年起分8册陆续出版内部本，1978年出齐；1983年起陆续出版公开本，至1988年底出齐。这是一部以中国历代疆域政区为主的地图集，全书自原始社会至清末，按历史时期分为8册、20个图组，共304幅地图，地图全部采用古今对照，收地名7万多个。全书以历史文献资料为主，吸收了已发表的考古研究成果，包括中国自商周至清代全部可考的县级和县级以上的行政单位，主要的河流、湖泊、山脉、山峰、运河、长城和海岸线、岛屿；除中原王朝外，还包括各兄弟民族在历史上建立的大小边疆政权，完整地体现了中国各历史时期的疆域、政区、城市、重要村镇和自然地理面貌。所有地图都以当时的高精度现势地图为底图，分色套印，古今对照，并附有地名索引，便于查找。它集中体现了中国20世纪80年代初的历史地理研究成果，被视为中华人民共和国成立以来社会科学最重要的成果之一，数次获奖，复旦大学还曾以之作为礼物赠送到访的美国总统及其他国家的领导人。

桥梁建设

南浦大桥，1991年建成通车，是改革开放以后上海市区跨越黄浦江的第一座大桥，为双塔双索面叠合梁斜拉桥。设计方面，在国内首次进行系统、全过程的风洞模型试验及完整的理论分析等创新研究。主桥塔施工采用斜爬模工艺、早强预拌混凝土泵送进行浇捣；主桥架设从东、西主塔分别向江、岸两侧对称悬臂进行钢梁拼装；主桥钢梁合龙时，在50米高悬空处，把两根15吨重的钢梁，在江心中精确安装合龙，实现水上架桥不封航的目标。西引桥盘旋式结构，采用曲线箱梁就地预制，300吨履带吊双机抬吊的高位吊运方法，将单根最大重量250吨、外形似香蕉、重心外偏、共133根的曲梁，准确安装到46.58米的高空。这些在桥梁建筑史上，都是重要创新。南浦大桥建成时，为世界第三双塔双索面斜拉桥，获1993年度国家优秀工程勘察设计金质奖（一等奖）、1994年度国家建筑工程"鲁班奖"、1995年度国家科学技术进步一等奖。

杨浦大桥，1993年建成通车，采用双塔双索面叠合梁斜拉

南浦大桥

魔都上海的
魔力与魔性

MODU
SHANGHAIDE
MOLIYUMOXING

252

杨浦大桥

桥结构，建成时为世界第一跨度斜拉桥。索塔两侧各有32对拉索，全桥共256根，最大索长330米，拉索最大断面由高强钢丝组成。施工中泵送大体积混凝土承台一次浇筑完成，采用内散外蓄法，有效防止了因水化热引起的温差裂缝。标准段采用桥面吊机安装。西主引桥五、六标段因上空和地下管线错综复杂，自行设计改装高架龙门吊，将重116吨T形梁安装到46米高度。该工程设计1994年获上海市一等奖、1996年主桥设计获国家级金奖。亚洲开发银行重金聘请的外国专家进行严格审查后认为："杨浦大桥的设计是合理、安全和先进的，几乎达到了无懈可击的程度。"1993年12月13日，邓小平同志乘车来到杨浦大桥主桥，当听到"杨浦大桥是当今世界上同类型斜拉桥的第一"时，禁不住感慨："喜看今日路，胜读百年书。"这成为有关杨浦大桥的佳话。

洋山深水港

洋山深水港码头

　　洋山深水港建设，是集中优势、组合创新的典范，至少包括选港创新、航道开辟、建港创新三个方面。

　　就选港创新而论，将上海建设为国际航运中心，是上海的久远梦想，但以黄浦江为主要航道的上海港区，越来越难以满足新时期庞大海船的航行与停泊需要。努力寻找深水新港，成为上海航运发展的头等大事。1978年以后，上海相关学者、航运业内人士先后提出过宝山、浏河、金山嘴等地，但都不理想，因为水深不够，岸线不足。80年代，随着对外开放的快速推进，城市的发展，上海港码头能力远远不能满足大批到港船舶靠泊的需求，长江口经常有上百条外贸船等候进港。另外，上海还面临着与中国台湾高雄、韩国釜山、日本大阪及神户之间的激烈竞争，1994年上海的集装箱量只有100万箱，与上述港口相比存在一个数量级上的差距。上海深水港问题已由严峻变为急迫。这时，上海的学者与领导，将寻觅深水港的目光，由上海水域扩展到浙江与江苏，跳出长江口，发现大、小洋山岛适合建设深水港。

魔都上海的
魔力与魔性

MODU
SHANGHAIDE
MOLIYUMOXING

254

洋山港址位于杭州湾口长江口外的崎岖列岛，西北距上海浦东新区芦潮港约30千米。它距离国际主要的海运航线只有104千米，很容易融入国际主流航线，也是距离上海最近的具备15米以上水深的天然港址。经过充分论证，上海正式向国家计划委员会上报洋山深水港区一期工程项目建议书，获得批准。但是，随后出现两道难题，一是行政隶属与港口关系，二是航道开辟。

大、小洋山岛时属浙江省，上海要到浙江的岛上建港，必须协调好与浙江的关系。经中央统一部署，上海与浙江达成行政归浙江，管理归上海的协议，即洋山的行政隶属关系仍归属浙江，但港口的管辖权归属上海；土地施工由上海负责，资金也由上海负担，洋山的土地租金和产生的税收归浙江，所有领航费的收入也归浙江，原岛上的居民搬迁安置由居民自由选择，愿意迁往上海落户的由上海负责安置。为了将洋山港的集装箱运往上海，需要建设东海大桥，其费用亦由上海承担。这是一个完全创新的跨省市选港方案，也体现了社会主义国家善于统筹协调的优越性。

航道是建港的另一难题。大、小洋山原来只是个渔港，只有小型渔船进出，大型轮船并不经过，因而这里也没有航道。没有航道就等于道路没有路标，船只开进去非常危险，船东也不愿意往这里走。这个难题后来由交通部牵头，上海、宁波参加，协力解决。

洋山深水港建设过程，是无数建港新纪录产生的过程。其一期工程，就包括港（深水港）、区（芦潮港辅助区）、桥（东海大桥）三个部分，每一工程都包含很多工程创新。以东海大桥而论，全长32.5千米，是中国真正意义上的跨海大桥，包含至少7项创新：首次在外海开敞海域建造30多千米的跨海大桥，首次提出桥梁结构100年使用寿命的标准，首次采用跨径为60米和70米的整体预制安装大箱梁结构，首次在海上采用直径1.5米的钢管打入桩作为桥梁基础,首次在外海最大水深达40米、海底淤泥层厚度超过30米的海域建造高速公路海堤,建造并使用了适应外海施工的成套设备,制订了东海大桥海上施工专用定额和养护专用定额。

东海大桥

海上建桥较之陆地建桥不知艰难多少倍,对每一种难题的解决都是工程创新。建造东海大桥,最大难题是桩打不下去。架桥必须先打桩,东海大桥最先进行的是桥墩沉桩工程。由于对恶劣的海上施工环境缺乏充分估计,起初打桩用的还是混凝土桩,但是不行,桩头打坏很多,后来全部换成了钢管桩,这才提高了抗击能力。常规打桩,用8吨的锤就能够打得到,但在海上不行,要换到15吨,打桩速度也要明显加快,才能把直径1.5米的钢管桩打到六七十米深处。还有一个难题是定位问题。与在陆地上施工不同,在大海中没有参照物,如果采用常规打桩方式,极有可能因桩位不准而影响大桥合龙。因此,大桥施工

东海大桥

魔都上海的
魔力与魔性
————
MODU
SHANGHAIDE
MOLIYUMOXING

256

采用了GPS卫星定位技术，一个桩用3~5颗GPS卫星定位。

洋山港在自动化方面也有很多创新。四期工程完成后，洋山港便成为是全球最大的智能集装箱码头。码头装卸作业采用远程操控双小车集装箱桥吊+自动导引车+自动操控轨道式龙门起重机的方案，由码头装卸、水平运输、堆场装卸的自动化装卸设备，及自动化码头生产管控系统构成。驾驶人员在办公室内就可通过远程操作台，控制位于作业现场的桥吊和轨道吊。自动导引车让码头前沿的水平运输实现无人化。自动化码头生产管控系统，让船舶和堆场计划、配载计划、生产作业路计划等全部交由系统自动生成。这些变化，显著降低了码头生产运营各个环节的人力资源成本，实现了码头作业从传统劳动密集型向自动化、智能化的转变，为客户提供全天候、高效、绿色、安全的服务。

2

发展思路演进历程

近代发展思路

近代大部分时间里，上海政出多门，整个城市没有也无法制订完整的发展规划，无法形成系统的发展思路。1919年，孙中山先生在思考建设东方大港建设问题时，鉴于当时黄浦江泥沙淤浅，大型轮船通行困难，考虑过绕开上海，在浙江乍浦另建一港的设想。乍浦邻近上海，如以铁路将乍浦、上海紧密联系起来，乍浦港在事实上也就成了上海港，这样上海城市依旧可以依托东方大港得到发展。那时，上海租界发展势头正盛，孙中山自然不会预料到不到20多年后租界就会被中国收回，所以他的计划，实质上含有一层深意，就是削弱以租界为核心的上海，撇开租界，另图发展。这样的计划要付诸实施，显然不是单纯的城市规划问题，更是一个政治问题与外交问题。这在当时显然不具备实施的条件。

1926年，北洋军阀孙传芳督办江苏，提出"大上海计划"，以上海城市及其近郊的市乡，外加宝山县的吴淞市及高桥、殷行、江湾、真如、彭浦5乡，成立淞沪商埠，直属督办公署。孙传芳自任督办，以留学美国归来的丁文江为总办。所谓"大上海计划"，就是统一从吴淞到龙华、浦东到浦西的上海华界行政权。丁文江上任后，经与江苏省公署洽定，以闸北、南市、闵行各地，及宝山县属的吴淞、江湾、高桥等24市、乡为商埠区域，并将其整合划分为闸北、沪南、浦东、沪西、吴淞5个大区。这是一个很有远见、沿黄浦江两岸拓展、关于上海城市综合发展的规划。可惜，丁文江担任总办仅8个月，便因政局变动而去职，"大上海计划"也未能如愿实施，但这一综合南市、闸北，打通浦西、浦东的发展思路，以及所进行的市政统一的努力，为日后的上海城市发展规划打下了基础。

1927年7月，上海被南京国民政府定为特别市，直隶中央政府。特别市管辖范围较原上海县大为扩展，包括上海县全县，宝山县的吴淞、江湾等乡，加上属于松江、青浦、南汇的七宝、莘庄、周浦等乡的一部分，共计市、乡30个，面积近500平方千米。到1928年，上海实际接收到17个市、乡，并将其改为区。它们分别是：沪南、漕泾、法华、蒲淞、闸北、引翔、殷行、吴淞、江湾、彭浦、真如、高桥、高行、陆行、洋泾、塘桥、杨思。上海华界原先各自为政、互不统属的分隔局面从此宣告结束，华界行政权真正统一，上海市、区两级行政体制也就此确

魔都上海的
魔力与魔性

MODU
SHANGHAIDE
MOLIYUMOXING

258

立。特别市改变了传统的道、县署衙门的设置,按照现代城市管理的需要,设一处十局,任命了一批学有专长、具有现代城市管理知识或经验的人担任局长,这使华界市政管理进入了一个新的阶段。

1929年7月,上海特别市政府制订了"大上海计划",在今江湾、五角场一带进行了建设上海新区的实际努力,包括建成市政府新厦、体育场、图书馆、博物馆、市医院等,在龙华辟设上海市植物园,在原市区外围开辟了一些道路,包括中山北路、其美路、黄兴路、三民路和浦东路。"大上海计划"的一系列主体建筑,由留美归来的建筑师董大酉主持设计。市政府还编制了上海市全市分区及交通计划。这些努力,体现了当时中央政府对上海的重视,反映了华界建设想赶上与超过租界的心理,对上海城市发展具有重要的促进作用。上海特别市的设立,"大上海计划"的制订与实施,是中央政府这个更高、更大的系统对于上海城市发展的支持,也是上海在国家层面上备受重视的体现。"大上海计划"从启动时起,就面临着资金匮乏、行政权威不足等困难,1932年日本帝国主义发动一·二八事变,江湾一带新规划的市中心区域遭到日军严重毁坏,一些地方化为焦土。1937年,日军又发动八一三事变,大举进攻上海,闸北、江湾被狂轰滥炸,"大上海计划"也就彻底破灭。

1945年抗战胜利后,上海市政府设立上海市都市计划委员会,编制"大上海都市计划"(以下简称《计划》)。这一计划前后共编制三稿,类似于现代城市规划的总体规划、控制性详细规划和修建性详细规划,分别完成于1946年、1948年和1949年。第三稿完成时已是1949年6月,上海已经解放了。计划编制过程中,市政当局发挥一批从欧美留学回来的建筑师、工程师的才智,包括中国建筑师学会理事长、著名建筑师陆谦受,圣约翰大学建筑系教授鲍立克,港务局工程师施孔怀,大同大学教授吴之翰,中国著名建筑师庄俊,市工务局设计处处长姚世濂,园林处处长程世抚及钟耀华、金经昌等人,采用了"有机疏散""快速干道""区域规划"等新的城市规划理论。

　　"大上海都市计划"将上海定位为一港埠都市,为全国最大工商业中心之一,为世界航运与贸易中心。区域计划范围,北与东面沿长江口,南达滨海,西面从横泾向南经昆山、淀山湖地带而至乍浦,包括江苏、浙江之东部区域,面积约6538平方千米。计划对上海港发展有具体考虑,认为长江口神滩(铜沙滩)吃水仅7米,影响海洋大型船只的通行,所以海洋船港选在乍浦附近,并从乍浦至黄浦江闸港之间开辟运价低廉、运量较大的河道运输,以利中区疏散和区域工业的发展,而两岸土地的增值,可以补偿开辟运河的费用。自由港可在乍浦设立。《计划》认为,上海的空运,以其地位优越,将来不仅为中国东海岸线的主要航空枢纽,还将成为国际远洋航空中心之一。按照国际远洋航空站,约需10平方千米的机场用地,而上海已有机场无法合乎国际机场之需,因此将来的国际远洋航空站建议在乍浦设立,并使与港口、铁路、公路各枢纽有便捷的联系。而龙华、江湾两机场,仅作国内航空站之用。《计划》预测,至1996年的50年间,上海人口将增至1500万人左右,而市域范围只能容纳700万人左右,其他人口以卫星市镇方式向附近区域发展。

　　"大上海都市计划"以"有机疏散"为目标,使居住地点与工作、娱乐及生活上所需的其他功能,保持有机联系。《计划》认为,对于城市绿地,除布置园林、体育场所及其他游憩地带外,也可安排菜地和农田。在市中区以外,设2~5千米宽的绿带。在环状绿带内,既可作公园、运动场,也可作农业生产用地。环状绿带向全区域作辐射形扩充,与林荫大道、人行道及自行车道的绿化,以及滨河绿带等形成绿化系统。同时,在市中区外,但又不超过15千米的范围内,发展家禽农场,使城市副食品就近供应。关于市中心内绿地,要保持32%是绿地和旷地,并将现有旷地加以联系,使之成为系统。《计划》第三稿拟

魔都上海的
魔力与魔性
————

MODU
SHANGHAIDE
MOLIYUMOXING

260

定了区划的几项原则，即工商业发展趋势将由半封建状态逐步
改变成为近代化企业；在工业化过程中生产事业人员、公共服
务人员比重将增加，寄生剥削阶级和投机商人将被淘汰；中区
将限制扩展，港口及部分工业将从中区迁到新区，过剩人口也
迁出中区；新计划区相互间及其与中区间用绿地隔离，并由交
通紧密联系。

"大上海都市计划"系统地吸收了欧美现代主义城市规划
理念，开启了中国现代城市规划的先河。可惜的是，这一规划后
来由于国际、国内形势的变化与影响，特别是由于上海城市发
展路径与产业结构的变化，并没有完全付诸实施。

计划经济时代发展思路

中华人民共和国成立后，中央政府与上海市政府高度重视
上海城市规划与建设。

1949年12月、1953年9月，上海两次邀请苏联城市规划专
家，来沪指导编制上海城市发展总体规划，提出了相当具体的
蓝图，其总的精神是提出用社会主义改造城市的方法，对城市
加以彻底地整顿，否定1946—1949年制订的"大上海都市计
划"，认为那是根据欧美资本主义型城市发展经验而拟订的规
划，不能采用。这些设想在1956年以前，由于沿海形势吃紧，
上海城市发展基本停滞，自难付诸实施。

1956年，鉴于国际形势的变化，中央调整发展战略。毛泽
东主席发表《论十大关系》，要求好好利用和发展沿海工业的
老底子以支持内地工业，这给上海的发展提供了一个新的契
机。上海提出"充分利用，合理发展"上海工业的方针。同年9
月，上海编制《上海市1956—1967年近期规划草图》，提出除
原有沪东、沪南和沪西三个工业区内的大部分工厂可以就地建
设、改造外，另外建立近郊工业备用地和开辟卫星城，规划新

建、迁建工厂的备用地有彭浦、桃浦、漕河泾、华泾、闵行、北新泾、蕰藻浜和浦东陈家湾；住宅方面规划12年内建设住宅1000万平方米，平均每人4平方米，可以使100多万人的居住情况得到改善。1958年4月，市规划局编出《上海市1958年城市建设初步规划总图》，落实此前的规划草图，将蕰藻浜工业区规划为钢铁工业基地，彭浦规划为铸锻及机电工业基地，桃浦规划为化学工业基地，北新泾为服务性无"三废"的小型工业备用地，如印刷厂、小型机修厂、家具厂、食品厂、针织厂、棉织厂、文教工业等，漕河泾为精密仪表工业基地，高桥为石油综合利用及有关化学工业基地，周家渡的上钢三厂附近作为发展用地，耀华玻璃厂北首沿黄浦江为造船工业，也适宜于用水量大、水运量大的其他工业，吴泾为新兴化学工业基地。

　　1959年10月，上海完成《关于上海城市总体规划的初步意见》，提出逐步改造旧市区，严格控制近郊工业区，有计划地发展卫星城镇的城市建设方针。对于住宅建设，规划安排市区外围新建与旧区改建同时并举，近期以外围地区新建为主，为旧区大规模改建创造条件。第一阶段（大致8~10年）消灭棚户、简屋，使城市重点地区面貌改观，第二阶段（再用15~20年时间），改造陈旧（旧式里弄）房屋，使城市面貌根本改观。两个阶段将拆除全部棚户、简屋、旧式里弄。市区内建造住宅最低四层，还需要修建相当数量八层以上的高层住宅，以腾出更多土地进行绿化、修建公共建筑。规划对于改进城市交通也提出具体设想。城市建筑面貌方面，规划安排综合改造人民广场，形成城市建筑艺术布局的中心，通盘规划调整改建黄浦江两岸的码头仓库和工厂，并兴建新外滩（新开河至十六铺），使新外滩在建筑艺术和绿化等方面赛过老外滩，使江景反映出上海的工业基地、国际大港、科技文化中心的多方面的面貌。改造治理苏州河，把市区污水以半分流制集中入江、入海，并结合调整码头仓库和增加绿地，把长寿路以东的河段改造为滨河居

魔都上海的
魔力与魔性

MODU
SHANGHAIDE
MOLIYUMOXING

262

住地段,成为一段美丽、幽静的城市内河。

综观1956年以后上海制订的这些规划,可谓眼光长远、布局合理,重点突出,多方兼顾,既服务国家发展战略,也考虑上海自身建设;既考虑发展生产,也考虑改善人民生活。无论是工业区还是住宅区,既考虑自然因素,如风向、水流、土质,也考虑与城市中心区的距离、关联程度等。1958年,国务院将江苏省的宝山、嘉定、松江等10个县划归上海,为上海实施这些规划提供了重要空间基础。此后10多年,上海城市空间布局基本按这个规划逐渐拓展,经济发展也基本按照这个规划展开,遗憾的是在改善人民生活方面,因为种种因素,包括三年经济困难,更由于"文化大革命"的严重干扰,这些规划没能如愿完全落实,住房没能如愿改善,交通没能如愿拓展,污染没能如愿防治。

改革开放以来发展思路

自近代以来,上海的问题从来都是国家层面的问题。改革开放以后,上海城市如何定位、如何发展,既是上海自身的问题,也一直是国家层面的问题。邓小平、陈云、李先念等国家领导都一直非常关注上海的发展。1983年8月,中共中央总书记胡耀邦视察上海,指出"上海必须充分发挥其口岸和中心城市的作用,发挥其经济、科技、文化基地功能,作全国四化的开路先锋"。[2]1984年9月,中央委派宋平和马洪率调研组,在上海进行为期半个月的调查研究。上海市政府、国务院改造振兴上海调研组联合向中央政府提交了《关于上海经济发展战略的汇报提纲》。1985年2月,国务院正式批准这份《汇报提纲》。国务院在批转这份《汇报提纲》的通知中指出:"在新的历史条件下,上海的发展要走改造、振兴的新路子,充分发挥中心城市多功能的作用,使上海成为全国四个现代化建设的开路先锋。上海市要充分利用对内、对外开放的有利条件，发挥优势，引进和采用先进技术，改造传统工业，开拓新兴工业，发展第三产业，逐步改善基础设施和投资环境，要在1990年以前尽快转上良性循环，力争到本世纪末把上海建设成为开放型、多功能、产业结构合理、科学技术先进、具有高度文明的社会主义现代化城市。"[3]对于上海在全国改革开放中举足轻重的地位，通知特别强调："改造、振兴上海不仅是上海市的大事，也是关系我国四个现代化建设的大事，国家应该给予上海必要的支持，各地区和各有关部门也要积极给予支援和帮助。"[4]这样的定位，既体现了新形势下国家对上海的期待，也反映了上海作为中心城市的自觉追求。

在通知精神指导下，上海于1986年制订了《上海市城市总体规划方案》，并获国务院批复同意。方案对于在新形势下建设一个什么样的上海、如何建设这样的上海，都提出了具体规划。方案指出："上海市城市总体规划必须从长远考虑，高瞻远瞩，面向世界，面向二十一世纪，面向现代化。同时，又必须考虑到现实情况和逐步实施的可能，使解决当前问题和长远发展密切结合起来，把上海建设成为开放型、多功能、产业结构合理、科学技术先进，具有高度文明的社会主义现代化城市，以更好地为全国的经济建设服务。"[5]方案明确提出，"上海是我国最重要的工业基地之一，也是我国最大的港口和重要的经济、科技、贸易、金融、信息、文化中心。……同时，还应当把上海建设成为太平洋西岸最大的经济贸易中心之一"[6]。针对上海住宅紧张严重的现状，方案强调在今后相当长的时期内，住宅建设仍将是城市建设的重点，计划至2000年，全市新建住宅8400余万平方米，使平均每人居住面积，中心城达到8平方米，卫星城达到9~10平方米。这是一个具有宏阔的国际眼光、自觉的担当意识、将长远愿景与近期措施有机结合的城市规划，对日后上海城市发展起到了很好的指南作用。

魔都上海的
魔力与魔性

MODU
SHANGHAIDE
MOLIYUMOXING

264

　　上海在发展思路创新方面，在80年代有一突破性进展，就是随着社会经济体制改革的深入，中央在上海实施一系列有利于上海恢复活力与竞争力的举措。1985年以后，中央对上海财政政策，调整为"核定基数、总额分成"，从1988年起实行财政包干体制，上海上缴中央财政的比例逐渐降了下来。1987年以前，上海与中央的财政关系，历经多变。1949—1957年，实行统收统支体制，上海征收的各种税收收入直接解入中央金库，只留给地方一些零星收入，地方靠开征公用事业费等附加收入以抵充支出。1958—1987年，实行各种形式的比例分成体制。总的说来，上海财政收入绝大部分上解中央，留给地方的财力很少。1949—1990年，上海市地方预算内财政收入中，上解中央的占84%，地方分成的仅占16%。在高度集中的计划经济体制下，地方财政自留部分太少，用于改善人民生活的部分更少，这就严重影响了城市发展的后劲。从1988年起，中央对上海实行"基数包干上缴、一定五年"的体制。以1987年实际完成的收入165亿元为基数，在1988—1992年，每年定额上缴中央105亿元，前三年超收的部分全部留给上海，后二年收入超过165亿元的部分与中央对半分成。此后，上海可用于自身发展的资金逐渐增加，城市建设与改造也就驶上了快车道。

　　与中央对上海财政管理体制改革相一致，上海市政府对区县政府、区县政府对乡镇政府也实行了层层包干的财政管理体制。自1985年起，上海市政府对中心城区试行以总量分成为特征的"核定基数、收支挂钩、总额分成、一定三年"的财政包干体制，各区财政收支范围重新划分，自求平衡；对郊县试行以增量分成为特征的"核定收支基数、定比增长分成"的财政包干体制。自1988年起，市政府对区县实行以"基数包干、增量分成"为特点的财政包干体制。根据各区县不同情况，分别适用"核定收支基数、包干上缴、增收分成、一定五年"或"核定收支基数、前三年递增包干上缴、后二年增收分成"两类办法。以后，这些改革又在实践中不断完善。这一体制，增强了地方政府的财力，激发了区县发展经济、改造与建设城市的活力。

1987年以后上海发展思路的创新，不在于制订城市规划时处理好国家与地方、生产与生活的关系，因为1956年以后的上海城市规划已经高度重视、很好兼顾到这些矛盾关系，关键在于那次规划制订以后，由于宏观环境的制约，上海不具备实施这些规划的条件与能力。1987年以后，国家宏观环境发生了根本性改变，国家经改革开放整体实力得到了提升，有能力兼顾到上海城市发展的问题，这才使得上海财政包干愿望变为现实，上海财政上缴比例得以降低，城市建设、改造的能力得以增强。

中心功能持续升级

上海是中国的上海。当代上海的发展，是在党中央与中央政府领导下实现的，是在与长三角地区、长江流域与全国各地的联系与互动中实现的，上海城市的中心作用是在服务长三角地区、长江流域与全国时体现出来的。上海城市的定位，也是在服务全国、驰骋世界的大格局中实现的。

改革开放初期，当上海还处于中国改革开放的"后卫"位置时，上海在全国的定位是国内多功能中心。1986年，经国务院正式批复的《上海市城市总体规划方案》中，对上海城市性质的表述是："上海是我国最重要的工业基地之一，也是我国最大的港口和重要的经济、科技、贸易、金融、信息、文化中心，应当更好地为全国的现代化建设服务。同时，还应当把上海建设成太平洋西岸最大的经济贸易中心之一。"这个表述可以简约为"国内多功能中心、亚洲经济贸易中心"。

这个定位，日后随着上海城市的发展而不断扩展与提升。1990年，中央决定开发开放浦东以后，将上海城市的定位提升

魔都上海的
魔力与魔性

MODU
SHANGHAIDE
MOLIYUMOXING

266

为"一个龙头、三个中心"。1992年10月，党的十四大报告提出："以上海浦东开发开放为龙头，进一步开放长江沿岸城市，尽快把上海建成国际经济、金融、贸易中心之一，带动长江三角洲和整个长江流域地区经济的新飞跃。"这里突出了上海的国际地位，突出了上海在长江流域与长三角地区的龙头作用，突出了上海的国际经济、金融与贸易三个中心。

1994年，考虑到国际航运中心建设在上海经济中的特别重要性，国家又在三个中心之外，加上"国际航运中心"。事实上，没有航运中心，其他三个中心便很难立足。于是，上海城市发展目标，被定位为"一个龙头、四个中心"。2001年，国务院批复同意的《上海市城市总体规划（1999—2020）》，对上海城市的定位便是"社会主义现代化国际大都市，国际经济、金融、贸易、航运中心之一"。这个表述延续了较长时间。

2012年中共十八大以后，鉴于创新越来越成为国际竞争力的核心要素，创新在中国发展战略中的地位越来越重要，创新也被列入上海城市发展的重要指标。2014年5月，习近平总书记在上海考察调研时，要求上海着力实施创新驱动发展战略，不仅要走在全国前头，而且要走到世界前列，加快向具有全球影响力的科技创新中心进军。2015年，上海发布《关于加快建设具有全球影响力的科技创新中心的意见》，系统提出将上海建设为全球科创中心的战略构想。2017年，上海制订新的城市规划，加上了"科技创新中心"。同年，经国务院批复的《上海市城市总体规划（2017—2035年）》，对上海城市发展定位是："上海是我国的直辖市之一，长江三角洲世界级城市群的核心城市，国际经济、金融、贸易、航运、科技创新中心和文化大都市，国家历史文化名城，并将建设成为卓越的全球城市、具有世界影响力的社会主义现代化国际大都市。"所提的是"五个中心"，即国际经济、金融、贸易、航运、科技创新中心。

30多年间，上海城市发展的定位，由"国内多功能中心、

吴淞口国际邮轮港

亚洲经济贸易中心",到"一个龙头、三个中心",再到"一个龙头、四个中心",进而到"五个中心",内涵越来越丰富,等级越来越高。这些中心都有两个面向,既是国内的,又是国际的。作为国内中心,上海除了要在这些领域争创一流,还有另外一个功能,即胸怀全国,服务全国。作为国际中心,无论是工业、金融、贸易、航运,还是科技创新,上海都必须代表中国到国际舞台上去发展与竞争。

　　回顾改革开放以来上海的发展历程,可以清楚地看到大体上每隔10年,上海城市定位就会上一个新的台阶。每一个新的台阶,都是中央的要求,也是上海的自觉。每一次定位,上海都是认真调查研究,眼观世界风云,脚踏中国实际,看清上海特色,深思熟虑,谋定后动。

魔都上海的
魔力与魔性

MODU
SHANGHAIDE
MOLIYUMOXING

268

3

制度创新两大手笔

制度创新是上海城市发展的重要动力，土地批租与证券交易是其中相当重要的两项。

土地批租

20世纪80年代的上海，经济发展速度放缓，增长速度低于全国平均水平，城市基础设施落后，改造缺乏财力。单以房屋改造而论，截至1991年，全市危棚、简屋有365万平方米，加上二级旧里房屋累计1500万平方米。限于财力，从1981—1990年的10年期间，全市每年只能拆除危棚、简屋和二级旧里15万平方米，依此速度推算全市需花100年时间，才能完成危棚、简屋和二级旧里的改造任务。其他产业升级、交通拓展等，所需资金更是天文数字。放眼世界，中国香港地区、东南亚的新加坡在这方面问题解决得就比较顺利。上海能否仿照中国香港、新加坡的实践，进行土地批租？这是摆在土地管理部门面前很现实的问题。如果仿照，马上就面临无法可依与地租理论的障碍。

就土地使用制度而论，当时上海城市土地使用的制度，归市政府办公厅法制处管理。法制处处长钱富兴查阅了有关法律，经与上海法学界有关学者曹建明等研究，广泛地听取了各方面的意见，于1987年形成了《上海市土地使用权有偿转让办法》（以下简称《办法》）。同年11月29日，市政府发布《办法》，规定自1988年1月1日起施行。《办法》规定：市政府对国

上海证券交易所

有土地的使用权，可以通过招标拍卖、协议等方式出让，出让的最高年限：娱乐用地20年、工业用地40年、其他用地50年；土地使用权出让后，受让者可以将土地使用权抵押、出租、转让。就创新点而言，首先是率先立制。当时的《中华人民共和国宪法》第10条第4款规定："任何组织或者个人不得侵占、买卖、出租或者以其他形式非法转让土地。"所以，上海的《办法》是在《中华人民共和国宪法》还未对土地制度进行修改，土地实行无偿无限期使用的情况下，在考察了香港的土地批租制度后，在中国内地率先组织制定的。也就是说，在国家无"大法"的情况下，先有了试点性的"小法"。因此，这个《办法》是具有创制性和试点性的，为内地土地制度的立法提供了实践经验。其次是法规先行。在上海《办法》施行之前的1987年12月1日，深圳已经开始第一块国有土地有偿使用权拍卖，在中国大陆来讲时间最早，但是深圳那时是在没有正式法规的情况下进行的，而制定比较规范的地方法规是上海最早。所以，上海土地出租的法制特色非常鲜明，这也是上海城市一向具有契约传

魔都上海的
魔力与魔性

MODU
SHANGHAIDE
MOLIYUMOXING

270

统的表现。

1988年《办法》颁布后当年，上海首次向外商出让土地使用权。通过公开招标，将虹桥经济技术开发区26号地块1.3万平方米土地50年的使用权，转让给日本孙氏企业有限公司。该地块于1990年3月开工建设，建起了东西两幢相互对称的太阳广场大厦。1990年，市政府建立以协议方式进行工业用地有偿出让的试点，将位于漕河泾新兴技术开发区一块4.27万平方米的地块，协议出让给香港齐来贸易有限公司。1992年，上海将旧区改造与商业设施建设、涉外房地产开发结合起来，利用级差地租对卢湾区打浦桥"斜三基地"进行旧区改造，共拆除房屋2.6万平方米，搬迁与居民混杂的工厂16家，取得了良好的社会、经济、环境效益。此后，境内外开发商纷纷抢滩上海旧区改造项目，各区地块出让急剧上升。1992年，上海全年出让土地达21幅，面积20.1平方千米。

利用土地资源吸引外商投资，为上海推行建设项目用地的有偿使用积累了经验。1990年开发开放浦东后，外商和国内各部委以及各省市的投资者纷纷涌入浦东参与投资开发，建设用地需求旺盛，上海就此在全市范围内开启了通过大面积批租土地筹集城市建设资金的途径，上海城市改造与建设由此驶上了快车道。

上海土地使用制度的改革，基于两个方面的理论研究基础，即法学理论与马克思主义地租理论。法学理论方面，在《办法》制订以前，曹建明等学者联名撰写了一篇题为《外商租用土地与经营房产业的理论与实践》的论文，发表于《法学》1986年第7期。论文深入论述了外商租用土地问题的迫切性与重要性，指出土地是一种重要资源，也是利用外资、引进技术、进行生产和经营活动的基本条件。外商租用土地和经营房地产业，可在相当程度上解决开放城市建设资金不足、外汇不平衡的困难。论文特别指出土地批租在上海的复杂性和严重性，因为人们会联系上海近代历史提出疑问：允许外商租用开发城市土地，是否会重演帝国主义在半殖民地旧中国建立租界的悲剧？论文对此做了深入的剖析，指出所谓租界是帝国主义列强根据和中国清政府缔结的不平等条约，在通商口岸和城市长久租用的地段。在对外开放中出租土地给外国投资者，与帝国主义在旧中国的租界是有本质区别的。首先，性质不同。租界是一个政治地域的概念，丧失了中国主权特别是司法管辖权和行政管理权是其最重要的标志，现在出租土地给外商是经济活动范围的概念。在这个范围内，外商所获得的只是土地使用权，而中国政府有独立处理对内和对外事务的最高权力，包括立法权、司法权、行政权。外商必须遵守中华人民共和国的法律，出租土地的决策权和发展的方向也由我国政府决定。其次，产生的原因和条件不同。租界是帝国主义列强侵略的结果，是建立在不平等条约基础上，当时的中国已沦为半殖民地、半封建社会，而现在出租土地则是在我国已成为强大的社会主义国家的条件下，出于对外开放、引进外资的需要，是为了社会主义国家本身利益的需要而采取的重要措施，是建立在平等互利的基础之上的。曹建明等人的见解，起了解疑释惑的作用，这也是这一理论最终能转化为政策的重要原因。

在马克思主义地租理论方面，复旦大学张熏华贡献最为突出。张熏华对马克思的《资本论》有精深研究，对上海城市发展中的地租问题特别用心。还在1984年，他就发表论文《论社会主义经济中地租的必然性》，阐述"地租"在改革开放中城市领域的理论基础和现实可行性。1985年，他又发表《再论社会主义商品经济中地租的必然性——兼论上海土地使用问题》，指出"土地的有偿使用关系到土地的合理使用和公有权问题。级差地租应为国家的财源之一，港澳的租地办法可以采用"。同年，他充实以上二文，以《论社会主义商品经济中地租的必然性——兼论上海土地使用问题》为题，刊登于1985年4月的

魔都上海的
魔力与魔性

MODU
SHANGHAIDE
MOLIYUMOXING

272

《调查与研究》。张熏华指出，不管社会形式如何，土地总会有差别，即使到了共产主义社会，这种以使用级差土地为条件的级差劳动生产率也将仍然存在。我们反对的只是土地私有权而不是一般的所有权，只是反对地租为私人所占有而不是一般地反对地租。我们现在不收地租，实质上等于放弃土地公有权，并且失去巨大财源，又使占有土地的企业、集体和个人不劳而获得这份超额利润。我们是社会主义国家，但又保存商品经济。我们不能出卖土地所有权，但事实上已经出让经营权，对经营（使用）土地的任何单位和个人必须收取地租。作为地租实体的超额利润是一种特殊分配关系，决定了地租只应由国家来收取。我们可以按地段好坏，定出地租级差标准，再按租期长短的利息率计出地价；并且在租约中明文规定，必须按城市规划兴建某种建筑物，在租约满期后也必须将地面建筑物完好地连同土地一起交还。针对上海的实际情况，张熏华特别指出，上海是全国经济中心，它的每一块土地，即使是郊区土地，相对于全国来讲都处于优越的位置。因此，经营上海的每平方米土地，都应该取得超额利润，也就是每块土地都应该收取地租。任何单位、任何个人占用土地都必须有偿使用，即必须支付地租并根据地段好坏，拉开地租的级差幅度。建议市府机关带头迁出外滩，将外滩以高地租租给外资、外贸、金融等单位，并运用地租引导南京东路成为经营高档商品的一条街。可以防止一些部门挤占土地，推动一切企、事业加强经济核算，土地的级差效益就被发掘出来，我们的财政收入会猛增起来。一些不宜设在市中心区的单位和居民，包括外来单位和人口，会因地租从而房租的日益高昂而迁出。一些用地较多、运量较大的中、重型工业，在能源和原材料价格继续上调之后，将负担不起市区高昂地租而迁往郊区或转迁内地，从而使生产力布局趋向合理。张熏华的论述基于马克思主义的基本原理，逻辑严谨，说理透辟，从而成为上海、进而成为全国土地批准制度理论的依据。

证券交易

证券交易是通过市场筹集资金的重要途径，在近代上海早已有之。证券交易向来被称为资本主义"皇冠上的宝石"，其本身就是资本运作的一种手段，并不具有资本主义或社会主义的性质。但是在计划经济时代，在特定的意识形态语境下，证券交易被视为万恶资本主义的标志。茅盾小说《子夜》、周而复小说《上海的早晨》，所描写的旧上海诸多罪恶就与证券交易有关。上海解放以后查封上海证券交易所，被视为推翻旧社会的标志性举动。因此对于筹建证券交易所一事，人们普遍心有余悸，担心犯政治错误。一位参与筹备上海证券交易所的领导，便接到友人善意的劝阻："千万不要搞这个，将来中国的资产阶级就会从这里产生。"当时擘画其事的朱镕基市长踌躇再三，当面请示了邓小平，邓小平表示："你们办吧，办了再看。办了不好，我们再改嘛！"有此尚方宝剑，上海证券交易所才得以在1990年12月破冰成立。

正因为有风险，难度大，所以1991年邓小平在上海视察时，说到"金融很重要，是经济的核心"，当时在场的浦东开发办公室副主任黄奇帆兴奋无比，立即记录下来。不料，媒体正式发表的邓小平"南方谈话"，却没有这方面的内容。这让黄奇帆颇为怏怏，他找到整理南方谈话的郑必坚，陈述此事。郑与当时在场的朱镕基核实，朱翻阅了自己的笔记本，予以确认。郑又把这段话送给邓的秘书王瑞林，请他呈送邓小平审阅。"小平同志看了后说，我的确说过这段话，并仔细地在'金融很重要，是经济的核心'这句话中，'经济'的前面加上了'现代'两个字。后来这段话被补充进《视察上海时的谈话》一文，并收录在《邓小平文选》中。"[7]这段极其珍贵的历史细节，折射出上海金融改革的重要与后人难以想象的风险。

魔都上海的
魔力与魔性

MODU
SHANGHAIDE
MOLIYUMOXING

274

4

开发浦东创造奇迹

城市病与经济滑坡

计划经济时代，上海超负荷运作，积累了严重的城市病，集中表现在城市基础设施落后、住房拥挤、交通堵塞与环境污染等问题。

住房拥挤最为突出。尽管中华人民共和国成立后30年中也新造了一些居民新村，改造了一些旧房，但总体情况仍然相当严峻。1950年，上海人均住房面积是3.9平方米，到1966年仍然是人均3.9平方米，其中大部分年份都不足3.9平方米，1957年最低时人均只有3.1平方米。[8]80年代，包括棚户、简屋、阁楼在内，上海市区人均4平方米以下的缺房户有91.8万户，占全市户数60%左右。这种住房都没有卫生设备，没有抽水马桶。

居民住房困窘的情况，早已到了不堪忍受的程度。下面这段文字描述的是计划经济时代上海居家相当普遍的情况：

> 床边布。人均居住面积极低的上海居民家里，摆下一张床再无其他空间。家里来了客人，床，是唯一可以入座的地方。爱干净的主妇想出一招，在床沿上搭一块布，名曰"床边布"。来了客人铺上去，客人走了再撤下。一块不起眼的布头里，隐藏着主妇的生活智慧，更显露出空间狭小的无奈。
>
> 搭阁楼。几乎住在石库门的家家户户，都曾有过搭阁楼

的经验。平面里挨家挨户，拥挤不堪，就从高度上做文章。对于层高偏高的石库门，能搭个阁楼意味着就此解决一户人家的住房困难。住在直不起腰的阁楼里，上海居民却已心满意足：毕竟，有了相对分离的空间。

拉帘子。同一屋檐下的兄弟姐妹同居一室，子女结婚更无条件分房居住，在居住条件如此紧张的情况下，只能在床与床之间，拉一道帘子，白天拉开当一家，晚上拉起分两室。在普遍没有卫浴设备的老房里，拉一道帘子，这边是居室，那边是马桶。真可谓走投无路之举。[9]

曾任黄浦区房地局局长的胡炜回忆："80年代初的时候，我是黄浦区的房地局局长，当时上海人的居住环境非常窘迫，那时实行的是福利分房的政策，只有困难户才可以分到福利房，人均2平方米才符合条件。当时我到一户家庭走访，这户人家是三代七口人，11平方米，他们是怎么睡觉的呢？他家有张上下铺的床，四个人睡在上下铺，一个人打地铺，一个人睡在桌子上，一个人在箱子上搁块板睡在上面。"如果要在家方便，其他人就要出去，夏天洗澡也只能出门回避。这也造成上海的弄堂总是那么热闹。

1974年，法国社会学家朗兹考察上海，他在考察札记中写道："我看到在一条凝滞不动的小河边搭建起来的一间小屋。屋顶披着歪斜着的羊毛毡，上面压着几十个瓶瓶罐罐。窗户的玻璃全都破裂，显示着利齿般形状。至多只有10平方米的空间，却住着五口之家。时时可闻腐烂的蔬菜气息荡漾在小屋四周。这情景让我想起了孟买、加尔各答和新墨西哥城。"[10]

1976年"文化大革命"结束以后，海外回上海探亲访友的侨胞，一个共同的印象便是，可以熟门熟路地找到几十年前的旧居，因为上海大部分地方几乎没变过。要说变了，那就是铁锈和腐木比以前更多了。

魔都上海的
魔力与魔性
─────
MODU
SHANGHAIDE
MOLIYUMOXING

276

计划经济时代上海的交通拥挤状况

交通拥挤也是上海的突出问题。80年代，上海人均拥有道路仅1.57平方米。公交车拥挤到1平方米要塞进24只脚。市中心车速每小时只有15千米，道路堵塞是正常现象，不堵塞倒成了不正常现象。曾经担任副市长倪天增的秘书顾建平回忆：由于城市建设欠账太多，马路陈旧，防涝防灾力薄弱，许多次大雨过后，大量居民区进水，他陪倪天增副市长蹚着积水到居民家中走访。还有许多次，市领导出门调研，走访交通问题，但因为交通太堵，秘书跟丢了前方领导的车，急得在后车上直叫。[11]许多人在挤得水泄不通的车厢里，发出"上海一大怪，汽车没人跑得快"的叹息。1987年12月10日晨大雾迷漫，黄浦江轮渡停航多时，导致渡江心切的上班职工聚集过多。上午9时许，陆家嘴渡口4万多人、上万辆自行车、数百辆送蔬菜的黄鱼车，因为争上渡船发生拥挤。有自行车倒地，致使众多乘客跌倒，被蜂拥而上、不能自控的人群踩踏。有16人死亡、2人重伤、60多人轻伤，酿成上海交通史上的惨痛事件。

环境污染问题由来已久，且日趋严重。苏州河、黄浦江以及市区所有大小河浜，无不污染严重，小河浜更甚。苏州河原来号称"长堤春水绿悠悠，桃溪浅处不胜舟"，随着近代工业的崛起，逐渐失去它原有的清澈与美丽。到80年代，日产工业和生活废水500多万吨，其中近300万吨未经任何处理就直接排入市区河道，向苏州河排污的工厂达上千家，大都是高浓度有机物和重金属污染物。苏州河每年黑臭期几乎占到365天，成为"世界最臭的河流之一"。黄浦江黑臭期虽不及苏州河那么长，但也日益加重，1963年黄浦江市区河段已经鱼虾绝迹，黑臭时间为22天，1965年已延长到50天。

此外，煤气、电话、下水道等市政问题，无不积重难返，泛滥成灾。

此类问题，使得市领导忧心如焚。1981—1985年担任上海市长的汪道涵感慨地说："在我当上海市长的期间，我上对得起'朝廷'（喻中央政府），每年上海上缴国家财政占国家财政收入的六分之一，但下对不起黎民百姓（喻上海市民）。每天早晨我看到马路上有那么多的煤球炉在生火，到处是烟雾腾腾，那么多马桶在马路上刷洗，我真感心痛，上海实在没有多余的资金来改善和发展市民的生活了。"[12]

继汪道涵之后担任市长的江泽民说："当我们在车站上、车厢里看到拥挤不堪的人群时，当我们看到孩子们在简陋甚至危险的教室里上课、数万名幼儿入托入园难使年轻父母愁眉不展时，当我们了解到有的怀孕女工因上班挤车造成流产、全市有两万名职工上下班路上要花四小时以上的时间时，当我们看到一场暴雨使十一万户居民家中进水，心里就感到深深不安。"[13]

1988年，出任市长的朱镕基到任后便感叹："现在一天我们收到100多封人民来信，都是讲粪便横溢、垃圾成堆、交通拥挤、住房紧张，简直就要爆炸了。"

具体分管市政建设方面工作的副市长倪天增，对此更是寝食难安。黄菊回忆："记得1987年底的一天，我们向姚依林等中央领导同志汇报上海工作。当反映到上海面临的困难时，天增同志向中央领导谈了上海市民住房的紧张、防洪防汛能力的不

魔都上海的
魔力与魔性

MODU
SHANGHAIDE
MOLIYUMOXING

278

足，及其他威胁城市安全的隐患，他心情沉重，禁不住潸然泪下，哽咽语塞……他的汇报，深深打动了中央来的同志，也使在座者感慨动容。此情此景，宛如昨日。"[14]作为副市长，倪天增自己一家四口人很长一段时间里挤在老城厢的一间平房里，下班还要在家用煤球炉子烧饭。有一次市建委的一位负责人找他汇报工作，遇上倪天增满脸黑乎乎地在给煤炉加煤饼。这位负责同志劝倪天增说："副市长，给自己批个液化气吧！你觉得不便的话，由我来落实。"倪天增听后，婉言谢绝："那怎么行！左右邻居、前后街坊都用煤饼炉，我怎么能用液化气，共产党的干部要和老百姓一样，决不能搞特殊化。"

计划经济时代，在上海这样的直辖市，且不说设在上海的中央国营企业，如江南造船厂、上海重型机器厂、宝山钢铁总厂、上海石化总厂等，其各项权力均集中于中央，即使主要由上海管理的地方企业，其很多权限也不在上海，无论是企业资源的调配，还是生产计划的安排，均听命于国家主管机关的指令性计划。对于城市的规划、改造、更新，地方政府可以施展的空间很小，大主意由中央定，具体事由地方办。在"全国支援上海，上海支援全国"（简称"两个支援"）的格局中，上海与内地的关系通过中央的计划杠杆与权威来协调，内地支援上海的是能源、原材料与低附加值产品，经上海加工以后以高附加值产品支援全国，所产生的利润全部上缴国家。在正常情况下这种平衡可以维持，但是实行市场经济以后，内地也要发展自己的产业，就必然截留、挤占上海原先维持生产所必需的能源、原材料与低附加值产品。这样，上海的生产就难以为继，原先的"两个支援"模式必然被打破。实行市场经济以后很多原材料涨价，但是上海国有企业的生产、销售、定价仍由政府控制，这样上海的利润空间就被挤压得越来越小。从1978—1990年，上海国内生产总值年均递增率为7.45%，比同期全国平均的8.72%下降1.27个百分点。这12年中，上海国内生产总值增长率，略高于全国平均水平的只有3年，其余9年均低于或远低于全国平均水平。上海的综合经济实力，在全国的地位大幅下降。另一方面，上海仍然要对全国负起经济责任。直到1985年，中央政府对上海实行的财政还是统收统支，即上海利税收入都要上缴中央，上海要用钱再另外向中央申请。

上海的长项是技术、人才、经验，短项是能源与原材料，现在少了能源与原材料，先前的"两个支援"模式，也就在事实上宣告中止了。上海要谋求发展，必须另辟蹊径。朱镕基在1990年说得直截了当："这样下去的话，难以为继了。不是起飞的问题，是不进则退，要往下退了。我们是很担心的。那怎么办？确实只有走对外开放、发展外向型经济这条路，这是唯一的出路。不然的话，一系列的社会矛盾，比如住房问题、交通问题、环境污染问题，都不能解决，老百姓的怨气越来越大。"[15]

政学两界共识

上海何去何从，成为上海领导层与知识界共同关注的紧迫问题。

1980年10月3日，《解放日报》发表了上海社会科学院沈峻坡的文章《十个第一和五个倒数第一说明了什么——关于上海发展方向的探讨》，文章所述"十个第一"，包括工业总产值、出口总产值、财政收入、工业全员劳动生产率、工业每百元固定资产实现的利润、工业资金周转率、人均国民生产总值、能源有效利用率、商品调拨量、输送技术力量。上海的"五个倒数第一"包括：一是城市人口密度之大，为全国之最。二是市区建筑之密、房屋之挤、道路之窄、绿地之少，均为全国大城市之最。三是市区人均居住面积4.3平方米（包括棚户、简房、阁楼在内）；4平方米以下的缺房户91.8万多户，占全市总户数60%左右，其中各种困难户有6.9万多户，缺房户比重之大，为全国

魔都上海的
魔力与魔性

MODU
SHANGHAIDE
MOLIYUMOXING

280

大城市之最。四是上海平均每万辆车一年死亡人数、车辆事故之高，为全国大城市之最。五是由于"三废"污染严重，上海市区癌症发病率之高，为全国城市之最。作者指出，"十个全国第一"和"五个全国倒数第一"，在上海同时并存，"这说明上海在取得重大进展、作出重要贡献的同时，出现了不少矛盾。主要是综合平衡遭到了破坏，比例失调相当突出。由于长时期来受'左'倾思想的影响，上海在经济上的发展极不正常，已形成'畸形状态'。"文章数据翔实，逻辑严密，持论允当，对比强烈，发人深思。

文章发表后，激起社会热烈反响，关于上海发展方向的大讨论持续很久。1981年，上海社会科学院设立专门课题，开展"上海经济发展战略研究"。

计划经济时代，上海财政收入绝大部分都上缴中央了。上海以全国一千五百分之一的土地、一百分之一的人口，提供了全国六分之一的财政收入，这一贡献是无与伦比的。在此体制下，上海城市建设严重滞后，使得交通拥挤、住房困难、环境污染日趋突出，极大地制约了上海的发展。显然，上海要健康发展，这一体制必须改变，上海与中央在财税分配比例上也必须要发生改变。对此，1978年以后上海的历届领导全都明白。

80年代上海市主要领导，从陈国栋、汪道涵到江泽民、朱镕基，都是开发开放浦东的热情呼吁者、有力推动者。据曾任上海市副市长的沙麟回忆：

> 我记得当时担任上海市委第一书记的老领导陈国栋，为了实现上海的全新发展，组织了"上海向何处去"的大讨论，改造振兴上海的迫切心情由此可见一斑。我还记得他在一个会上明确提出："我们上海是不是要沉沦了，上海是要振兴还是沉沦？"他逢人就呼吁，这是非常发人深省的一个警告，也是一个呼声，一个思索。上海新的发展空间在哪

里？上海新的增长点在哪里？在20世纪80年代中期，全国改革开放的形势已经到了势不可挡的程度，所以对改造振兴上海的研究，对浦东开发开放的研究就在这样的一个背景之下，进一步由浅入深地向前推开了。大约从1983年、1984年开始，上海市委、市政府就开始提出要开发浦东，这是从整个上海的浦东来考虑的。[16]

汪道涵是热情呼吁、有力推动，也是积极参与开发浦东的主要市领导之一。据很早就参与浦东开发工作、时任上海外资委法规负责人、日后担任上海爱建集团党委书记和董事长的范永进回忆："事实上，最早提出浦东开发问题的是汪道涵老市长。"党的十一届三中全会后，中央要求上海在"四化"建设中发挥"开路先锋"作用。上海当时的经济发展、城市建设和人民生活都遇到一些极为严重的困难。探索新的经济增长点，根治城市膨胀病的办法，是时任市长汪道涵重点思索的问题。于是，汪道涵组织市政府浦东开发研究组，花费了一年零八个月时间，请国内外专家对开发浦东的战略目标、开发重点、建设方针等进行了系统研究，形成了科学、完整的方案。即使在过程中遇到阻力，他仍然果断地把方案直接送到邓小平同志手里，得到了小平同志的"一锤定音"！1984年，经过汪道涵和数位老领导的商议，历经上万人次调研修订，几上北京，凝聚着众多学者、专家的心血和智慧的《上海经济发展战略汇报提纲》等一系列重要决策终于形成。1985年2月，国务院在批转《汇报提纲》中明确指出："要创造条件开发浦东，筹划新市区的建设。"[17]

开发浦东，更是上海几代人的夙愿。早在1843年上海开埠以后，浦西、浦东发展不平衡的问题就逐渐横亘在上海人面前。1918年，孙中山在其《建国方略》中就提出开发浦东、建设世界东方大港的构想。民国年间，李平书、黄炎培等浦东志士

魔都上海的
魔力与魔性

MODU
SHANGHAIDE
MOLIYUMOXING

282

均在浦东开发方面进行过实际的努力。20世纪50年代，陈毅市长也有过开发浦东的设想。

1984年，上海市政府组织包括上海社会科学院、复旦大学等全市各方面专家、学者，以开拓发展空间、优化城乡布局、调整产业结构、强化经济功能为主题，研究上海发展战略问题，述及"北上、南下、西扩、东进"四种方案。北扩，指往北部的吴淞、宝山地区发展，与建设中的宝钢连成一体；南下，指向吴泾、闵行、金山方向发展，直至杭州湾地区；西扩，指从中心城区向西扩展；东进，便是跨越黄浦江，开发浦东。其中，"东进"方案具有其他三者无可企及的优势：一是最接近中心城区，有利于依托中心城区的经济基础和城市设施，实行东西联动；二是滨江临海，区位卓越，拥有天然深水良港，邻近世界环球航线，具有面向世界、通达长三角的有利条件；三是地域广阔，又多农田，开发成本低。《上海经济发展战略汇报提纲》中，采用了"东进"方案，正式提出上海发展"重点是向杭州湾和长江口南北两翼展开，创造条件开发浦东，筹划新区的建设"。随后，上海市政府在《上海市总体规划方案》中，就浦东新区提出设想：有计划地积极建设和改造浦东地区，将划出一定地段发展金融、贸易、科技、文教、信息和商业服务设施，在陆家嘴附近将形成新的金融、贸易中心，成为上海市中心的延续部分。为此，要尽快修建黄浦江大桥及隧道工程，解决过江交通问题。对于这一规划，中央高度肯定，明确批复同意。

至此，上海政学两界的共识，开始转化为上海城市的发展战略。

开发浦东是国家重大战略

开发浦东不只是上海人的长久期盼，不只是为了解决浦东发展问题，也不只是为了上海城市发展瓶颈问题，更是党中央从国际、国内大局出发所做出的重大战略决策。开发浦东是中央与地方两种战略决策的完美融合。

从国内态势看，上海是近代、当代中国的经济中心，经济规模和运行绩效一向领先全国。上海工业基础好，技术力量强，文化素质高，但是在80年代开放力度不够，经济优势弱化，中心作用没有充分发挥出来。从国际形势看，自80年代开始中国周边国家加大了对外开放和招商引资力度，韩国宣布要把济州岛建成"第二香港"，日本将冲绳的那霸开辟为自由贸易区，泰国在谢布省建设自由经济区。这对中国在国际航运、吸引国际投资和产业转移等方面，形成十分激烈的竞争。另外，90年代初，中国面临的国际环境相当严峻。如何走出困境，将改革开放事业继续推向前进，是摆在党和国家面前的重大现实问题。

正是鉴于这种复杂的国际、国内形势，党中央毅然决策开发开放浦东。1989年，邓小平同志在同中央负责同志谈话时指出："现在国际上担心我们会收，我们就要做几件事情，表明我们改革开放的政策不变，而且要进一步地改革开放。"他说："我已经退下来了，但还有一件事，我还要说一下，那就是上海浦东的开发，你们要多关心。"1990年春天，邓小平在听取上海关于开发开放浦东设想的汇报后，非常明确地表示支持。他指出："要用宏观战略的眼光分析问题，拿出具体措施。机会要抓住，决策要及时，要研究一下哪些地方条件更好，可以更扩大开源。比如抓上海，就算一个大措施。上海是我们的王牌，把上海搞起来是一条捷径。"他把浦东开发开放作为中国新一轮改革开放的领头羊，并以此构筑面向21世纪中国全方位、高层次开放的新格局。邓小平还对上海领导同志说：我是赞成你们浦东开发的，"你们搞晚了，搞晚了"，马上又说："现在搞也快，上海人的脑袋瓜子灵光。"[18]1991年他进一步指出："开发浦东，这个影响就大了，不只是浦东的问题，是关系上海发展的问题，是利用上海这个基地发展长江三角洲和长江流域的问

魔都上海的
魔力与魔性

MODU
SHANGHAIDE
MOLIYUMOXING

284

题。"他强调:"上海开发了,长江三角洲,整个长江流域,乃至全国改革开放的局面,都会不一样。"邓小平高瞻远瞩,把浦东开发的国际政治意义,浦东开发对中国改革开放全局的影响,阐释得十分透辟。邓小平对上海建设一直非常关心,仅《邓小平文选》中就有56处论及上海,[19]其中内涵最丰富的是四个关键词:王牌、带头羊、素质、品格。其内容可以归结为以下四点:上海综合实力雄厚(工业门类齐全),上海人素质高(文化高、守契约、技术好),办事能力强,国际影响大。朱镕基作为上海市长到中国香港、新加坡、美国等地访问,或接待外国记者采访,宣传浦东开发优势,强调的便是这几点。浦东开发之所以能够高歌猛进,外商之所以云涌雾集,也都与这几点有关。

1990年4月18日,国务院总理李鹏正式宣布,党中央、国务院同意在上海加快浦东地区的开发,在浦东地区实行经济技术开发区和某些经济特区的政策,并表示"这对于上海和全国都是一件具有战略意义的事情,中央要给予必要的支持,全国各地也要给予积极的支持,但更主要的是要依靠上海人民的支持和努力"。随后,上海成立浦东开发领导小组,设立浦东开发办公室,成立浦东开发规划研究院。浦东开发由此开始正式付诸实施。

精心制订开发规划

浦东开发伊始,上海便制订了"金融先行,贸易兴市,基础铺路,工业联动"这十六字开发战略。这是一个全局在胸、循序渐进、超常睿智、洋溢着科学精神的开发战略。

之所以要"金融先行",是因为金融是现代经济的中心,没有金融,何来资金? 没有资金,何从开发? 浦东开发需要资金数以万亿计,从何而来? 于是,开发者创榛辟莽,筚路蓝缕,创办了上海证券交易所,创造了"土地空转、批租实转、成片规划、滚动开发"的崭新开发模式，使"金融先行"落到实处，也迈出了上海金融中心建设的第一步。"贸易兴市"是上海的传统，是上海发挥襟江带海禀赋优势的关键所在，也是上海服务长三角、服务长江流域的重要内容。"贸易兴市"是个系统工程，港口、机场、道路、桥梁、隧道等必须相应跟上，所以第三个是"基础铺路"。工业是现代城市竞争力的核心要素，一个世界卓越的城市离不开现代制造业，于是有"工业联动"。

这十六字开发战略落到实处，便是陆家嘴金融贸易区、外高桥保税区、金桥出口加工区，还有那么多的道路、桥梁、隧道建设。

这十六字开发战略，是个点石成金的战略。这一战略之所以能够运行成功，其实质是开发者敏锐地看到了、成功地激活了上海城市综合文化资本。这个城市综合文化资本，包括上海卓越的禀赋资源、丰厚的文化底蕴、完整的工业门类、充沛的人力资源，也包括上海人在国内、国际广泛享有的难以量化而又极其重要的文化影响力，这就是邓小平所说上海的王牌、素质、品格等文化因素。试想，"土地空转、批租实转"如果不是在上海，而是在荒凉冷僻的山沟沟里，那土地能空转得起来吗？上海能够成功地将自身综合文化资本激活，将无形资本化为有形财富，这是上海之所以为上海的奥秘所在。

这十六字开发战略的制订，体现了开发者宏阔的全球意识与敏锐的现代意识，集中体现在朱镕基等人极端重视的浦东开发规划中。

为了科学地开发浦东，上海先是在1987年成立了一个"浦东开发研究六人咨询小组"，由汪道涵作顾问，市规划局局长张绍樑任组长，市规划院李佳能，还有从事金融、外贸、土地综合计划的一批同志参加，对浦东开发作整体性的综合研究。浦东开发启动以后，于1990年5月3日特地成立浦东开发规划研究设计院，专事浦东开发规划的研究。设计院原拟名称为浦东开

魔都上海的
魔力与魔性

MODU
SHANGHAIDE
MOLIYUMOXING

286

发规划设计院，是朱镕基特地加上"研究"两字，且置于"设计"前面，意在强调研究的重要性。研究院的第一项成果，便是编制《浦东新区总体规划》，于1992年7月完成。总体规划明确了浦东的发展目标，即：按照面向21世纪、面向现代化和建设社会主义现代化和建设社会主义现代化国际城市的战略思想，借鉴国内外新区开发的经验，设想经过几十年的努力，把浦东新区建设成为有合理的发展布局结构、先进的综合交通网络、完善的城市基础设施、现代的信息系统以及良好的生态环境的现代化新区。通过浦东新区开发，带动浦西的改造和发展，为加强与完善上海作为全国经济中心城市的功能，为把上海建设成为国际经济中心、金融中心和贸易中心奠定基础。由此规划可以看出，浦东开发一开始，就强调"三个面向"（面向21世纪、面向现代化、面向上海城市发展的战略理想），强调长远性、综合性、协调性（浦东与浦西）、先进性（取法乎上，借鉴国内外新区开发经验）与可持续性。

这一总体规划，视域广阔，理念超前，涉及产业结构演变、人口增长、市域扩大、土地利用和开发、交通及市政建设、浦东与浦西联系、上海与长三角联系等多方面因素。在规划中可以看到，不光何处是金融区、何处是保税区、何处是出口加工区，标识得一清二楚，而且连何处是高楼、一共有几幢摩天大楼、何处是公园、何处是环线、何处是中央大道，均设想周全，巨细无遗。上海领导对浦东新区定位，是具有世界一流水平的外向型、多功能、现代化新区，是一个布局合理、环境宜人、交通便利、基础设施完善的新城区。更值得城市研究者由衷赞赏的是，开发者对于规划的制订极其认真，对于规划的执行极其严格，一张蓝图管到底，一代接着一代干，绝无换一代领导换一通规划的弊端。这也是浦东开发日新月异、渐臻佳境的原因所在。

浦东规划制订以后，具有很高的严肃性与权威性，在实施过程中得到了充分的尊重与遵守。相关部门规定，在规划实施过程中，项目凡是不符合规划的不批给土地；土地不经过规划设计的，不允许开发。[20]当然，规划并不是不可以修改。1992年确立的浦东新区最初的行政区域，包括原川沙县，上海县的三林乡、黄浦区、南市区、杨浦区的浦东部分，面积532平方千米。在规划中，新区被分为五个综合分区，即外高桥—高桥发展目标为新港区；陆家嘴—花木为浦东都市中心区；庆宁寺—金桥为出口加工区；北蔡—张江为高科技园区；周家渡—六里为现代生活园区。这五个分区，都由规划设计部门做了更为具体的规划。2009年，国家提升浦东定位，扩大浦东开发范围，国务院批准将南汇区划入浦东新区，浦东新区面积扩展到1210平方千米。面积翻了一倍多，功能大为扩展，新区政府随即启动规划修编工作，编制以高起点、新理念、前瞻性为特征的第二次创业规划，并于2010年完成。

修订后的浦东新区总体规划，将新区发展目标定位为：中国改革开放的示范区和综合配套改革试验区；上海建设国际经济、金融、贸易、航运中心的核心功能区；国家高新技术创新

上海世纪大道日暑

魔都上海的
魔力与魔性

MODU
SHANGHAIDE
MOLIYUMOXING

288

基地和战略性新兴产业主导区；具有国际一流品质的生态型宜居新城区。

浦东新一轮的规划，聚焦八个新的发展思路：融聚区域突出功能，落实国家战略，提升定位和承载规模；克服产强城弱难题，完善综合片区布局和公共中心体系；优化配置空间资源，构筑适应转型发展的产业空间布局；持续改进对外交通，强化亚太国际门户和内外开放前沿；预先防范城区蔓延，锚固生态网络格局和基本农田走廊；重视城市特色塑造，引导城市风貌建设和滨海岸线利用；推进南北协调发展，建设均衡、安全、高效的基础设施网络；探索城乡一体发展，城乡融合和全域城市化的先行先试。

与上一轮规划相比，浦东新一轮规划范围放大，功能提升，是建立在原规划基础之上的升级版、兼容版而不是否定版、排斥版。

以开放、创新精神实施开发规划

浦东开发的实践，是开发者坚持实事求是、解放思想的路线，创造性地实施国家战略的结果，开放、创新、科学是其最为鲜明的特色。

开放，贯穿浦东开发全过程。这突出地表现在以下三个方面：

一是开发思路的开放。对于浦东如何开发，市领导曾多方征求意见，包括征求海外专家的意见。早在1987年，上海就设立了"开发浦东联合咨询研究小组"，聘请美籍华人林同炎院士为高级顾问，成员包括美国加州大学伯克利分校、新加坡OCBC银行的专家、学者，上海市领导多次听取这些专家的意见。1989年，上海又建立了"上海市长国际企业家咨询会议"制度，邀请来自美国、意大利、英国、瑞士、法国、日本、荷兰

金茂大厦

7个国家的12家大公司的董事长、总裁,作为市长咨询会议的成员,就上海经济发展中的突出问题进行讨论,每年一次。到1998年,咨询会议参加者已增至12个国家、33家公司的董事长、总裁。1995年后,又增设了仅由市长和成员参加的内部会议,就市长一年来在经济发展中遇到的难点问题进行讨论。从1990—1999年的10年间,这一会议所讨论的议题有:上海如何成为金融中心、上海如何成为贸易和物流中心、上海电信与航空运输业发展、如何把上海建成国际商贸中心、上海如何面向21世纪等。这些议题,无一不与浦东有关。这一会议,借用外脑,集思广益,对于浦东开发起了相当积极的作用。上海也因此确立了良好的国际形象。

关于开发思路的创新,上海市领导在90年代初有一次精心的策划。

1991年4月3—27日,时任上海市长朱镕基,率团访问意大利、荷兰、比利时、法国、西班牙、德国6国凡7座友好城市。一

魔都上海的
魔力与魔性

MODU
SHANGHAIDE
MOLIYUMOXING

290

路上，有三大亮点引起欧洲媒体轰动：一是朱镕基以一口流利的英语在工商会上演讲；二是随行的上海代表团成员徐匡迪等人人都讲外语；三是公开邀请欧洲商界、学界人士参加上海城市规划的设计。讲外语不是为了"秀"外语，而是向西方世界展示上海城市的开放姿态。请外国人参加城市规划设计，是面向世界，汲取全人类文明、智慧以加速自己的发展，这在今天看来已屡见不鲜，但在当时可不这么看。因为，城市规划设计在那时还被认为是国家机密，向全世界征求方案，在当时无疑是触动了"红线"，[21] 犯了规矩。

主动开放的过程，往往就是踩过一道又一道既往"红线"的过程。1991年还是春寒料峭时期，西方国家还在制裁中国。中国将何去何从？西方世界还在发问，国内也意见不一。朱镕基此行就是要向西方世界表明，中国不会自我封闭，改革开放的大门将越开越大。随后，上海用实践向世界宣布，一个高度开放、自信的上海，正在大踏步地迈向世界大都市中心。陆家嘴城市规划率先打破陈规，搞国际方案招标，征集了意大利、法国、日本、英国等国专家方案，然后博采众长，形成代表世界最高水平的方案。开放出精品，陆家嘴开发方案获得国际、国内一致好评，"凡是参观过陆家嘴中心绿地的，无不赞叹这块绿宝石镶嵌在摩天大楼环绕之中是何等壮丽，具有何等不凡的品格"。[22]

二是项目设计的开放。吸收境外专家、机构参与浦东具体项目设计。陆家嘴金融区的设计，金茂大厦、环球金融中心大厦、上海中心大厦的设计，浦东国际机场的设计，世纪大道、世纪公园等几乎所有地标性建筑的设计，均广邀天下贤才参与其事，在全球公开招标。美国、英国、法国、德国、日本等国设计单位，都在浦东留下智慧的印痕。金茂大厦由美国SOM建筑事务所、上海建筑设计研究院联合设计，参考了中国26座宝塔的结构；环球金融中心由日本森大厦株式会社一级建筑师事务所、美国KPF建筑事务所、上海现代建筑设计（集团）有限公司、华东建筑设计研究院有限公司联合设计；上海中心大厦由美国Gensler建筑设计事务所、同济大学建筑设计研究院联合设计，上海东方艺术中心由法国建筑师保罗·安德鲁与华东建筑设计院联合设计；国际会展中心的设计，是德国人按照中方提出的"大珠小珠落玉盘"理念完成的杰作；呈螺旋波浪形状的上海科技馆由美国RTKL国际有限公司设计；浦东国际机场航站楼的设计，于1995年11月发起国际方案征集，世界上38家最具实力的规划设计公司（事务所）参与这一设计方案的竞标。经过几轮评审筛选，最后选定美、法、德、英、荷等六个竞标团组设计的六个方案，他们都制作了漂亮的设计模型。指挥部邀请来自美国、日本和中国香港地区，以及民航局、建筑科学院、清华大学、同济大学等国内外专家组成评委，经过整整10天的慎重、公正的评审，最后选出美国、法国及英国、荷兰的三套方案，最后从中确定选中法国巴黎机场公司设计师安德鲁设计的作品，也就是现在所见的气势磅礴的"鲲鹏展翅"建筑。世纪大道景观由法国夏邦杰-德方斯设计事务所等单位联合设计。各个项目设计单位的最后确定，并不在乎这个单位是中国的还是外国的，而主要听专家评审委员会的意见。金茂大厦设计竞标单位有10多家，都是世界著名设计公司，最后中标的美国SOM公司，获得三分之二的票数，可谓众望所归。陆家嘴地区的综合设计，是经过国际招标，由英国、法国、意大利、日本和中国的五个世界著名设计事务所共同参加设计，分别形成五个方案，最后各取所长，综合成一个方案。这一方案，已经成为国际建筑设计界博取众长的典范。联合国第六任秘书长加利参观浦东时曾由衷地感叹："你们正在进行一场世界奥林匹克建筑大赛。"

三是面向全国各地的开放。开发浦东的一项重要功能，就是带动长三角，带动长江流域，因此面向内地开放是开发浦东的题中应有之义。浦东在开发之初，便以成本价批给兄弟省市

魔都上海的
魔力与魔性

MODU
SHANGHAIDE
MOLIYUMOXING

292

和中央部委一些土地，让他们打下在浦东发展的基础。于是，裕安大厦（安徽）、江苏大厦、嘉兴大厦（浙江）、齐鲁大厦和石油、化工、电信、煤炭等一批省部楼宇迅速拔地而起。那座广受赞誉的金茂大厦，便是由国家外经贸部牵头、多家央企出资兴建的，故取名金茂（"经贸"谐音）。

精细风格体现在浦东开发的各项实践之中，最突出之处是各项工程按照"总体规划，分步实施"的方针，有步骤、分阶段、综合性地推进，积极稳妥，有条不紊。浦东开发前五年，即1991—1995年，主要精力投在基础建设与优化投资环境方面；第二个五年，即1996—2000年，启动十大基础设施工程建设，包括机场、港区、地铁、污水治理、电厂、天然气工程；第三个五年，即2001—2005年，在加强保税区、自由贸易功能建设方面，既对标世贸组织对中国的各项要求，也配合迎接世博会的举行。此后，每过几年就上一个台阶，围绕着规划所确立的目标，循序渐进，稳扎稳打。

开放、创新精神时常是交织在一起的，开放中有创新，创新是在开放状态下实现的。以金茂大厦设计方案而言，由美国SOM建筑事务所、上海建筑设计研究院联合设计，这本身就是开放与创新的有机融合。大厦设计方案中涉及的许多细节、材料与技术，都富有创新内涵，包括其主体结构为钢筋混凝土核心筒加钢结构伸臂桁架，地下连续墙采用围护和承重两墙合一的技术，并采用新型凹凸形接头以提高抗渗性能，主体结构施工采用跳爬式爬模工艺和分体组合自动调平整体提升钢平台模板系统，首次采用高性能泵送剂，这些都是开放与创新的结晶。这一建筑，1999年获国家科技进步奖一等奖、新中国五十年上海经典建筑金奖，可见其创新含量。

浦东的规划与开发，创造了上海城市发展史上一个又一个奇迹。以城市外观而论，1990年的陆家嘴要么是破旧街道，要么是阡陌农田，与浦西不可同日而语。经过开发后，一幢幢摩天大楼相互辉映，一条条大道纵横交错，一家家银行鳞次栉比，霓虹闪烁，车水马龙，陆家嘴成了中国最为繁华的金融中心。2020年，上海在全球金融中心的排名上升至第四名，尽管受到突如其来的疫情的巨大冲击，但上海全球金融中心城市的地位依然稳固。以经济体量而论，1990年浦东的地区生产总值为60亿元，花了11年时间，在2001年突破1000亿元，然后再花了17年的时间，到2018年突破1万亿元。在上海范围内，浦东以五分之一的土地、四分之一的人口，创造了全市三分之一的国民生产总值、三分之二的外贸进出口总额。在全国范围内，浦东以八千分之一的土地，创造了八十分之一的国内生产总值、十五分之一的外贸进出口总额。就科技创新能力而言，中国第一辆磁悬浮列车，国产大型客机C919的首飞，样本储存能力达1000万份的中国首家"生物银行"，扶农助农的互联网行业典范拼多多，还有小红书、携程、喜马拉雅，都设在这里。

浦东的成就举世瞩目。在中国改革开放伟大实践中，浦东是名副其实的"排头兵中的排头兵，先行者中的先行者"。

从城市美学角度看，浦东开发开放可圈可点之处极多。上海中心、国际金融中心、金茂大厦与东方明珠直插云霄，其外形或现代，或古典，或庄重，或俏丽，相互映衬，各得其所，构成一抹崭新的天际线，代表了上海城市新的高度、亮度与时髦度。陆家嘴金融城，与外滩金融街，声气相通，交相辉映。从空中俯瞰浦西与浦东，一由近代缓缓走来，一在当代冉冉升起，虽有明显差异，却又一脉相承。南京路代表繁华的上海，淮海路代表典雅的上海，世纪大道代表现代时尚的上海。从城市整体来看，这种设计体现了新旧和谐之美、两岸错落之美与历史演进之美。从浦东看浦西，再从浦西看浦东，将历史元素与当代实践加进审美考量，了解这些区域规划与建筑设计都吸取了全世界顶级专家的智慧，你便会由衷地从心底佩服规划者、设计者眼光之宏远、思虑之深邃与气魄之雄大。

魔都上海的
魔力与魔性

MODU
SHANGHAIDE
MOLIYUMOXING

294

5

知识创新繁花似锦

知识创新涉及自然科学、工程技术与社会科学等各个方面。技术创新说到底也是知识创新，因为所谓"技术"，就是制造产品的系统知识。

中华人民共和国成立以来，上海一直是知识创新的重镇。计划经济时代，除了前面已经述及的万吨水压机、控制地面沉降技术、火箭研制等组合创新外，上海还有一些相当突出的创新成就，包括人工合成胰岛素、生物单性繁殖、断肢再植等方面。

人工合成胰岛素

1958年，中国科学院上海生物化学研究所首先提出了开展人工合成胰岛素研究的设想，并联合中科院上海有机所、北京大学、复旦大学等单位组建一支研究队伍，以王应睐教授为首，共同组成协作组，探索用化学方法合成胰岛素。经过七年的摸索，于1965年9月17日在生化所的实验室中，含有全合成胰岛素结晶的试管从冰箱中取出，全合成胰岛素和天然胰岛素分别注入小白鼠体内，两组小白鼠都跳了起来，人工合成结晶胰岛素取得成功。这是世界上，第一个人工合成的蛋白质。现在人们对胰岛素并不陌生，随时都可以在药店买到，但在20世纪50年代，人工合成蛋白质还是一座从未有人攀登的科学高峰，上海科学家在那个极其困难的环境下，攻克了这个科学难题。这是上海在生命科学研究领域写下的最辉煌的一页。

没有外祖父的癞蛤蟆

1961年3月，在中国科学院上海分院实验生物研究所朱洗教授的实验室里，一只无父的癞蛤蟆（蟾蜍）产卵传种，产生了世界上第一批"没有外祖父的癞蛤蟆"。在此前近50年中，各国生物学家在蛙科动物中进行人工单性生殖的实验，得到了一些蝌蚪和极少数"无父"的子代，但是这些"子代"蛙科动物，从来没有能达到产卵传种的阶段。因此，人工单性生殖的个体是否有传种的能力，是生物学界尚未解决的一个问题。朱洗教授的研究成果表明，单性生殖的后代具有足够的生殖后代的能力，使人工单性生殖的研究获得了新的进展，丰富了细胞学和胚胎学方面的实际理论。"没有外祖父的癞蛤蟆"的诞生，证明人工单性生殖的子代具有繁殖后代的能力，这在生物学上有着重大的意义。这一成果由上海科教电影制片厂拍摄成科教片《没有外祖父的癞蛤蟆》，并在1962年荣获第一届《大众电影》"百花奖"最佳科教片，至今仍深受广大观众喜爱。

断肢再植

1963年1月2日，上海机床钢模厂工人王存柏发生意外，右手被冲床完全切断，他和断手一起被送到第六人民医院。按照国外处理断肢病人的惯例，将病人伤口洗净、消毒，然后缝合包扎起来，待以后有条件安个假手。陈中伟、钱允庆等医生，敢为天下先，进行了一次创造历史的外科手术，使用当时最新的套接血管技术和临时创造的套管，将4根主要的手部血管接通。经过7个小时的努力，终于把断开的手重新接上。术后，伤者手接活后功能恢复良好，不仅能握笔写字、打乒乓球，还能提6千克的重物。同年9月，在罗马举行的第二十届国际外科手术会议上，来自世界各国的外科专家一致认为，由陈中伟、钱

魔都上海的
魔力与魔性

MODU
SHANGHAIDE
MOLIYUMOXING

296

允庆等医生共同完成的断肢再植手术，为世界医学史上首例成功的断肢再植病例。陈中伟由此被赞誉为"世界断肢再植之父"，上海六院也被称为"中国断肢再植的摇篮"。

改革开放以后，上海科学技术创新更是繁花似锦，最为广为人知的有：

1985年，上海市第六人民医院于仲嘉研制的手或全手指缺失再造技术获国家发明一等奖。1993年，上海市有机氟材料研究所等研制的千吨级四氟乙烯生产技术，获国家科学技术进步一等奖；沪东造船厂汤瑞良等研制的2700箱多用途集装箱船，获国家科学技术进步一等奖。1994年，上海第二医科大学附属瑞金医院陈赛娟等关于Ph1染色体相关白血病细胞、分子生物学研究，上海市农业科学院作物育种栽培研究所等单位对于大麦抗黄花叶病遗传、利用研究，均达国际先进水平。1997年，上海核工程研究设计院等单位完成的"秦山30万千瓦核电厂设计与建造"，获国家科技进步特等奖。2002年，上海研制的"神舟四号"飞船、"长征四号乙"运载火箭及其运载的气象卫星"风云一号D"、海洋探测卫星"海洋一号"发射成功，其中"海洋一号"卫星结束了中国没有海洋卫星的历史。2005年，上海振华港口机械（集团）股份有限公司研制的新一代港口集装箱起重机关键技术研发与应用，上海市畜牧兽医站等研制的H5亚型禽流感灭活疫苗的研制及应用，均获国家科学技术进步奖一等奖。2006年，由中科院上海微系统与信息技术研究所等单位完成的高端硅基SOI材料研发和产业化项目，获国家科学技术进步一等奖。2008年，卡斯柯信号有限公司等承担的有关的项目，获国家科技进步奖特等奖；上海发电设备成套设计研究院等承担的超临界600MW火电机组成套设备研制与工程应用，获国家科技进步奖一等奖。数学家谷超豪（2009年）、医学家王振义（2010年）、大气科学家曾庆存（2019年）、核潜艇专家黄旭华（2019年），均因其在各自领域中的非凡贡献，获国家最高科学技术奖。

从2002—2019年，上海牵头及合作完成的重大科技成果荣获国家科学技术奖，连续18年超过全国奖项总数的10%。其中，2017年上海获奖数占全国五分之一。2019年，谭家华等人参与完成的"海上大型绞吸疏浚装备的自主研发与产业化"项目获特等奖，陈勇等人参与完成的"ARJ21喷气支线客机工程"获一等奖。

有一组数据更能反映上海人创新意识，就是申请、获得专利的数据。改革开放以来，上海人申请与获得各种专利的数据，一直在全国名列前茅。1985年4月1日至1995年底，上海专利申请量以年均13.2%的速度增长，年申请量从806件增至2456件，累计申请量为18604件，其中发明专利占18.8%。1995年，全市经审查准予登记的鉴定科技成果1350项，其中接近或达到国际先进水平的332项、国内首创水平的802项。1996年，上海专利申请量首次突破3000件大关，比上年增长28.4%，高于国内平均增幅9.1个百分点。2008年，上海市专利申请量为52835件，位居全国第五。2009年，上海市专利申请量62241件，获专利授权34913件。据2009年首部《中国知识产权指数报告》，上海居中国知识产权指数排名第二。2010年，上海市专利申请量71196件，比上年增长14.4%，其中发明专利申请量26165件，比上年增长18.9%。全市共获专利授权48215件，比上年增长38.1%，其中发明专利授权6867件，比上年增长14.5%。2020年，上海科研人员在脑科学、基因编辑、蛋白质组学等领域，取得多项具有国际影响力的成果，在世界顶级刊物《自然》《科学》《细胞》发表论文124篇，占全国总数的32.0%；上海专利申请量21.46万件，比上年增长23.63%；专利授权量13.98万件，比上年增长38.96%。其中，发明专利申请量和授权量各为8.28万件和2.42万件，分别比上年增长16.01%和6.48%；有效发明专利拥有量累计14.56万

魔都上海的
魔力与魔性

————

MODU
SHANGHAIDE
MOLIYUMOXING

298

件,比上年增长12.20%,每万人口发明专利拥有量60.21件,在全国省(区、市)排名第二位。截至2017年末,坐落于张江科学城的上海光源实验室有一项成果被美国《科学》"十大科学突破"引用,一项入选欧洲《物理世界》十大突破,一项入选美国物理学会标志性进展,一项入选美国化学会十大科研成果,六项入选中国科学十大进展。[23]

注 释

1. 《趣闻圣经》编辑部主编:《老上海的趣闻传说》,旅游教育出版社2012年版,第15页。

2. 李功豪:《<关于上海经济发展战略的汇报提纲>出台背景和主要实施过程》,参见中共上海市委党史研究室、上海市现代上海研究中心编著《口述上海:改革创新(1978—1992)》,上海教育出版社2014年版,第147页。

3. 《国务院批转关于上海经济发展战略汇报提纲的通知(一九八五年二月八日)》(国发〔1985〕17号),参见国家体改委办公厅:《十一届三中全会以来经济体制改革重要文件汇编》(下),改革出版社1990年版,第156页。

4. 同上书,第156页。

5. 《上海市城市总体规划方案》,见《上海经济年鉴》编辑部编《上海经济年鉴(1987)》,上海人民出版社1987年版,第4页。

6. 同上书,第5页。

7. 黄奇帆:《一段珍贵的回忆》,《文汇报》2004年8月18日。

8. 周振华等著:《上海:城市嬗变及展望·上卷——工商城市的上海(1949—1978)》,格致出版社2010年版,第328页。

9. 顾泳编著:《巨变:上海城市重大工程建设实录(住宅建设卷)》导言,上海文艺出版集团2012年版,第4页。

10. 谢国平著:《中国传奇:浦东开发史》,上海人民出版社2017年版,第135页。

11. 《在中国第一高楼上》,《解放日报》2020年1月3日。

12. 谢国平著:《中国传奇:浦东开发史》,上海人民出版社2017年版,第133页。

13. 江泽民:《人民政府要为人民办实事》,见《江泽民文选》第1卷,人民出版社2006年版,第14页。

14. 黄菊:《斯人已去,风范长存:怀念倪天增同志》,《解放日报》1993年6月。

15. 朱镕基:《向乔石同志汇报时的

发言》（1990年2月26日），见
《朱镕基上海讲话实录》，上海
人民出版社2013年版，第428
页。

16. 沙麟：《难忘从事浦东开发开放
的激情澎湃岁月》（上），澎湃
新闻2020年4月14日。

17. 范永进：《谁最早提出浦东开发
设想》，《劳动观察》2020年4
月17日。

18. 朱镕基：《向乔石同志汇报时的
发言》，见《朱镕基上海讲话实
录》，上海人民出版社2013年
版，第429页。

19. 比如，"上海的民心比较顺，这
是一股无穷的建设社会主义的
力量。90年代，是你们上海最后
一次机遇，这个机遇你们不要放
过，你们要大胆地闯一闯""比
如抓上海，就算一大措施，上海
是我们的王牌，把上海搞起来
是一条捷径。开发浦东，这个影
响就大了，不只是浦东的问题，
是关系上海发展的问题，是利
用上海这个基地发展长江三角
洲和长江流域的问题"（1990

年）；"上海工人阶级长期以
来一直是中国工人阶级的带头
羊"；1994年初春，邓小平看
到上海"一年一个样，三年大变
样"后，十分高兴地说："上海的
工作做得很好，上海有特殊的素
质、特殊的品格，上海完全有条
件上得快一点。"（1994年）

20. 上海市委党史研究室编：《中国
改革开放全景录·上海卷》，上
海人民出版社2018年版，第49
页。

21. 李佳能：《编制浦东新区总体规
划的前前后后》，见政协上海市
委员会文史资料委员会、中共上
海市委党史研究室、政协上海市
浦东新区委员会编著：《浦东开
发开放》（上），上海教育出版
社2014年版，第138页。

22. 同上书，第138页。

23. 以上数据，均见《上海年鉴》编
纂委员会编历年《上海年鉴》。

八

天下意识，云水襟怀

1

支援全国,倾情奉献

上海是全国人的小家,全国是上海人的大家。这种特殊的人口结构与独特的联系网络,使得上海人的爱乡与爱国浑然一体,难分难解。到了计划经济时代,上海人与全国联系依然密切,上海人的中华情怀,就融化到"上海支援全国"的各项实践中去了。

计划经济时代,上海与全国的关系完整表述是"全国支援上海,上海支援全国"。这一提法发轫于1949年的上海财经会议。那时,负责全国经济工作的政务院副总理陈云提出:"要千方百计打破帝国主义封锁,树立自力更生思想,面向国内,恢复和发展城乡物资交流,把农产品和工业原料从全国各地运进上海,把工业产品从上海运到全国各地,要搞活这个重要的工业城市。为此,向上海调进大米、棉花、煤炭,组织好交通运输,促进生产的恢复和发展。"[1]此后,上海的城市发展、经济建设都是在这一原则下进行的。这一原则到50年代后期,被形象地概括为"全国一盘棋"。

从这一原则出发,上海在"一五"计划中提出:"上海的建设和改造,必须坚决贯彻党在过渡时期的总路线、总任务,并坚决服从国家关于巩固国防、工业合理布局的要求。对现有企业,一般不作新建和扩建;对城市畸形臃肿的不合理状态,逐步加以紧缩;充分发挥上海工业基地的作用,支援全国重点建设,力争出产品、出资金、出技术、出人才。"正是本着这一精神,上海从设备、人才、技术等多方面对各地建设做出了重要的

魔都上海的
魔力与魔性

MODU
SHANGHAIDE
MOLIYUMOXING

302

支持。

上海对全国的支援主要分两类，一是上海以高效生产率、优质产品、高额财政收入，服务于全国，支援内地建设。上海在计划经济时代，上缴国家的财政收入占全国六分之一以上，上海工业总产值占全国的八分之一，外贸出口占全国三分之一。上海全民企业全员劳动生产率，1952年是全国平均值的1.3倍，1978年为全国平均值的2.4倍。二是上海对内地建设的具体支持，包括支持设备、支援人才与工厂内迁直接支援内地建设。

支持设备方面，上海研制内地众多重点工程所需要的设备，运往各地。"一五"期间，上海为鞍山钢铁公司建设工程提供了78种配套产品，为长春第一汽车制造厂提供43种产品，为玉门油田提供400多种机械配件，为佛子岭、梅山、官厅水库等10余处水利工程提供40套闸门和100多台启闭机。为外地发展纺织工业制造156万枚纱锭的细纱机和5.9万多台自动织布机，以及造纸、印刷、橡胶、制药、肥皂、牙膏等生产设备，共1000多种。为全国提供的机械配套设备有：电站用汽轮发电机56台、26.48万千瓦，交流发电机124.06万千瓦，汽车外胎49.9万套。长春汽车制造厂等8家单位需要的3000多种设备、14万多千米电线、4万平方米钢窗，系上海制造与提供。各地急需的2.8万台金属切削机床、100万千瓦电机，系上海提供。上海还陆续将272家轻纺工厂和一些商店迁往甘肃、河南、安徽等省，促进这些地方的建设。

支援人才方面，上海工人响应中央号召，踊跃奔赴内地，参加各地建设，其中2万多人去了长春汽车制造厂、洛阳拖拉机厂、洛阳矿山机械厂等。自1953—1956年，上海支援外地建设的职工与干部有21万人，其中工程技术人员5400余人、技术工人6.3万人、代外地培养艺徒3.6万人。支援人才中，包括很多领导干部。长春第一汽车制造厂的党委书记赵明新，是从上海调去的，原是上海市委常委兼组织部部长。从1953—1962

年，上海一些大型企业，每每组成几套同样的领导班子，然后成套地输送到各地。洛阳柴油机厂、西安柴油机厂、武汉机床厂、武汉造船厂、武汉钢炉厂、渤海造船厂、哈尔滨电机厂的领导班子，都是由上海成套调配过去的。从1950—1958年，上海动员支援内地的劳动者有150多万人，其中工程技术人员4万多人、技术工人13.7万人、为各地培养艺徒13万人。

工厂内迁直接支援内地建设方面，1964年根据中央做出在全国建设"大、小三线"的决定，上海承担了"大三线"建设的304个搬迁项目，涉及411个工厂、9.2万名职工、2.6万台机器设备，搬迁到四川、贵州、江西、湖北、陕西、福建、广西、甘肃、青海、云南、宁夏等13个省、自治区；还承担了"小三线"建设的55个项目，涉及64个工厂、2.7万名职工、1300多台机器设备，搬迁到安徽、浙江、江西三省。"大、小三线"建设支援了当地的建设，也使上海和全国的工业布局更趋合理。

上海支援内地，涉及的省份有辽宁、吉林、黑龙江、内蒙古、陕西、甘肃、宁夏、河北、河南、四川、广西、云南、贵州、江西、安徽、福建、山东等，涉及的城市有北京、哈尔滨、长春、沈阳、西安、兰州、银川、洛阳、包头、鞍山、郑州、邯郸、石家庄、柳州、昆明、福州等，不一而足。支援的行业，有工业、交通运输业、金融业、饮食业、旅馆业、卷烟业、洗染业、造纸业、印刷业、新闻业、出版业、城市规划、城市管理、汽车修理、自来水业等，文化方面则有电影业、戏曲曲艺等，服务业包括照相馆、饭店、理发店等。其中，迁到北京的就有中国照相馆、中央洗染店、普兰德洗染店，华新、紫罗兰、云裳与湘铭4家理发店，鸿霞、万国、蓝天等21家服装店；文化方面，有商务印书馆、中华书局等出版机构迁到北京，最突出的是交通大学迁移到西安。

1955年4月，为适应社会主义建设和国防建设的需要，改变旧中国遗留的高等教育布局不合理现状，也为了支持西部社会经济发展，国务院决定将交通大学从上海内迁至西安。1956

魔都上海的
魔力与魔性
─────────
MODU
SHANGHAIDE
MOLIYUMOXING

304

年暑期，成功实现第一批搬迁工作，并于当年9月开学。这时，鉴于国际形势缓和，国家要加快建设，上海承担的任务很重，上海提出希望交大迁校后，国家帮上海再建一所机电大学。1957年，国务院提出一校分设两地的意见，决定交通大学大部分迁西安，新兴专业设在西安，交大的西安部分朝理工大学的方向发展，而将小部分设在上海，包括机电方面的一些专业，也有内地无法发展的造船、运输、起重等专业学科。1959年7月31日，国务院正式下发《国务院关于交通大学上海、西安两个部分分别独立成校的批复及教育部的报告》，西安交通大学、上海交通大学由此产生。交通大学西迁事件至此结束。

改革开放时期，上海人的中华情怀还表现在以具体行动支援内地建设，支援相关地区抗击自然灾害与传染病。

支援内地建设是长期性的工作。鉴于各地区发展程度不一样，中央指令性地部署一些发达地区对口支援欠发达地区，这是社会主义制度优越性的体现。上海在这方面，一向不折不扣地出色完成任务。1979年以来，上海对口支援的地区有新疆阿克苏地区，西藏日喀则地区，云南红河、文山、迪庆、思茅四个州市，重庆万州区五桥移民开发区，湖北宜昌市夷陵区与云南德昂族所在地区。这些地区自然条件恶劣，基础设施落后，为全国最不发达地区。上海在对口支援这些地区的过程中，派人实地考察，进行技术培训，建立学校，提供师资，提供经费，建立医院，提供医疗资源，提供实事项目。上海特别注重智力援助，帮助这些地区普及教育，提升各地自身发展能力。上海对上述地区的对口支援，获得了国际扶贫组织的高度肯定，被邀请在2004年全球扶贫大会上做交流发言。[2]

上海对各地的支援，还体现在高质量地完成中央交办的一些特别项目。1999—2004年，为了配合三峡库区的建设工程，上海按照中央要求安置了1835户、7519名库区移民。上海谋划周全，措施得当，从居住、教育、医疗到就业等全部安排妥帖，帮助远来的移民熟悉环境，学习技能，并安排上海相关部门组织移民帮扶结对，让移民由身移变为心移，迁得进，稳得住，逐步能致富。[3]

通过经济合作服务内地，是体现中华情怀的另一种方式。1992年，上海第二毛纺织厂与成都毛纺厂合作。前者规模小，但善于管理；后者规模大，设备先进，却连年亏损，濒临破产。两家工厂进行风险承包，按市场经济规律进行运作，承包一年后就实现扭亏为盈。

此后，按此模式，以资产为纽带，按现代企业制度要求，越来越多的上海企业与内地企业开展跨地区的交流与合作，取得了双赢效果。1994年，上海与长江流域的湖南、湖北、江西、安徽等省，按照"优势互补、互惠互利、联合发展、共同繁荣"的原则，开展横向经济联合。这种联合呈现六大特征，即工作机构逐步健全、协作项目层次提高、开拓市场力度加大、市场辐射功能增强、对口支援向多元发展、来沪活动内容扩展。上海的资金、技术、设备等生产要素大规模向兄弟省市转移。上海贝尔电话设备有限公司在四川、河南、辽宁等8省市，发展起28家配套生产厂家。1997年，上海加大了产业和产品结构的调整、跨地区投资与合作的力度，传统产业转移和支柱产业扩散进一步推进。上海在外地商业网点建设全面铺开，总量和单体形成一定规模。全年市外拓展项目新增40个，累计达409个。上海企业向外拓展，在自身取得较好效益的同时，服务并促进当地的经济发展。上海第二毛纺织厂有限公司向四川、河北等地企业输出管理、技术和品牌，取得很好的经济和社会效益。上海白猫有限公司与三峡库区同类企业联合，组建白猫（四川）有限公司，年内销量大增，带动了当地一批相关企业，支持了库区的开发建设。

随着中国加入世贸组织，上海产业的升级换代，上海在改革开放中龙头作用的发挥，上海与内地合作的方式更加丰富多

魔都上海的
魔力与魔性

MODU
SHANGHAIDE
MOLIYUMOXING

306

样。2007年,为了加强和外省市的交流合作,上海特地制订服务全国和对口帮扶的实施细则,完善操作流程。上海与内蒙古自治区人民政府在电力、化工、装备制造、农业、基础设施、商贸流通、金融、科技、人才、旅游等领域加深合作。

在落实国家"精准扶贫"战略方面,上海民营企业也走在时代前列。上海均瑶集团成立精准扶贫行动领导小组,企业家王均金自任组长,先后在贵州望谟、贵州毕节、湖北宜昌、湖北英山、云南陇川、甘肃文县等地开展精准扶贫工作。因地制宜、精准施策,通过"产业扶贫、就业扶贫、智力扶贫、助学扶贫"的创新模式参与精准扶贫。到2020年5月,均瑶集团先后投入10多亿元人民币用于当地教育事业、公益活动和慈善事业。

2

结构转型,统筹兼顾

改革开放以后,根据国家发展战略的需要,上海在产业结构、生产布局等方面持续进行调整,其总体趋势是:改一、减二、增三,即第一产业比重在明显下降的同时趋于稳定,依靠科技进步向高效、优质、高产的现代农业方向发展;第二产业在国内生产总值中的比重逐年下降;第三产业比重增强。到2010年以后,上海产业结构已由传统的"二、三、一"结构,转变为"三、二、一"结构。随着产业结构的重大调整,上海就业结构发生了根本性变化,相当一部分人转岗。本着社会主义以人为本的发展理念,上海高度重视转岗、下岗人员,包容兼顾,妥善处理好产业结构转型对社会造成的冲击。

产业结构调整

计划经济时代，上海向着工业中心不断迈进，第二产业的比重大幅增加，而第三产业的比重疾速下降。改革开放以后时移势易，上海持续调整产业结构，加快第三产业的发展，加大第三产业的比重。与此同时，对第二产业，即工业内部的结构进行调整。浦东开发开放以后，上海围绕着"一个龙头，三个中心"目标和建立社会主义市场经济体制的要求，将上海经济原来的"二、三、一"产业发展顺序，调整为"三、二、一"顺序，即优先发展第三产业，积极调整第二产业，稳定提高第一产业。第三产业以金融、商贸、交通、通信等为重点，第二产业从过去主要依靠传统工业支撑，转向主要依靠支柱产业和高新技术产业支撑，第一产业大力提高农业产业化、集约化、现代化水平，实现从城郊型农业向都市型农业的转变。

1995年以后，上海进一步明确各类产业的发展重点，第三产业突出金融保险、商品流通、交通通信、房地产、旅游和信息咨询六个重点行业；第二产业突出汽车、通信信息设备、电站成套设备及大型机电设备、家用电器、石油化工及精细化工和钢铁六大支柱工业，以及现代生物与新药、计算机和大规模集成电路、新材料三大高新技术行业。第一产业则重点向都市农业发展。到2000年，上海"一、二、三"产业的比重，已变成1.6：46.3：52.1，第三产业的比重已超过上海国民生产总值的一半，实现了从工业性城市向多功能经济中心城市的历史性跨跃。2001年以后，上海按照建设经济繁荣、社会文明、环境优美的国际大都市的宏伟目标，继续转变经济发展方式，凸显经济中心城市功能建设。到2010年，上海"一、二、三"产业创造的产值在GDP占比中，第二产业比重继续下降，第三产业比重

魔都上海的

魔力与魔性
———

MODU
SHANGHAIDE
MOLIYUMOXING

308

继续上升。

在"一、二、三"产业之间比重持续变化的同时，"一、二、三"产业内部结构也在持续优化。

第一产业中，积极发展多种经营，取代过去"以粮为纲"的低效产业政策。到2010年，上海农业结构调整发生三大根本性转变，即由"数量型向质量型转变、生产型向生态型转变、产品型向服务型转变"。这些转变带来的明显社会效益，便是农科一体化、农商一体化与城乡一体化。

第二产业中，先前在计划经济背景下形成的工业结构、产品结构，已与市场需求结构很不适应。90年代，上海主要发展高新技术产业和建设工业新高地，培育技术含量高的新支柱产业，即轿车、电子和通信、电站设备、钢铁、石化和精细化工、家用电器六大支柱产业，并通过独资、合资等方式引进、吸收和消化国外先进技术，形成一批具有相当规模和先进水平的"三资"企业。2000年，这六大支柱产业的工业总产值，占全市工业总产值比重为52.3%，利润总额占59.2%。其后，上海更加重视发展高科技含量、高附加值、低能耗污染的先进制造业，促进第二产业从以劳动密集型和资源密集型产业为主，向以深加工为主的现代化、高附加值的技术密集型和资金密集型产业的结构转换，逐渐形成以电子信息工业领衔、以现代生物医药和新材料高技术工业为主导、以汽车等工业为基础的第二产业的新结构。到2010年，上海全年电子信息产品制造业、汽车制造业等六个重点发展行业所完成工业总产值，占全市规模以上工业总产值比重的66.2%。上海还特别重视发展高新科技产业，包括现代生物与新药、计算机和大规模集成电路、新材料等。到2010年，上海高新技术工业总产值，已占全市规模以上工业的比重为23.2%。

在优化工业内部结构的过程中，上海主动淘汰了一批高污染、高能耗、低技术、低附加值的粗放型工业，如建筑材料工业、炼焦及煤制品业、有色金属冶炼业、橡胶制品业、化学纤维业等，同时转移了一部分传统产业，如轻纺工业，包括上海此前一直占据优势的缝纫机、自行车、电风扇、手表、服装、塑料制品等行业。

第三产业中，随着浦东开发开放和"四个中心"建设的推进，对第三产业的需求加大，上海必须发展商业、饮食业、物资供销业、交通运输业、邮电通讯业和仓储业，进而必须发展证券市场、期货市场、外汇市场、房地产市场、技术交易市场和劳务市场，必须发展咨询服务业、电信业、软件业、旅游业、楼宇业和房地产业，其中异军突起的是作为第三产业集聚效应的楼宇经济与总部经济。从2004—2010年，上海跨国公司总部机构数跃升至837家，每年保持净增85家左右的速度，世界财富500强企业中有74家在上海设立了地区总部。按照商务部的评定标准，上海已成为中国总部经济最活跃的地区之一。

与产业结构调整同步，上海产业空间布局也发生变化，形成"三环"空间结构，即内环线以内及内环线周边地区，主要发展第三产业；内、外环线之间，主要发展第二产业，逐步成为以工业加工区、物流配送和储运中心、大型居住区为主的功能区域；外环线以外，主要发展第一产业和以制造业为主的第二产业，逐步形成以产业化农业和现代化工业为主体的功能区域。产业空间布局与浦东开发开放同步，第二产业的发展与工业园区的建设同步。至2000年以前，上海证券交易、产权交易、粮油商品交易、食糖商品交易、房地产交易、钻石交易、人才市场等10个国家级和市级要素市场，已全部迁入浦东陆家嘴金融贸易开发区。

通过这次产业布局调整，上海六大产业基地得以形成，一是微电子产业基地，以浦东张江高科技园区一带为核心，加上漕河泾开发区、松江工业区、青浦工业区；二是汽车产业基地，以嘉定区安亭镇上海国际汽车城为核心，集汽车整车与零配件

魔都上海的
魔力与魔性

MODU
SHANGHAIDE
MOLIYUMOXING

310

生产研发、汽车展与博览、汽车贸易与营销、汽车保税仓储与现代物流、汽车文化体育与休闲等多功能于一体；三是石化产业和精细化工产业基地，以金山区上海石化工业区为主；四是精品钢材基地，以宝山区宝钢股份公司为核心；五是装备产业基地，以浦东临港地区为主；六是船舶制造基地，以崇明长兴岛为核心。这六大产业基地，撑起了上海高技术、高附加值的第二产业"大厦"。

3

帮助转岗，众擎易举

不同的产业结构，需求的是具有不同技能的劳动主体。上海大规模的产业结构调整，带来的一个直接结果便是劳动主体的更换。这意味着有一大批人因劳动技能不适应而下岗、转岗，另有一大批人因新的岗位需要而上岗。

这是一场剧烈的社会变动，其中最突出的阶段是90年代。其时，上海国有企业的下岗人数达到100多万，涉及纺织、轻工、广电、冶金、化工和建材等行业，其中40岁以上的女性、50岁以上的男性，占了三四十万人，被称为"4050"人员。他们为上海的城市建设，为上海的改革开放做出了重要贡献，但随着年龄增长，再就业愈益困难。他们多经历过插队落户、"文化大革命"等重大事件，文化程度普遍较低，缺乏新的技能，也失去了接受新的知识、培训新的技能的最佳年龄阶段，因此再就业相当困难。

对于上海来说，这是一个两难的选择：产业结构调整势在必行，不调整，上海的经济便没有美好的未来，上海也无法承担起国家所赋予的重任。从以人为本的社会主义发展理念出发，对于这么一大批原来属于国营单位的下岗工人，又不能撒手不管。怎么找到一个两者兼顾的结合点呢？这方面，体现了上海城市超强的综合能力与仁爱情怀。

上海市政府将帮助下岗工人再就业作为一个重要工程来抓。其做法是由政府搭台，设立开业指导服务中心，提供创业培训、政策咨询、开业指导、税费减免、小额担保贷款等服务，吸引社会力量积极开发岗位。有关政策规定，"4050"人员创办企业，凡符合相关条件可按国家规定享受税收优惠政策；从事个体经营，按规定免收属于管理类、登记类和证照类的各项行政事业性收费，享受扶持政策；对合法用人单位招用"4050"人员，签订一年以上期限劳动合同并交纳社会保险费的，在相应期限内给予社会保险补贴。政府投资开发公益性岗位，优先安置符合岗位要求的"4050"人员，签订就业援助协议，在协议期限内给予社会保险补贴和适当岗位补贴。

上海帮助下岗工人再就业的工作，很早就开始。1994年，上海纺织系统率先实施"五个一批"，即：一是企业立足自身，积极创造新的就业门路，自行消化一批；二是转岗培训，引导下岗职工进入劳动力市场，向外送出一批；三是鼓励下岗职工自谋出路，允许挂职一批；四是将大龄下岗职工组织起来，离岗不离编，集体劳务输送一批；五是年老体弱者退养一批。这"五个一批"，将下岗职工分解开来，通过多方努力，得到广大企业的支持，受到用人单位和下岗职工的欢迎，被人们比喻为"五座桥梁"。

此后，下岗的人员越来越增多，市政府越来越重视，再就业的途径也越来越广。1996年，市政府决定在上海纺织、仪电控股（集团）公司，开展以建立再就业服务中心为主要内容的

魔都上海的
魔力与魔性

MODU
SHANGHAIDE
MOLIYUMOXING

312

再就业工程试点。再就业服务中心的主要职责，在于既不让下岗职工继续滞留于企业内部，又不简单地把他们推向社会，而是为下岗职工从企业进入劳动力市场搭起一座特殊桥梁。1998年，再就业服务中心建设工作在上海全面展开，所有存在下岗职工的国有、集体企业，都建立了再就业服务中心。到2001年，上海共有98.6万名下岗职工通过再就业服务中心走向劳动力市场，为最终建立劳动力市场新机制铺平了道路。

发展非正规就业，是解决下岗职工再就业的又一条道路。1996年，上海借鉴国际上发展"非正规部门就业"的做法，根据上海实际情况提出了鼓励下岗职工从事非正规就业的相关政策，政府从多方面提供支持和保障。非正规就业及其组织，为下岗职工实现"体面就业"开辟了一条重要渠道。于是，有了"4050工程"。

正式的"4050工程"名称，是从2001年开始的。实践证明，这一政策相当有效。2001年当年就开发出756个项目，实施了500多个，安置了3万多人；2002年又开发出1548个项目，实施了1521个，安置了5万多人；2003年开发了626个项目，安置了2.6万人。到2004年，发展非正规就业劳动组织3.06万户，吸纳从业人员27.4万人。到2005年末，非正规就业劳动组织已达3.4万家，吸纳35.5万人就业。

"4050"人员有的参加培训重新上岗，有的利用一技之长重新创业：从电视机厂下岗的，就开个家电维修店；从饭店下岗的，就卖盒饭；会编织的参加编织社；实在没有任何特殊技能的下岗女工，也能开个净菜社、保洁服务社。这一工程，帮助许多下岗人员通过自主创业完成转型，有些下岗工人还成了小老板。

据研究，自1996—2001年，上海再就业工作创造了"两个100万"：职业培训100万人，每年完成初级上岗培训20万人；参加创业培训班的有3000余人，培训后开业率达60%；进入再就业服务中心的职工累计100万人，已有98万余人走上新的岗位。[4]

从2004年起，"4050工程"更名为"微小型开业项目"，面对的对象也不限于"4050"人员，而是扩展到整个青年创业群体，也包括农村富余劳动力创业人员。

"4050工程"放弃了政府一手操办、独家经营的传统思路，采用了被称为"五人运作机制"的全新模式。所谓"五人"，指项目设计人、评估监理人、招标人、出资人与执行人，全部由民间机构和个人来担任，而政府负责搭建平台，提供良好服务与支撑。上海这一做法，调动了多方面资源，兼顾了多方面利益，被联合国劳工组织称为"非正规就业与消除城市贫困"的"上海模式"。[5]

再就业工程是上海城市品格的集中体现。多方参与，众擎易举，合力解决百万人下岗、转岗难题，这本身就是一种制度创新。对于下岗、转岗人员就业政策的制订，既立足现实，又尊重历史，体现了政策的连续性。百万工人再就业，百万市民大动迁，这么巨大的社会变动，并没有引起社会大震荡，这既体现了统筹兼顾、善办大事的社会主义体制优势，也显示了上海城市守望相助、上下同心的包容能力。

4

支援内地抗灾抗疫

支援相关地区抗击自然灾害与传染病，是上海支援内地的突发性工作。

2003年4月，非典型性肺炎在全国爆发，北京等地蔓延尤

魔都上海的

魔力与魔性

MODU
SHANGHAIDE
MOLIYUMOXING

314

甚。上海虽然也颇受其害，但疫情不像北京等地严重。上海市政府安排有关单位每天生产20万只医用口罩，紧急调运北京，共同抗击"非典"。为攻克"非典"的诊断、治疗、预防药品和医疗器械审批，上海药监局建立快速通道并采取有效措施，要求新药资料随到随审，快速递送国家食品药品监管局。上海还组建公共卫生专家组赶赴河北，协助当地共同抗击"非典"。[6]

2008年5月，四川汶川县特大地震发生后，上海立即成立市救灾援助指挥协调工作小组。灾情发生当晚，上海组建10支医疗救援队伍和10支后备队伍待命，第二天便派出市消防医疗救援队奔赴汶川。此后，上海陆续组建并派出公安特警、消防救援、卫生医疗、地震监测评估、心理疏导、康复指导、特种设备监测、水务抢修、环境辐射监测、工程应急加固处理、过渡安置房援建等队伍赶赴灾区，为抗震救灾做出了重要贡献。据统计，上海共向四川灾区派出57支专业队伍计15404人，营救出被埋群众360人，其中生还24人，成功医治灾区伤病员167人；上海各界共向灾区捐款27.59亿元。灾后，上海在全国首创开展灾难社会工作介入，组织沪、港、台三地社会工作专家研究方案，派出沪港专家组赴绵阳灾区实地开展调研和评估。上海各区县全面与都江堰相关乡镇进行对口援建，开展社区守望相助项目。[7]

2020年1月，新冠肺炎疫情在湖北武汉爆发。作为国家卫健委派出的首批地方医疗队，上海第一批医疗队136人，于1月24日除夕星夜驰援武汉。以后上海又陆续派出9批共1649名医务人员。他们奋斗在武汉金银潭医院、武汉大学人民医院东院等多家医院，不惧风险，忘我工作，同时间赛跑，与病魔较量，以高尚无私的医德医风和精湛高超的医技医术守护生命，治愈病患，英勇奋战60天，为打赢湖北保卫战、武汉保卫战贡献了力量。

在支援湖北武汉打赢抗击新冠肺炎疫情战役中，上海民营企业以特有的方式做出了特别的贡献。1月23日，武汉各大医院防疫物资全面告急。当晚，上海均瑶集团董事会迅速建立"均瑶全球行动小组"，发挥国际化经营优势，动员旗下吉祥航空境外营业网点，全球采购防疫物资。散处全球的吉祥航空员工，迅速形成"搜寻商品、物资鉴别、购买对接、付款交货、打包运输、通关申报"的采购流程。截至3月13日，均瑶集团已在全球采购并捐赠呼吸机500台、一次性防护服172400套、非一次性防护服7000套、一次性隔离衣10万套、普通医用口罩393055个、N95口罩77700个、护目镜5467个、医用手术帽26万个、额温枪95个，共计超过100万件防疫抗疫物资，全部发往湖北等疫情严重地区。吉祥航空旗下航班还免费承运防疫物资，截至3月13日共承运包括连体防护服、医用口罩、护目镜、医用手套等在内防疫物资超过300万件，总重量超过110吨。在国内疫情蔓延期间，瑞典华人、华侨心系祖国，瑞典海宁中心筹集捐献约3万个医用口罩、近1200件红外测温仪、1900件防护服，也由吉祥航空公司慨然承担运输工作，免费转运至国内。

注 释

1. 姜华宣等主编：《中国共产党重要会议纪事（1921—2011）》，中央文献出版社2011年版，第257页。

2. 中共上海党史研究室编，徐建刚等著：《上海改革开放三十年》，上海人民出版社2008年版，第167页。

3. 同上书，第169页。

4. 邵宁：《五年分流百万下岗职工》，《新民晚报》2002年4月27日。

5. 当代上海研究所编：《当代上海历史图志》，上海人民出版社2009年版，第660页。

6. 《上海年鉴》编纂委员会编：《上海年鉴》，2004年。

7. 《上海年鉴》编纂委员会编：《上海年鉴》，2009年。

九

海派风格，独树一帜

　　开放、创新、自主、包容、爱国情怀、社会公德、法治观念、契约意识，都是上海城市精神、城市品格中的荦荦大者，也都是海派风格的重要元素。除此之外，趋新崇优、行为敏捷、周密精细与追求雅致等在上海人的生活方式、审美情趣中，也表现得相当普遍与耀眼。

1

趋新崇优

趋新崇优是近代上海社会的一个鲜明特点。崇优在近代往往被称为"崇洋",崇洋的实质就是趋新崇优,因为来自西洋的器物对于当时中国来说即为新物,也大多是优物。这在开埠之前已露端倪。清嘉庆年间,上海县城东门外已有专事洋货买卖的商行,所聚集之地称"洋行街"。1841年以前已经成书的《窦存》称:"世俗物用都以自洋来者为贵,故市井射利之徒,无论物产何地,美其名则加一'洋'字,示珍也。更可笑者,贵游豪侈,一切奢丽生色,亦争艳之为洋气云。"[1]

上海开埠以后,随着洋人络绎而来,洋货源源而至,洋人生活方式在上海落地生根,上海崇洋风气愈演愈烈,以致扩散到江浙等地。到了同光年间,各种西洋商品"皆畅行各口,销入内地,人置家备,弃旧翻新"。[2]不光上海等地崇洋,内地亦逐渐跟上。郑观应在《盛世危言》中列举洋货代替土货为中国各地、各阶层所追捧,除了洋布为大宗之外,更有洋药水、洋药粉、洋烟丝、洋酒、洋糖、洋牙刷等50多种。就崇洋风气之盛而言,以上海为圆心,呈浪圈式向内地扩展。到了19世纪90年代,上海一些与洋人接触较多的商人、买办、归国留学生等已是唯洋是崇,用洋货,穿西装,吃西餐,住洋房,处处仿照西洋生活方式,尽可能将子弟送到欧美去留学。1926年,上海从外国进口的奢侈品,包括纸烟、雪茄、啤酒、香精、化妆品等各种洋货,金额近3000万元,占全国总额的一半。[3]

好奇趋新本是人类共性。"删繁就简三秋树,领异标新二

魔都上海的
魔力与魔性

MODU
SHANGHAIDE
MOLIYUMOXING

318

月花。"郑板桥说的是作文绘画之道，其实做事亦然。农耕社会新奇事少，工商社会新奇事多，所以作为工商社会的城市，较农耕社会的乡村更易好奇趋新。近代上海新奇之事，少半出于自创，多半来自外域，尤以欧美为多，于是趋新每每与崇洋联系在一起。来自西洋的新奇之事物，虽然也有卑之无甚高论者，如餐具之刀叉、食品之面包，服饰之西装、高跟鞋，未见得就比中国原有之筷子、馒头、中式服装、布鞋优越，但是相当多的西洋事物与质优、形美、性价比高联系在一起，如自来水、煤气灯、电灯、电话、公司制度、市政管理制度、男女平等之类，因此崇洋的实质往往是争优、尚善、向美。

要而言之，近代上海社会趋新崇洋，所趋所崇主要是工业化、城市化、现代化之新、之洋。在中国内地工业化、城市化、现代化程度普遍较低的情况下，人们对于上海趋新崇洋不解、讥刺、诟病也就在所难免。当然，更多的是肯定上海社会勇于开新、勇于向外国学习，称赞上海人的趋新崇洋，其实是担当了领导中国前进的"头脑"角色："一切新兴的东西，物质的，精神的，都由上海发动，然后推到全国去。虽然所谓新文化运动的五四运动发源于北京，一九二六年国民革命军发难于广东，可是上海仍是中国工、商、经济、文化、出版界的中心。从物质文化方面看，从非物质文化方面看，上海都是中国的头脑。"[4]人们肯定上海人趋新崇洋是正面价值，"在文化上，上海和西洋文明接触密切，所以洋化气味较重，同时由于历次政治革命的激动，文化革新运动也随之勃发，所以海派的文化作风是好谈西洋文物，崇尚创新立异，而文人习尚，因之趋于自大和浪漫"。[5]

有人认为，上海人这种勇于趋新、开新的风气，在中国起了可贵的先行者作用，将来全国人民都会向上海学习，"做上海人是值得骄傲的，因为上海一切开风气之先，今后中国需要新的建设和新的作风，而在上海首先创导这种新建设和新作风。今天上海人自我向海派新作风学习，明天又会使全国向我们上海人学习"。[6]

2

行为敏捷

　　传统农耕时代,人们春种、夏管、秋收、冬藏,一般都用一年四季和二十四节气来把握时间,数量的日常运用比较笼统,对于外界信息,除去对上天能否提供风调雨顺的自然条件深为关切外,其他都很少过问。"可是,在开埠后迅速发展的上海,人们越来越深切地感受到,时间就是金钱,时间就是事业。无论是在商贸活动中,还是在日常生活中,时间的把握都越来越重要。上下班不能逾时,交易不能逾时,谁赢得了时间,谁就能把握先机。"[7]

　　移民社会是竞争的舞台,是汇纳各方人士的大海,也是优胜劣汰的筛子,能者、胜者留下,劣者、弱者走人。人们要赶时间工作,挤时间学习,生活节奏不得不快。19世纪80年代,人们就感叹上海企业竞争太过激烈:"设店铺者或春开而秋闭,或夏开而冬闭,输货物者或朝入而暮出,或昼入而夜出。物价之若涨若跌,决之于须臾;市面之若起若落,争之于俄顷。数十年间,事不知几更,主不知几易。城廓如故,风景顿殊,屈指计之,曷胜浩叹,其为计也险,其为谋也近,故其为利也虽厚而实微,甚而有无利者,尤甚而有失利者。虽有远年老店,其能致丰盈而垂久远者,不过数家,大抵撑架支持得过且过已耳,安所得厚利重息而邀之,此沪上商务之异于天下也。"[8]1912—1927

魔都上海的
魔力与魔性

MODU
SHANGHAIDE
MOLIYUMOXING

320

年，上海新开设的工厂企业至少有1194家，但到1927年底实际开工的只有795家，仅占这15年间新开工厂数的66.6%。也就是说，这些新开设的工厂至少已有三分之一已经在激烈的竞争中停工、歇业。[9]

于是，上海人形成了讲究时效、行动敏捷的特点。上海人称走路为"跑路"，一个"跑"字，活现了上海人的惜时、快捷特性。唐振常先生作为一位从内地来到上海的学者，对此感受极深："距今四十七年前初从内地到上海的时候，第一个令我目瞪口呆的现象，是上海人行步如飞，马路上都是那么急匆匆的，似乎是天将塌，又像是天即将降大任于斯人，非立去办大事不可的样儿。这种状况，与内地人悠哉游哉在马路当中踱方步的形象迥异……由是，才明白上海人把走路叫做跑路实在有道理，不跑不行，不跑必落后。跑，是上海这个城市生活的节奏，跑路是上海这个城市的外在形象。"[10]

3

周密精细

由于长期现代化、工业化、法制化的熏陶，上海人养成了周密精细的工作作风。穆藕初引进并付诸实践的由泰勒总结的科学管理方法，其实质就是周密精细，是对一个复杂的大系统在全面把握的前提下，将其分解为若干相互联系的、多层次的子系统，比如从商业环境研判、原料供应、生产流程、人员培训、质量管理、产品销售到成本核算等，对每一子系统再加以精化、细化、标准化、严密化，结果便是提高产量、提升质量、降低成本、增加收益。这一模式移植到任何一项大型项目、大型工程当中，只要运用得法，都可以取得相当可观的成就。吴蕴初在化工方面取得的非凡的系统成就，陈光甫在金融业、旅游业取得的大量创新成果，如果深入总结他们的成功哲学，都可以归结为周密精细。周密是对大系统的宏观把握，精细是对子系统合理分解。

这种周密精细的精神，落实在工作中便是执着专注、手艺高超、技进于道，亦即工匠精神。上海港务局全国劳动模范包起帆，经过无数个日夜的努力，反复琢磨，尝遍失败、艰辛和磨难，终于与同事一起创造出木材抓斗，填补了国际港口装卸工具的一项空白。30多年间，他先后完成了70多项革新发明，其中8项获国家专利、9项获国际发明金奖。上海中山医院心脏外科主任王春生，敬业爱岗，极肯钻研，擅长各种复杂心脏手术，被称为心外科的"一把刀"。其手术特点是经验丰富，善于思考，沉着冷静，判断准确，动作果断，一天能做8台手术，有时能连续工作三四天。他说只要上了手术台，"任何杂念都没有了，物我两忘，禅的境界，人刀合一"。[11]2016年，上海总工会评选出蒋国兴、朱海鸿等首批"上海工匠"88名，以后逐年评选，2017年为魏钧、朱邦范等94名，2018年为杨铁毅、曹毅然等98名，2019年为蔡丽妮、顾庆华等102名。细读他们的事迹，每个人都有独到神功、卓异业绩，诸如"汽车心脏"守护神，从业30年从未出现次品的国产大飞机首席钳工胡双钱、中国航天特级技师王曙群等。

这种周密精细的精神，沉淀为居民的基本素养，就化为城市品格的有机成分。日常生活中，很能体现上海人周密精细精神的是半两粮票。网上有文章写道：

1986年的夏天，我和同事到河北、河南催收化肥销售

魔都上海的
魔力与魔性

MODU
SHANGHAIDE
MOLIYUMOXING

322

半两粮票

欠款，并经武汉到上海。第一次来到大上海，游览外滩和南京路的繁华。在就餐时我惊奇地发现，上海居然有半市两的粮票，出于好奇，我特意收藏了一张半两上海粮票。

以后我又多次出差到上海，深深感受到上海人的生活非常的精细，与北方人的所谓的大方成鲜明的对比。尤其是东北人的豪爽与上海人有点小气的消费有很大的反差。时间一长，我喜欢上了上海人的精细和精明，虽然不太喜欢上海人在商业贸易上的斤斤计较，但在商言商，讨价还价还是难免的。但回到大连，我是绝对不会去买半两食品的，弄不好会找骂。前几天，我还看到一位老者向一东北小贩买二两黑木耳，那位小贩居然不卖，还说什么：低于半斤不卖。可见东北人经商之风格。同样是曾经的国企风光年代，如今东北老大远远落后于时代，而上海则与时俱进，依然走在全国经济的前列，其中之原因，上海的半两粮票会给我们一点启示的。[12]

这位作者对上海使用半两粮票是持赞赏态度的，但他有所不知的是，使用半两粮票的不只是上海，杭州、武汉、广州也都有半两粮票，不过有的地方使用时间长些，有的地方短些。上海可能是使用最长的地方。可能由于这个原因，人们往往以为这是上海特有的现象，于是"半两粮票"就成了上海人"门槛精"的标志。[13]

其实，使用半两粮票并没有什么不体面之处，反而是上海人善于适应交易需求的表现。中国粮票的出现是在1955年，全国范围内流通的为全国粮票，由各省、自治区和直辖市有关部门印制的在各省、自治区和直辖市范围内流通的叫地方粮票。全国粮票最小票面是半市斤，各地的地方粮票最小单位一般是壹两。这样，上海粮票出现半两自然就显得比较特别。半两粮票与壹两粮票相比，是一种量的细小化，其功能是适应了半两的消费需求。比如，一两粮票可买两根油条，如果只买一根，交半两粮票与一定数额的钞票便可银货两讫，岂不干净利落！如果没有半两粮票，只有一两或以上票面的粮票，那手续一定没有这么简捷。

至于工作当中，上海周密精细的精神几乎无处不在。上海工人之所以能在一无资料、二无经验的情况下，造出万吨水压机，根源就在于上海科技人员与工人，能够将万吨水压机分解成大大小小不知道多少个子系统，然后一一攻关、解决。改革开放以来，上海在浦东开发开放、洋山深水港开辟建设，都是周密精细精神的实践。这里要简述的是，上海在抗击"非典"、抗击新冠肺炎疫情的斗争中能够取得突出的成绩，就与上海人周密精细的品格有关。

在2003年抗击"非典"战役中，上海共救治"非典"病人8例，治愈出院6例；组织院内外专家会诊1512次，安全转运"非典"诊断病人、留院观察病人及医学观察人员1400余人，对4154名密切接触者进行医学观察，对48074名从疫情发生地区返沪人员进行医学观察，无一例医务人员感染。这一成绩，在当时相当突出。其时，"非典"肆虐，南面的香港、广东，北面的北京、山东，疫情都比较严重，上海地处当中却风平浪静。为此，世界卫生组织特地派人到上海考察，结果与上海所上报情况完全相符。世界卫生组织大为叹服，认为上海的经验应该让全世界共享。事后，上海总结抗击"非典"的实践，归纳为10点，包括注重信息收集与分析、强化预警、及时开展流行病学

魔都上海的
魔力与魔性

MODU
SHANGHAIDE
MOLIYUMOXING

324

调查、全力做好医疗救治、严格医院消毒隔离措施和医务人员个人防护、加大卫生监督执法检查力度、注重专家咨询和实验室研究、及时发布信息、加强健康教育工作和爱国卫生工作、强化督查评估。

总结上海抗击"非典"战役,除了政府正确领导、医护工作者救治有方、基层工作者协助有力,还有一条很基本的因素,即广大市民高度自觉、密切配合。这种自觉配合,就是遵纪守法、信守契约、高度自律、周密精细的城市品格在发挥作用。自2003年抗击"非典"之后,上海作为超大型城市的公共卫生能力持续得到不断提升。"健康相关社会风险预警协同创新中心"公布的"全球城市适宜公众健康体系"评价排名中,上海位居全球前列。公共卫生安全已成为上海的一张闪亮的城市名片。

特别能体现上海人精细精神的是对市容的整治。现在到上海大街小巷,只见一条条街道整洁、美观、有序、雅致,一座座房屋整齐美观,乱搭乱建拆除一净,墙上乱涂清洗一空,广告规则,标识清晰,车辆干净,停放规范,绿化盎然,生机勃勃,比起世界上任何一座国际大都市都不逊色。但是,如果是40年以前,那可不是这个模样。老上海人都不会忘记,那时很多弄堂走进以后,一如踏进一个巨大的垃圾场!垃圾、废物、土渣随处乱放,路面高低不平,甚至粪便横溢,车开不进,人过掩鼻,蚊蝇乱飞,臭气熏天。一到雨天,更是污浊不堪。这种情况绝非个别地段,而是相当普遍。几十年间,为什么能有如此翻天覆地的变化?这就是管理的成就,细节的力量。细读有关上海市容管理的回忆录,会让人感慨万千。

上海整治市容,至少有以下六大措施:一是领导重视,建立高效管理体系,从20世纪80年代开始建立全市性环卫管理系统,两级政府、三级管理,落实到基层;二是引入市场机制,进行有偿服务,提高环卫部门、环卫工人待遇;三是分解任务,各司其职,构建三大管理系统,即市容景观系统(包括广告管

上海市容

理）、废弃物处置系统与城市保洁系统；四是加强监督，多方关注，从90年代起实施巡逻综合执法，设立执法大队、执法支队或执法分队，引进群众监督、媒体监督机制，开通投诉热线，加大媒体曝光力度；五是加强城管教育，包括对全体人民的城市管理教育与对城管队伍的教育，城管队伍提炼出"忠诚执业、忍辱负重、执法为民、无私奉献"的城管精神，城管系统每年组织推举"城管卫士""优秀城管队员""十佳城管分队"候选人和候选单位，发动广大人民群众投票，既让群众了解城管工作，又加强城管与群众之间的情谊；六是集约式管理，可持续发展，在城管中注入科技力量。针对不同地段、不同街区、不同情况，实施不同方式、不同力度的管理，比如对于"乱设摊"问题，就分为严禁区、严控区与控制区，对于户外广告亦作如是处理；对垃圾进行分类，逐渐使垃圾减量化、资源化。

如此一来，先前以为无药可救的城市环境脏乱差问题，经过综合施治，多方发力，持之以恒，终于取得显著成效。

魔都上海的
魔力与魔性

MODU
SHANGHAIDE
MOLIYUMOXING

326

4

追求雅致

审美情趣方面，上海人突出表现在比较注意衣着打扮，居室内力求布置得舒适，生活上尽可能雅致。

衣着对一个人的形象影响很大。衣着打扮往往与一个人的身份、地位、职业、学识、个性等有关。得体的衣着打扮，常常能够给人留下良好的印象。所以，无论古今中外，讲究衣着打扮是通例。近代上海作为以陌生人为主构成的工商社会，对于衣着打扮特别讲究，乃至形成了以衣貌取人的习俗。早在1873年，《申报》便刊载文批评上海社会过分重视人的衣着的倾向，称"耻人衣服不华贵"是上海第一陋习。1890年，《申报》有文章批评上海人过分讲究衣着打扮："不论其为官为商为士为民，但得稍有盈余，即莫不竞以衣服炫耀为务，即下至倡优隶卒。就其外貌观之，俨然旺族之家。"[14]为什么会花那么多钱讲究衣着？因为那社会就是只认衣衫、不认人的社会，一身讲究衣衫就是一张最有效的通行证，"进大的百货商店，你的衣服必须穿得华丽，虽然你身上未必有一个铜板，一样的可以得着店员的尊敬。反之，还是不要进去的好，那怕你袋里麦克麦克，看门的巡捕就会将你当瘪三看待的"。[15]鲁迅曾生动地描绘过上海人以衣貌取人的习气：

在上海生活，穿时髦的衣服比土气的便宜。如果一色旧衣服，公共电车的车常会不照你的话停车，公园看守会格外认真地检查入门券，大宅子或大客寓的门丁会不许你走正门。所以，有些人宁可居斗室，喂臭虫，一条洋服裤子却每晚必须压在枕

培罗蒙西服店

计划经济年代的假领子

头下，使两面裤腿上的折痕天天有棱角。[16]大名鼎鼎的人如鲁迅、宋汉章等，都有因衣衫不出众而遭开电梯者或看门房人冷遇的经历。

　　1949年以后，上海虽说不像从前那样明显地以衣貌取人，但讲究穿着的习惯一直保留下来。衣着得体，外表整洁；质地不一定最好，但款式的设计、颜色的搭配，都比较得体。民谚云"北京人什么都敢说，广州人什么都敢吃，上海人什么都敢穿"，便是对上海人注意衣着的一种看法。一位北京学者说，"他在北京街头，能很自信地判别路人的职业、身份，在上海却不行：　你很难根据一个姑娘的服饰、仪态，区别她究竟是大学生，是青工，还是炸油条的"。[17]

　　计划经济时代，物质供应匮乏，粮、布、油、肉等均凭票供应，数量有限。上海人在讲究衣着打扮方面，依然会动脑筋。假

魔都上海的

魔力与魔性
————

MODU
SHANGHAIDE
MOLIYUMOXING

328

领子就是典型。

假领子的上海话叫"假领头",据说是上海人发明,不知道起源于何时,20世纪70年代已相当流行。假领子其实一点也不假,但它不是真正的内衣领子,而仅仅是一件领子而已。假领子分两种,一种是深度假领子,有前襟、后片、扣子、扣眼;另一种是浅度假领子,只是领口一圈,用带子系在身上。不管是深度还是浅度假领子,穿在外衣里面,以假乱真,露出的衣领部分完全与衬衫相同。这种假领子,用料少,往往是用衣服剩下的零头布做成,购买假领子不用布票,所以又叫"节约领""经济领"。穿假领子,既能满足上海人的爱美之心,换洗也方便。计划经济背景下,老百姓一年也难得穿上两件新衣服,假领子于是应运而生。有上海人回忆:

> "假领头",是与无领内衣配套穿戴的。它是伴随着计划经济时期棉布实行凭票供应政策应运而生的。那时候,人均发可购买一丈二尺布的凭证布票,无论怎么省,还是不够用。买手绢为孩子缝制方领衫或三角裤是不少家庭主妇节省布票的良策。而天气一转凉,人们穿了棉毛衫再穿衬衫就更觉得奢侈了。但头颈上少一个领头。裸露着脖子既不体面,又不雅观。不知是谁动脑筋设计出了"假领头",无袖无襟,功能凸现在领头上,胳肢窝下两根细细的襻,隐而不露。[18]
>
> 曾有一段时间,虽然还是一片"灰、蓝海洋"的服饰世界,但上海人在沉闷外衣内露出的一截"的确良"领子还是颇见光鲜,白蓝红黄,五颜六色,时时让人眼睛一亮。难怪那时有的外地朋友不知就里,羡慕地说"上海人真是既有钱又讲究,每天居然换一件新衬衫"。直至后来与上海人同住旅馆,方知原来这衬衫竟都是齐胸的"半截头!"为此不得不叹服上海人的精明确实体现在许多生活细节中。[19]

据说直到2020年，上海还有商店出售假领子，销路还很不错，出租车司机、交通警察与众多白领都是其常客，甚至还有日本人前来购买。[20]与衬衫假领子类似的，还有羊毛衫假领子。

上海人在日常生活中追求雅致，还有一个比较突出的表现，即讲究品牌。上海城市物品丰富，种类繁多，日常生活中居民由讲究质量演变为讲究品牌，因为著名品牌通常与优秀质量联系在一起，诸如一品香西餐、功德林素斋、陆稿荐酱肉、先得楼羊肉、南翔小笼、陆鼎兴汤包、北万兴馄饨、紫阳观酱菜、五芳斋糖芋艿、城隍庙五香豆、万有全火腿、老大房茶食、稻香村茶食、邵万生南货、乔家栅粽子、沈大成寿桃、天晓得糖果、冠生园糖果、王宝和黄酒、戴春林香粉、张小泉剪刀、宏茂昌袜子、美加净牙膏、百雀羚雪花膏、蜂花香皂、曹素功文具、吴良材眼镜、培罗蒙西装等。至于皮鞋、手表、闹钟、木梳、篦子，乃至酱油、米醋、味精，无不各有品牌。直到2020年，在一些老字号商店门口，仍可时常看到老上海人排队购买他们早已习惯了的名牌商品，从粽子、青团、豆沙包子、小笼馒头、蹄髈、熏鱼到月饼，有时排上一两个小时，也乐此不疲。

对于上海人的追求雅致，易中天有很细致的观察与描述。他说，"在上海，无论你是站在摩天大楼下，还是走在逼仄里弄中，都不会有'粗俗'的感觉。因为上海是按照工业文明最雅致时代的理想模式打造出来的。一般地说，上海市民的生活相对其他城市而言，是比较雅致的。他们并不富有，但也不显得寒酸。居家，总有一两件像样的家具；出门，总有一两套像样的衣服；吃饭，总有一两道像样的小菜。数量不多，但很精到。这就是雅致，或者说是对雅致的追求。上海有一个广大丰厚的中间消费层，即普通市民。他们无缘奢华，也不愿马虎。即便是家常小菜，也要精致一点；即便是路边小店，也得干净一点；即便是吃一碗阳春面，也要吃得文雅一点；即便是穿一件两用衫，也要穿得体面点。这就是雅致"。他认为，雅致是上海人从近代到

魔都上海的
魔力与魔性

MODU
SHANGHAIDE
MOLIYUMOXING

330

当代一以贯之的特点，"即使是经过多次运动的冲击，上海人还是小心翼翼而又坚忍顽强地守护着这一份雅致，体现在领头、袖口、裤脚、纽扣等细枝末节上，或者体现在用小碟盛菜、买两根针也要用纸包一下之类的鸡毛蒜皮上，不动声色却又坚韧不拔地维系着这个城市文化的根系和命脉。一些从北方南下而又比较敏感的人都发现，即便是列宁装和中山装，在上海生产制作，也有一种'上海味'。同样的面料，同样的式样，在上海人身上穿出了体面，在自己身上却显出了寒酸。秘密就在于，上海的服装，总是比其他城市的多了一份雅致，一种体现在裁剪做工等方面不经意流露出的其实是十分考究的雅致。一般地说，气派的城市是不容易雅致的，雅致的城市又难得气派，唯独上海，既气派，又雅致，这说明上海有一种非凡的品格"。[21]

上述这些于细微处体现出来的上海人行事风格，在某种意义上是江南人品格的集中体现。上海人口八成以上来自江南。江南人自明清以来，就形成了务实、精细、精致等特点，这在生产方式（分工细密、精耕细作）、生活方式（苏州园林小巧精致，糕点精美）、审美情趣（小桥流水）等方面都有充分表现。到了近代上海，这些特点加上开放的视野、逼仄的空间、激烈的竞争、快速的节奏，于是就混合而为这些行事风格。诚如张爱玲所说："上海人是传统的中国人加上近代高压的磨练。"

注 释

1. （清）胡式钰：《窦存》卷三《事实》，1841年（道光二十一年）版。

2. 郑观应：《商战上》，见夏东元编《郑观应集》上册，上海人民出版社1982年版，第587页。

3. 《上海人对舶来品糜费之巨额》，《国货评论刊》1928年第2卷第1期。

4. 高植：《在上海》，《大上海》半月刊1934年第1期。

5. 姜豪：《海派新作风的培养》，《上海十日》1946年第2期。

6. 同上。

7. 姜义华：《上海：近代中国新文化中心地位的形成及其变迁——兼论边缘文化的积聚及其效应》，《学术月刊》2001年第11期。

8. 《述沪上商务之获利者》，《申报》1889年10月5日。

9. 《民国三十五年上海市年鉴》，第M1—2。参见张忠民《上海经济发展丛书：经济历史成长》，上海社会科学院出版社1999年版，第111页。

10. 唐振常：《广重塑上海城市形象论》，《上海文化》1994年第2期。

11. 唐晔：《王春生，终其一生为心外手术而战斗》，https://www.sohu.com/a/216280927_649560，2018—01—12。

12. 《原启明的博客》，http://blog.sina.com.cn/dlyuanye。

13. 袁念琪著：《处处见门槛　上海人日常生活经济学》，上海财经大学出版社2004年版，第17页。

14. 《时评》，《申报》1890年12月7日。

15. 《上海人哲学》，《都会》1940年第29期。

16. 鲁迅：《上海的少女》，载《申报月刊》第2卷第9号，1933年9月15日。

17. 杨东平：《城市季风——北京和上海的文化精神》，东方出版社1994年版，第349页。

18. 钱民权著：《老底子的事体》第2集，上海人民出版社2008年版，第1页。

19. 管继平主编：《上海老辰光——一段难忘的弄堂情结》，上海辞书出版社2005年版，第145页。

20. 《一件"假领头"，而今有了新顾客》，《解放日报》2020年7月11日。

21. 易中天：《雅致是上海的空气》，《解放日报》1999年10月29日。

结 语

　　魔都上海的魔象，即上海物质文化，包括摩天大楼、宽阔街道、一江（黄浦江）一河（苏州河）等；魔力，即上海行为文化，包括生活方式、生产方式、交往方式，通过这些行为表现出来的凝聚力、创造力、同化力；魔性，即观念文化或曰精神文化，包括价值观念、伦理道德、审美情趣，就是开放性、创新性、包容性，以及与此相关联的科学性、精细性、精致性。

　　外号、绰号与自号不同。一个人的自号未见得与其人本质有关联，但一个人的外号、绰号通常与其人本质有一定关联，就像呼保义、智多星、黑旋风、鼓上蚤之与宋江、吴用、李逵、时迁那样。"魔都"确在某一角度、某一侧面、某种程度上，活画

魔都上海的
魔力与魔性
————
MODU
SHANGHAIDE
MOLIYUMOXING

334

了上海城市的形象，揭示了上海城市的本质。

不同时代的上海，魔都的内涵有所不同。近代魔都上海异乎寻常的魔象，最直观的表现是：华洋共处，五方杂处，世界各国侨民，中国各地移民，不同民族，不同宗教，不同肤色，不同语言，南腔北调，应有尽有，蔚为奇观；世界性与地方性并存，既有从欧美传来的电影、话剧、舞蹈，也有中国本土的昆曲、京剧、滩簧，既有圣诞老人，也有城隍老爷，既有高级美容店，也有路边剃头摊；贫富两极，同处一隅，一边是摩天大楼，一边是低矮茅棚，一边是天堂，一边是地狱，富者腰缠万贯，足以敌国，贫者衣衫褴褛，食不果腹；治乱两端，共在一城，一边秩序井然，安居乐业，一边走私贩毒，乌烟瘴气，一边战火纷飞，一边歌舞升平。

造成这些魔象的背后因素，是四条魔性：一是高度开放，无所不容；二是一市三治，各行其是；三是战时中立，长期和平，相对安全；四是中外利益共同体，亦中亦西，交错混合，你中有我，我中有你。这四条叠加在一起，构成上海独特的魔性集成，是上海以外的中国其他城市，也是包括亚洲、欧洲和美洲在内的全世界其他城市都不曾有过的特性。

这四条魔性交互作用，共同发力，形成上海超强集聚功能，包括人口（含人才）、资金、资源、技术、信息与产业集聚，使上海成为多功能经济中心（包括内外贸易中心、金融中心、航运中心、工业中心）、多门类文化中心与多样性娱乐中心，成为全国特大城市。

近代上海一市三治，没有一个笼罩一切、渗透一切的权力机构从整体上进行管辖或控制；亦中亦西，中西两种文化在这里都很有影响，但哪一种都不占绝对优势。这里没有统一的政治辖制机构，没有统一的社会控制机构，没有统一的文化管理机构，没有统一的意识形态，这从文化生态学来说类似于文化原生态，来自世界各国、中国各地具有不同地域特色、不同历史传统、不同文化背景的价值观念、审美情趣、民情风习，在这里相对从容、相对平静、相对理智地交流，包括各种领域、各种层次文化的会面、碰撞、理解、融合，其中既有各美其美又美人之美的，也有只以己为美而以人为丑的。通过较长时间的此类文化的会面、碰撞、理解、融合，达成一定程度上的都市文化平衡，即不同文化之间异乎寻常的包容。这种平衡与包容，不是某个政治集团、某个文化哲人事先设计、规划的结果，而是在社会演进中逐渐形成的，亦即哈耶克所说的"自发社会秩序"。

　　近代上海文化对于人类不同文化、不同文明的交往、交流与交融，产生了重要的影响，有着典范性的意义。

　　先从上海国际移民与世界文化关系来看。一方面，来自世界各国、各地侨民，在上海各依其本民族的生活方式生活，衣、食、住、玩各行其是，各有以其本国人为参与主体的总会，在治外法权保护下各司其法，各信其教。全世界许多宗教，包括佛教、道教、天主教、基督教、犹太教、东正教、伊斯兰教、祆教，在这里都有活动，但是上海没有发生过因宗教而起的大型或尖锐冲突。民国初年，李佳白等人在上海倡导的不同宗教之间的和平对话，促进不同文明之间的相互理解、相互尊重，谋划宗教和谐，这与上海特别的文化环境有直接关系，也是上海文化为人类文明进步作出的重要贡献。另一方面，以欧美白人侨民为主体的两租界西人，特别是其上层人物，包括外国领馆人员、两租界董事及其他管理人员、富裕商人等，自以为文化优越，歧视、鄙视华人，不屑与华人深入交往，公园、跑马厅、总会及其他娱乐场所限制华人入内，长期剥夺华人在租界的参政权。但是，在上海这么一个不算很大的城市空间里，哪怕先前持有文化傲慢心态的欧美白人侨民，有机会对中国人、中国文化进行长期、广泛、深入的接触、观察与了解，到头来也会促使他们逐渐改变先前的傲慢与偏见。且不说犹太人、白俄人等带有难民性质的侨民，相对容易理解、接受中国文化，有那么多人在艺

魔都上海的

魔力与魔性

MODU
SHANGHAIDE
MOLIYUMOXING

336

术、建筑方面从事中西文化交流，即使是在常态下来到上海的欧美侨民，这类人也所在多有。傅兰雅来沪之初，对中国文化的态度与其他欧美侨民并没有太大不同，但是20多年之后，译书、办报、讲学，与中国知识分子交往，对中国有比较深入的了解，捐献巨款设立上海盲童学校，在美国介绍中国传统文化，成为著名的对华友好人士。雷士德更为典型，这位在上海英侨中屈指可数的富商，临终前将其毕生积累的所有财富全部捐献出来，用以资助上海的教育、医学、慈善、儿童事业，受惠的是贫病幼弱群体。犹太富商哈同也表现出对中国文化广泛的兴趣，甚至要求其死后同时采用佛教与犹太教两种葬礼。这类例子不胜枚举。

再从上海居民与外来文化关系来看。一方面，生活在近代上海的中国人，对西方文化长处的了解，主要不是通过报章、书籍的介绍，更不是道听途说的传闻，而是实实在在的日常生活、精美器物、规章制度，通过西人的衣食住行、工作娱乐，通过电话、电报、电灯、自来水、自鸣钟、洒水车、德律风，通过交通管理、卫生防疫、纳税选举、敬业负责、诚信守时等，是对西方物质文化、制度文化与精神文化的全面了解。西方文化作为他者，作为镜子，让中国人更容易看清自己文化的特点。所以，上海人对西方文化优点的认可，是眼见为实、发自内心的认可，对自己文化缺陷的批评，从对缠足、吸食鸦片、肮脏、不守公德的批评到对专制主义的批判，都是具有亲身经历、直接经验的真知灼见。另一方面，上海人对西方帝国主义侵略罪恶的感受，诸如对华人的歧视、掠夺也是亲历、亲见、亲闻。其受辱既广泛、直接、真切，反抗自然就坚决、勇猛、强烈。近代上海之所以成为反对帝国主义的宣传中心与坚强堡垒，《九一八小调》并不是产生在九一八事变发生的东北，而是产生在上海；《大刀进行曲》不是产生在抗日军人挥舞大刀与日军激战的华北，而是产生在上海，这正是上海爱国情感特别高昂的表现。

近代上海超强的集聚功能，强劲地推动着上海的创新能力。一般说来，城市人口规模越大，人们互动、交流的机会便越多，创造与创新也越多。产业、人口、资金高度集聚，在市场经济作用下必然刺激分工细密、技术创新与产品卓越。创造与创新的增长速率，通常远高于人口增长速率[1]。这是大城市较小城市特别能创新的社会原因。城市人口异质程度越高，不同文化相互之间差异越大，相互取长补短的概率越高，创新速率越大。近代上海不光是中国的特大城市，还是人口异质程度特别高的城市。这两个特点，导致了近代上海城市的创新能力特别强。

337

近代上海的这些特性，天长日久，就形成了上海的城市精神或城市品格，包括开放、创新、自主、包容、爱国情怀、社会公德、法治观念、契约意识等。

1949年以后在计划经济时代，尽管上海的经济结构、社会结构、国内联系与国际联系都发生了重大变化，但上海城市精神或品格自有其顽强的生命力，并随着时代的演进而表现出来。上海奋力建设工业中心与科技重镇，建造或参与建造万吨水压机、人造卫星、导弹等国之重器；努力支援全国，从人力、物力、技术等方面予内地工业和科技发展以巨大而有力的支持，都是爱国主义和包容品格在新时期的新表现。控制地面沉降技术、人工合成胰岛素、生物单性生殖研究等方面的成就，则是创新精神的延续与升华。

改革开放以后，特别是浦东开发开放以后，上海的开放传统得到恢复与升华。这个开放，既包括对国际的开放，也包括对内地的开放。这次开放较之近代那次开放，更具自觉性、主动性、全局性。这一轮开放，加大了上海在全国发展大局中的权重，加大了上海的责任担当，增强了上海的创新能力，也体现了上海发展的巨大包容性。这一轮创新，包括四类创新：

一是城市发展思路创新，这是最高层次的创新。40多年

魔都上海的

魔力与魔性

————

MODU
SHANGHAIDE
MOLIYUMOXING

338

来，上海城市发展的定位不断调整，由"国内多功能中心、亚洲经济贸易中心"，到"一个龙头、三个中心"，再到"一个龙头、四个中心"，进而到"五个中心、排头兵、先行者"，内涵越来越丰富，作用越来越突显。这些定位，都兼及国家发展战略需求与上海自身发展两个方面，兼及城市发展与人民福祉改善两个方面。每次发展战略的调整，都是在充分调查研究、广泛听取各方面意见基础上，经中央批准以后才得以确定的，都具有全局性、前瞻性、渐进性与连续性，都具有科学性。城市竞争力越来越强，城市越来越美丽，城市宜居度越来越大。这一以民为本的思想，贯穿在历次发展战略调整之中。这是上海城市发展史上最大的创新。城市发展思路创新，也涵盖浦东开发开放。就系统覆盖的物理空间而言，浦东是上海的一部分，但是就发展战略意义而言，这一创新又超出了上海范围，因为浦东新区实行的一些政策，比如自由贸易区的政策是浦西所不具备的。浦东开发开放的战略定位，"开发浦东，振兴上海，服务全国，面向世界"，清晰地释放了浦东开发开放对于全国的宏大意义。再者，浦东开发开放在国际上、政治上释放出来的意义，是与深圳特区等量齐观甚至驾而上之的，这也是上海城市发展战略所难以覆盖的。

二是上海城市功能创新，指五个中心（国际经济、金融、贸易、航运、科创中心）与文化大都市建设。与国际经济中心相对应的是六大产业基地，即微电子产业基地、汽车产业基地、石化产业和精细化工产业基地、精品钢材基地、装备产业基地与船舶制造基地；与国际金融中心相对应的是陆家嘴金融中心与外滩金融集聚带；与国际贸易中心相对应的是上海自由贸易区；与国际航运中心相对应的是洋山深水港、上海航空枢纽港（包括浦东国际机场与虹桥国际机场）；与国际科技创新中心相对应的是张江高科技园区与浦西众多科研机构；与文化大都市相对应的，是上海大剧院、上海东方艺术中心等众多文化艺术场馆、上海国际艺术节、上海艺术博览会等丰富多彩的文化艺术节展,还有散落在全市各大街小巷的群众文化活动场所。

三是杠杆性制度创新,即土地批租制度建立与证券交易所运行。土地批租不光与浦东开发直接有关,也与浦西城市改造和建设有关。没有土地批租,今人很难想象上海城市建设与改造能推进到什么程度。证券交易所的开张,与上海整个城市发展资金筹集、搞活金融市场直接有关。土地批租与证券交易所,是改革开放以来涉及姓社、姓资争论的敏感问题,也是对全国改革开放进程产生全面影响的重大问题。这两项改革率先在上海启动,推广到全国,意义特别重大。

四是指其他各种创新,包括各种一般性制度创新与知识创新,诸如举行"市长国际企业家咨询会议""陆家嘴论坛""世界顶级科学家论坛",举办国际文化艺术节、国际进口博览会等各种国际节(展),也包括各种具体的科学技术创新,诸如难计其数的发明专利。

上海新一轮的开放、创新与包容,与近代上海的开放、创新与包容,既有变易性也有连续性,是变易性与连续性的统一。换句话说,当代上海城市品格是近代上海城市品格的创造性转化与创新性发展。近代魔都的一系列特点,是在被动开放的条件下形成的,尽管其中有中国人的适应、努力与创造在内,凝聚着中国人的聪明与才智,但毕竟权操诸人,有许多弊端无法避免。党的十一届三中全会以来中国所实行的开放,是一种主动开放与积极开放,一种有条件、有选择、有针对性的开放,一种取长补短、趋利避害的开放。

今天的上海,正在把为人民谋幸福、让生活更美好作为鲜明主题,切实将人民城市建设的工作要求,转化为紧紧依靠人民、不断造福人民、牢牢植根人民的务实行动。一网通办,一网统管,高效办成一件事,高效处置一件事,已经成为上海城市管理亮丽的名片。

魔都上海的
魔力与魔性

MODU
SHANGHAIDE
MOLIYUMOXING

340

上海在改革开放以来所取得的非凡成就,引起人们的浩叹。上海正在成为改革开放排头兵、创新发展先行者,正在奋力书写都市新传奇,也成为各地万千青年创业、发展的首选之地。

"魔都"上海,正在被赋予新的内涵,呈现新的魔象,散发出新的引力、魅力,放射着新的光芒!

注 释

1. 按照美国科学家杰弗里·韦斯特
（Jeoffrey West）的研究，大体
上人口每增长10倍，创新能力即
增长$10^{1.15}$。见杰弗里·韦斯特
著，张培译《规模：复杂世界的
简单法则》，中信出版集团2018
年版，第363页。

后

记

　　上海的名字，是与中国海洋文化联系在一起的。上海地区第一个独立行政建置华亭县的设立，正值唐朝开始重视海上贸易之际，绝非偶然。这与中国经济文化中心移到南方有关，与东南沿海地区发展提速有关。从更大的范围看，与中国和中东阿拉伯世界贸易发展有关。如果将华亭设县，与扬州繁盛，与广州、泉州、宁波的兴隆联系起来，便可发现，上海地区在中国行政版图、经济版图上逐渐崭露头角，与中国重视海上贸易有密切关系。此后，宋代青龙镇兴起，元代上海县设立，无一不与此有关。最堪玩味的是上海在1292年设县以后，有260多年没筑县城，贸易兴盛，但有市无城。这与中国此前很多内陆城市发展路径颇为不同，突出反映出上海城市的海洋品格。近代上海在通商五口中脱颖而出，既有其自然禀赋因素，也与其开放传统直接相关。

　　上海成为全国最大城市以后，在全国乃至在世界范围内，均以其开放品格著称。上海开放、创新、包容三大品格中,开放最为关键。开放是创新活力的源泉,也是包容、大气的基础。中华人民共和国成立以来,毛泽东、邓小平、江泽民、胡锦涛、习近平等党和国家领导人,都高度重视彰显、宣传上海开放的形象。由此可见,开放对于上海来说,是自古至今一以贯之的品格。上海在近代之所以成为"魔都",关键之点也在于此。

本书对上海"魔都"魔力的梳理,对魔性的解读,所围绕的主线便是开放。

本书完稿于2022年2月。不料书稿交到出版社以后,上海遭遇到史所未见的新冠肺炎疫情的严重侵扰,出版工作也延误下来。时隔一年,重读书稿,觉得书中对于上海"魔都"魔力与魔性的解读,依然成立。

本书的出版,得到上海辞书出版社领导的大力支持,史地中心主任王圣良、责任编辑赵航为此书付出了特别辛勤的劳动,谨此表示诚挚的谢意。

熊月之

2023年3月28日

图书在版编目(CIP)数据

魔都上海的魔力与魔性 / 熊月之著. —上海：上
海辞书出版社,2023
ISBN 978-7-5326-5972-2

Ⅰ.①魔… Ⅱ.①熊… Ⅲ.①上海-地方史-研究
Ⅳ.①K295.1

中国版本图书馆 CIP 数据核字(2022)第 202307 号

MODU SHANGHAI DE MOLI YU MOXING
魔都上海的魔力与魔性
熊月之　著

责任编辑	赵　航
装帧设计	姜　明
责任印制	王亭亭

上海世纪出版集团
出版发行　 上海辞书出版社®（www. cishu. com. cn）

地　　址	上海市闵行区号景路 159 弄 B 座(邮政编码：201101)
印　　刷	上海丽佳制版印刷有限公司
开　　本	890 毫米×1240 毫米　1/32
印　　张	10.75
字　　数	280 000
版　　次	2023 年 7 月第 1 版　2023 年 7 月第 1 次印刷
书　　号	ISBN 978-7-5326-5972-2/K・1227
定　　价	78.00 元

本书如有质量问题,请与承印厂联系。电话：021-64855582